U0591613

文明简史

世界·文明·行走·互鉴

中华文明养成记

ZHONGHUA WENMING YANGCHENGJI

武斌 著

SPM 南方传媒
广东人民出版社
·广州·

图书在版编目（CIP）数据

中华文明养成记 / 武斌著. -- 广州：广东人民出版社，2022.5
（文明简史）
ISBN 978-7-218-15469-5

Ⅰ. ①中…　Ⅱ. ①武…　Ⅲ. ①中华文化—通俗读物　Ⅳ. ①K203-49

中国版本图书馆CIP数据核字（2021）第251506号

ZHONGHUA WENMING YANGCHENGJI
中华文明养成记
武斌　著

出 版 人：肖风华

责任编辑：陈其伟　赵　璐
责任校对：胡艺超　窦兵兵
责任技编：吴彦斌　周星奎
装帧设计：书窗设计

出版发行：广东人民出版社
地　　址：广州市大沙头四马路10号（邮政编码：510102）
电　　话：（020）85716809（总编室）
传　　真：（020）85716872
网　　址：http://www.gdpph.com
印　　刷：广州市豪威彩色印务有限公司
开　　本：787mm × 1092mm　1/16
印　　张：23　　字　　数：276千
版　　次：2022年5月第1版
印　　次：2022年5月第1次印刷
定　　价：66.00元

前 言

中华文明历经5000多年的历史变迁，始终一脉相承，积淀着中华民族最深层的精神追求，代表着中华民族独特的精神标识，为中华民族生生不息、发展壮大提供了丰富滋养。

其发展的生命力源于它本身的文化生命基因，源于这种文化基因与所处的社会生活相契合。在新石器时代，中国就发展起来比较成熟的农业文明，直到19世纪中叶，农业是中国人基本的生产方式和生活方式，并在此基础上建立了相应的社会结构和精神文化。中华文明的基因，也就是农业文明的基因。中华文明的各个方面，比如民间礼俗、价值取向、文化理想，甚至高度发达的艺术形式、技术发明，都是与农业的生产方式、生活方式相契合的。所以，它获得了茁壮成长的沃土，获得了充分发展的广阔空间。

中华文明的强大生命力，还在于它的体量庞大，内容丰富，博大精深。在几千年的历史过程中，中华民族以其伟大的智慧，进行了雄伟壮观的文化创造。在历史所能允许的范围内，中华文明的各个方面，都得到充分的发展。中国曾经在物质文化、精神文化、制度文化、艺术文化诸领域中居于世界领先地位，使中华文明成为世界文明发展史上的主要源流之一。

中华文明的强大生命力，源自其本身的内在的发展逻辑，在于自身的生命轨迹和发展法则。张岱年先生用两个词来概括中华文明精神："厚德载物""自强不息"。作为一种文明体系，中华文明自身的发展逻辑外化为持续传承的自觉意识，使之具有完备的传承机制和制度安排。比如，至今我们仍能够直接读懂两三千年前的文字,中国人发明的书写工具，从书于竹帛，到造纸术和印刷术发明后书于纸张，为文化的传承提供了物质和技术的基础。在这个基础上，我们的先辈发明了许多的文字形式，从《诗经》《楚辞》到唐诗宋词，从《尚书》《春秋》到"二十四史"，从辞赋文章到"唐宋八大家"，这些文字形式为我们提供了可以直接阅读的文化传承的文本。我们常说中华文明的一个特点是历史意识强，历朝历代都有官方的修史事业，几千年前的事情都有记载。这种历史意识就是"传之后世"的自觉意识，就是文化传承的历史责任感。

但是，这并不是说中华文明没有发展和创新。实际上，创新本身就是中华文明发展逻辑的内在规定性，是其发展的内在要求。一种文明，一方面要延续一个民族的精神血脉，薪火相传、代代守护，更需要与时俱进、勇于创新，按照时代的新进步，推动文明创造性转化和创新性发展。在继承中创新，在创新中发展。

文化总是要随着时代生活的变化而发展的。发展而又保持其核心精神和核心价值，就是文化传承的本质意义。以孔子的儒家学说为例，在春秋战国时期，孔子和他的弟子们完成了儒家思想的元典创造，奠定了它作为中华传统文明精神核心的地位。到了汉武帝时代的独尊儒术，更确定了儒家思想的官方意识形态位置。但是，这时候“独尊”的已经不是孔子的原始儒学，而是经过董仲舒改造和创新的新儒学，是董仲舒主张的今文经学。以后，又有今文经学与古文经学的争论，到东汉以后占主导地位的则是古文经学。一直到宋代，理学兴起，进一步将儒学理论化思辨化，提升到哲学思想的层次。理学也是不断发展创新的，经过周敦颐、二程和朱熹，最后形成了一个庞大的思想体系。在这个过程中，一方面，孔子儒家思想的正统地位进一步加强和巩固，另一方面，儒家学说的内容不断增添了新的内容。这种变化，既反映了时代的变化，也反映了人们认识水平和思辨能力的提高。经过不断地创新和改造，儒家思想才得以延续发展，发扬光大。

创新是中华文明生生不息的源泉和动力。中华文明的创造性、创新性，使得中华文明永保旺盛的生命活力，从而描画出中华文明辉煌灿烂、色彩斑斓、大气恢宏的发展历史。

创新不仅表现在对原有文化成果的继承、超越和发展，而且还表现在对外来文化的吸收和借鉴。这就说到了中华文明的一个重要品质，就是它的开放性。在漫长的历史进程中，虽然有许多波折，有过激烈的文明冲突和抗拒，但是，中外文化的交流并没有停止过，引进、接受、吸收外来文化从来没有停止过，向海外的传播也没有停止过，因此才有了中华文明的博大精深、源远流长，才有了中华文明的生生不息、持续发展。中华文明大规模地接受和融合世界各民族文化，使自身的系统处于一种“坐集千古之智”“人耕我获”的佳境，使整个机体保持旺盛的生命力，为自身的发展提供了源头活水和不竭动力。

在与外来文化的接触中，中华文明受到的冲击有时是很强烈的。19世纪以后，西方文明的大规模传播，对中华文明造成巨大冲击。但是，在这样强烈的冲击面前，中华文明并没有被摧毁，并没有被西方文明所取代，而是通过自身的重整反应，实现了中华文明的自我改造和自我更新，促进了中华文明向现代化方向的发展。

中华文明的历史，是守成与创新的历史，是民族文化精神养成与发展的历史，也是在不断前进中锻造自身生命力的历史。中华文明具有独特的成长模式，以人为本，注重道德教化，植根于神州大地，同世界其他文明互相交流，与时代共进步，逐步孕育出现代化的先进文明之花。它在相当的程度上接受和融合了西方现代文明的先进成果，同时也实现了传统的自我改造和更新。但是，中华传统文明的核心价值、文化理想，以及它所锻造的思维方式和精神力量，仍然以强大的生命力展现在新时代的生活中，开辟出新的境界、新的气象，仍然继续照耀着我们中华民族前进的脚步。

目 录

长城。

第一章　历久弥新的中华文明

生生不息的生命力

中华文明诞生于欧亚大陆的东方。这是一片广袤的大地，也是一片古老的大地。在这片古老的大地上，我们的先民，从远古走来，开榛辟莽，筚路蓝缕，用勤劳的双手，托举起人类文明初升的太阳。

东亚这片古老的大陆，具有复杂的地貌环境和丰富的生物多样性。北边的万顷草原，东南面的无垠大海，更多的是广阔的平原和连绵的山地。不同的地理和自然环境，形成了不同的生产方式、生活方式，形成了不同的民族文化品格、民族精神和艺术风格，形成

了不同的看待生活和看待世界的眼光。多样性和多元性是中华文明的基本特征。而多样性和多元性，最后都如条条溪河，汇入中华文明的大江大河，使得中华文明有了色彩缤纷、丰富辉煌的壮丽图景。

与中华文明诞生大体同时期，当时世界上存在着几个彼此互相独立的文化形态或文化区域，处于不同的地理自然环境的各个文化都有其独特的历史过程。而由于人类在初级阶段就表现出来的趋同性，不同民族发展到一定的阶段，许多重大的文化成就可以在彼此距离遥远的地区、间隔漫长的时间，一次又一次地被不同民族创造出来。这种在不同地区独立产生出来的文化被称为“第一代文明”或“原生型文化”。这些原生的文化形态是以后世代人类文化进化发展的历史性起源和基础。

所谓“四大文明古国”即是产生“第一代文明”或“原生型文化”的古埃及、古巴比伦、古印度和中国。此外，在中南美洲还有玛雅（Mayas）、阿兹忒克（Aztecs）、印加（Incas）等属于印第安文明的“原生型文化”，但直到15世纪哥伦布发现新大陆以前，印第安文明大体是在隔绝于东半球诸文明之外的情况下发展起来的。所以在讨论人类文明的起源和早期世界文化格局的时候，人们往往忽略了印第安文明而只谈欧亚大陆的“四大文明古国”。

中华文明是早期世界文明的几种“原生型文化”之一。与其他文明相比，中华文明具有无与伦比的延续力，得到最为连贯的继承和发展。其他“原生型文化”，如埃及文明，以及美洲的玛雅文明，早已后继无人；古巴比伦文明和印度文明，经过多次的异族入侵，深深叠压在后起文明世代的底层，基本上成为考古学研究的对象。唯有中华文明没有出现这样的中绝现象，经历数千年而持续不断，这在世界文明史上是绝无仅有的。

中华文明的这一特点，已经是人们讨论中华文明的前提和共识，并且得到充分的论述。白寿彝主编的《中国通史》提出了判断文明连续性的两个标准：一是语言文字发展的连续性（这是形式上的）。二是学术传统的连续性（这是内容上的）。“如果我们以这两个标准来衡量世界上的各文明古国，其中大多数在文化发展史上不是已经中断了连续性，就是只有不完全意义上的连续性。”“中国文明在文化史上的发展连续性，在整个世界史上尤其显得突出。”[①] 这是一个对我们民族文明的基本性质的判断，是一个令人引以为傲的结论。

中华文明为什么能够连绵不断、生生不息？

这个问题包括这样一些分别展开的问题，即：中华文明连绵不断是如何实现的，也就是中华文明是如何传承的，包括传承的机制、载体、路径；在漫长的历史过程中，不可能什么东西都传承下来，传承也包含着选择和淘汰，那么，选择和淘汰的标准、动力和机制是什么呢？在连绵不断的传承过程中，中华文明又是如何适应时代生活的变化，实现创新和发展的？没有创新和发展，也就没有所谓传承的内容和意义，那么，传承、创新和发展之间的关系如何呢？

这实际上讨论的就是中华文明自身发展的内在根据问题。作为一种独立的文明形态，有其源于自身的生命力，有其自身的内在逻辑和发展轨迹，有其养成和成长的内在动力。这些问题的讨论，将有助于我们在历史的长河中深入地认识中华文明生生不息的本质。

这个问题首先应该从中华文明的基本特点来分析。关于早期文明即“原生型文化”的标志，现在“国内较流行的观点是把文字、

① 白寿彝总主编：《中国通史》第1卷，上海人民出版社2015年版，第285—286页。

铜器、城市等作为文明的标志或要素来探讨文明的起源”[①]。这种以“文字、铜器、城市”等因素去考证的概念，虽显得比较简单，或者也不全面，但因为约定俗成而比较实用。而文字、青铜器和城市这三项文明标志，在夏、商、西周三代都已出现，并且在商代后期和西周时代形制完备。当然，原生文明的内容远远不止这三个方面，其他在经济生活、社会管理、政治制度、科学技术和宗教艺术等方面，都有了一定的发展。美国史学家威尔·杜兰特（Will Durant）认为：“文明是增进文化创造的社会秩序。它包括了四大要素：经济的供应，政治的组织，伦理的传统，以及知识与艺术的追求。”[②]经济的供应属于生产方式，政治组织包括城市和社会管理，伦理、知识与艺术则属于文化精神范畴。可以说，现代社会文明的基本的方面，都在原生文明时代产生并发展起来了。

四大原生文明都是在新石器文化——也就是农业文明的基础上发展起来的，它们沿着各自的轨迹，不断地嬗变和演化出新的形态。

那么，这样的世界文明格局中，与古埃及、古巴比伦和古印度文明相比，中华文明有哪些特点呢?

首先，而且是最重要的，中华文明初创时期的活动区域要比其他几个古老文明都更为广阔。埃及和巴比伦文明的活动区域都不过几万平方千米，印度文明的范围基本上限于印度半岛。中华文明最重要的发祥地黄河流域则有七八十万平方千米的黄土高原和冲积平原。而中华文明的发源地又不限于黄河流域，长江流域、辽河流域

① 李学勤主编：《中国古代文明与国家形成研究》，云南人民出版社1997年版，第2页。

② ［美］威尔·杜兰特著，台湾幼狮文化译：《世界文明史——东方的遗产》，华夏出版社2009年版，第3页。

乃至西南的崇山峻岭之间，都有长达四五千年的文明史，这些区域的总面积约500万平方千米。

这样广大的领域作为中华文明繁衍滋生地，既使它具有多元发生的丰富性，也使它在遇到异族入侵的情况下，仍有广阔的回旋空间。中华文明延绵不辍与这种地理形势很有关系。

其次，中华文明的发生期大体上是在与其他文明区少有联系的情况下度过的，中华文明是在未受到或很少受到其他文化影响的情况下独自完成文明的发生期。这种情况与其他几大文明也有所不同。例如古埃及和古巴比伦相距不过1000千米，也没有难以逾越的地理障碍，这两个古老的文明历来声息相通，彼此之间形成繁复的文化传播—接受机制，农业和手工业技术、数学、天文历法知识等多有交汇。古印度文化与古巴比伦文化、古埃及文化也很早就有直接的交流。它们之间虽有伊朗高原相隔，但其间通道纵横，交通还算方便。公元前6世纪的希腊和波斯间的战争，公元前4世纪亚历山大东征以及其后建立的亚历山大帝国，更加强了从地中海到南亚次大陆之间的文化交流和融合。与之不同的是，在文明的发生期，中华文明很少与其他文化有直接的或实质性的来往。亚历山大东征时至印度河而向南折返，因为再往东就是巨大的地理屏障帕米尔高原。中国人生活的东亚大陆，远离其他文明中心，周边又多有难以逾越的地理屏障，因而很少可能与其他文化相接触或获得有关的文化信息。

“在中国人的生活方式的形成过程中，当地的、土生土长的文化传统发挥了更为主要的作用。”[①] 因而，中华民族是一个颇具原

① [美] 麦克尼尔著，孙岳等译：《西方的兴起——人类共同体史》，中信出版社2015年版，第257页。

初性的民族，中华文明有着鲜明的独特性和自主性。

但是，这并不是说，中华文明的发生期是完全封闭的。实际上，中华先民很早就开始寻找与其他民族的文化沟通和联系。发展与其他民族文化的接触、对话与交流，是中华文明在其发生期就形成的一种传统。从考古发现来看，商代的青铜文化乃至更早的彩陶文化，都与欧亚大陆其他一些文化有某种联系和相似之处。但就实质性的文化交流而言，中华文化是在大体完成文化发生过程，文字、思维方式、社会结构的基本风格和定势确立以后，才渐次与其他古老文化有比较实质性的接触、交汇和碰撞。虽然这种接触和交流对双方都会产生很大的影响，但中华文明的系统和态势已经确立了。

最后，由于中华文明发生和发展的独立性，使其具有无与伦比的延续力，得到最为连贯的继承和发展。

虽然中华文明经过了几千年的演变，但这几千年中的中华文明基本上属于同一文明形态，是一种文明形态自身的演变和发展，始终没有突破和超越在初始阶段设定的观念框架和意义网络，始终保持着相同的文化模式和文化主题。中国传统社会的基本特征，是农业社会、家族本位、宗法制度。正是中国传统社会的这些方面，决定了中华文明的基本文化模式和文化主题，决定了中华文明区别于其他民族文化的本质性特征。它所反映的、所体现的，是传统社会的生产方式和生活方式。这也是中华文明内在的起点。从这个起点出发，规定了中华文明绵延发展的基本运动轨迹和发展方向。

百余年来，我们一直纠结于“传统”这个概念，对其进行了种种的阐释。多数学者倾向于认为，传统是指从过去延传到现在的事物。物质实体、惯例制度、人们对各种事物的信仰、关于人和事件的形象等，凡是代代相传的、被人类赋予价值和意义的事物都可以看做是传统。不过，传统在代代相传的过程中必然会发生变化。人们在继承传统之后，会对所继承的传统进行解释，使传统在延传的过程中发生变异，改变了原来的面貌。然而在这些变体之间又有某种永续的东西，即共同的文化主题、共同的源泉、相近的表达方式和出发点，体现出内在的一脉相承的连续性。传统的这种“延传变体链”也被称为“传统”，或者说是传统的一种特殊内涵。[①]

比如我们平常说的“儒家思想的传统”，汉代“经学”、程朱“理学”、陆王“心学”，以及明清之际的“实学”，都与孔子时代的原始儒家有很大区别，是儒家思想发展过程中的不同变体，但它们又都保持着儒家思想的共同文化主题，所以都同属“儒家思想的传统”。正是由于传统在代代相传的过程中，在保持共同文化主题的前提下的种种变异，使得代与代之间、我们的现在与过去之间，既有变化与发展，又保持了某种连续性与同一性。我们讲传统文化的传承，其实在“传统”概念中，已经包含着“传承”的意思。“传承”是“传统”的题中应有之义。

传统文化从过去延传至现在，是在过去与现在之间的一条有意义的联系纽带，也是沉积在人们心中的依恋性情感和态度倾向。理解了传统，也就是理解了传统在现代社会生活中存在的理由和意义，进而也就能理解我们与传统的关系，以及我们应该如何对待传统。

我们与传统的关系，首先在于我们属于传统。因为传统不是一堆僵死之物，而是一个动态的流向。传统从过去流淌到现在，使我们现在的生活中存在着大量的历史遗存的因素。任何一个社会都不可能完全破除其传统，把这些历史因素扫除干净，一切从头开始或

① 参见［美］希尔斯著，傅铿等译：《论传统》，上海人民出版社1991年版，第17—18页。

完全代之以新的传统。正如马克思所说，“每一代都利用以前各代遗留下来的材料、资金和生产力”[①]。无论是在改变了的条件下继续从事前辈的活动，还是以改变了的活动来改变旧的条件，都是以所继承的传统为出发点的。

我们属于传统，不仅仅是因为在我们的生活中存留着大量的历史因素，不仅仅是因为作为长期经验积淀的传统为我们的生活提供了指导，也不仅仅是因为传统的规范和价值为我们提供了秩序和意义，更为重要的是，世代相传的传统，已成为我们最深的“先入之见”，成为我们的“文化眼镜”，成为我们的精神家园和依恋对象。依恋传统，是所有文化的一个特征。我们今天所面临的情境、条件和任务，也都要受到传统的选择。实际上，这正是现代世界文化的一大难题，即文化多元化与文化现代化的矛盾或冲突。现代化是一个世界性的进程，但各国的现代化都是以各自的文化历史为起点的，在各自的文化背景下展开的。各国的文化传统始终限制着、影响着实现现代化的途径、方式和内容。现代化也处在传统的掌心中，虽然现代化本身意味着对传统的反叛和超越。

不仅我们属于传统，而且传统也属于我们。因为，传统作为延传到“现在”的“过去”，积存到“现在”中的历史因素，其存在的“合理性”或根据，在于现在的“我们”对它的反应和接受。没有被“接受”的传统文化在现代生活中就没有意义，也就不成其为传统文化或文明。接受传统和抵制传统一样，不可能是全盘的。接受就意味着选择，我们所接受的传统实际上是我们从传统的多种可能性中选择而出的“传统”。传统文化传承的进程也就是选择的进程。而经

①《马克思恩格斯全集》第3卷，人民出版社1960年版，第51页。

过选择的传统，已经包含着我们对自身的理解和对未来的期望，已经加进了我们的思想、感情、需要和要求，加进了我们的文化意义。

这样一来，我们所说的“传统”，并不是传统的文化的本义，而是我们对它的选择，是我们对它的理解、解释和接受。我们所解释、所理解、所接受的传统，便是我们这个时代所拥有的传统。这个传统并非是传统的本来面目，也不必是传统的本来面目。传统能够成为每一个时代的传统，能对每一代人发生不同的意义，就在于传统是开放的，它允许每一时代的人们以自己的理解和解释把握它、延伸它，扩充或赋予它新的文化内涵。或如德国解释学哲学家伽达默尔（Hans-Georg Gadamer）所说，“传统”是我们自己把它生产出来的，因为我们理解着传统的进展并参与传统的进展，从而也就靠我们自己进一步地规定了传统。

我们参与传统的进展并规定传统，就使传统发生了变化。我们接受了传统给予的东西，但任何社会中的人们都不可能完全受传统支配而生活；社会得以存在下去，也不仅仅是因为他们有物体、信仰和范型的积存。我们还会遇到新情况、新问题、新的文化语境和新的文化任务。所以，虽然传统给我们提供了精神的家园，然而它却很少是一个我们感到自由自在的家园。我们试图将它改造得合乎自己的愿望，有时便抛弃或置换了某些继承的遗产。这是一个充满着可能性的世界。真正的文明传统就是在过去与现在的不断遭遇、冲突、融合之中产生出来的广阔的可能性。

这种参与和创造，是从历史发展到今天的这个出发点，用现代的文化眼光，对传统文化的要素进行现代化处理，使其具有新的意义、新的价值、新的功能，从而在我们的现代生活中发挥作用。这就是说，要把传统化为现代，而不是把现代化为传统，更不是把现代消解在传统中。也许通过这种方式，使传统文明获得现代性生命成为可能。因为经过这样的处理，传统文明与现代化的关系就可能超越二元对立的状态，成为同一文明架构中互相影响、互相联系的两方面。

这大概也就说明了中华文明的生命力量之所在。中华文明本身是有生命的，它就存在于我们今天的现实生活之中，是我们生命的一部分。我们的生命活动，我们对文明的继承和依赖，我们对文明的参与与创造，就是文明的生命力量，就是文明的世代传承、绵延不绝的内在的动力。在近代以来中国的现代化运动中，现代化从中国本身的悠久文明传统中获得激发力和文化资源，以自身的传统作为动力和源泉；中国的传统文明也将在现代化运动中获得新的价值和意义，以文明的现代化作为自己生命的合理延续。这大概也就是中华文明之所以生生不息的核心秘密。

传承的载体与机制

在一个文明系统中，必然具有文明传承的内在逻辑，具有保证文明传承的主观自觉意识，及相应的保证文明传承的载体和运行机制。

对于中华文明传承来说，文字的发明具有特别重要的意义。钱穆说："中国文字实在是具备着'简易'和'稳定'的两个条件的，这一点不能不说是中国文化史上一种大成功，一种代表中国特征的艺术性的成功，即以'简单的驾驭繁复'，以'空灵的象征具体'的艺术之成功。要明白中国文化之所以能扩大在广大的地面上，维持至悠久的时间，中国文字之特性与其功能，亦是很重要的一个因素。”①

有了文字，就有了书写，就有了用文字记录人们的文化记忆的条件。在春秋战国时期，则出现了中国历史上最早的一批书籍，比如《尚书》《诗经》《易经》《礼记》《春秋》等，即后世广为推崇的“五经”以及其他典籍。冯天瑜将这批书籍称为中华民族文化的“元典”。他指出：“这些典籍成书久远，又经由众手修订、筛选，虽然文字简约，却保存了大量社会史的、思想史的原始材料，蕴含丰富，珍藏着各民族跨入文明门槛前后所积淀的精神财富，其间既保有氏族制时代原始民主及原始思维的遗存，又陈列着初级文明时代的社会风俗、历史事件、典章制度与观念形态。以后在特定的历史条件下，这些抽象的与具象的精神财富逐渐得到社会崇奉，并通过不断的多角度诠释，其意义被发掘，被阐扬，以至达到出神入化境地。”②

这些被称为“元典”的文化典籍具有巨大的文明传承和教化功能。还有一点是需要特别指出的，就是世代相传的历史书。自商周时代开始，就有了记述历史的传统，到了汉代，司马迁作《史记》，则开创了中国正史的传统。不仅如此，还有许多文人笔记、野史、方志、家谱等民间文献，有力地丰富和补充官方史学。中国历史代代相传，保留着中国几千年的历史记忆，成为中华文明传承的重要载体。

与之相应地，从原始时代就开始了最初的教育活动，商周时代学在官府，春秋战国私学兴起，到汉代形成了中国古代社会比较完整的教育体系，这是文明传承的体制性建设。中国历史上发展起来

① 钱穆：《中国文化史导论》，商务印书馆1994年版，第91页。
② 冯天瑜：《中华元典精神》，上海人民出版社1994年版，第7页。

的教育体制是十分完备的，即使是在战争离乱时期，战后最先恢复的就是各级教育。而且，一些由边疆民族建立的政权，比如元朝、清朝，都把建立和完善教育制度放在重要地位。可以说，中国历代的教育，体制完备，层级完善，代代相传，成为中华文明传承的主要载体。

我们注意到中华文明的一个重要特征，就是儒家思想文化一直占据着主导的地位，成为中华民族传统文化精神的核心和象征。为什么儒家思想取得了这样的地位，而其他学术文化没有达到与儒家并驾齐驱的地位呢？首先在于儒家思想与中国农业社会的特点相契合，其次，自汉武帝提倡“独尊儒术”以后，一直到清代末期，两千多年，无论是官学还是私学，无论是书院还是乡学，都把儒家经典作为主要的课程，而作为选官制度的科举制，也是把儒学作为主要的考试科目。这是儒家思想得以传承的一项非常重要的制度性安排。儒学的独尊是历代王朝的基本国策，并且首先是在教育领域获得了独尊的地位，历代读书人也就都成为儒生。

我们还要注意到中华传统文化中“大传统”和“小传统”的同构性特点，在作为“大传统”的儒家文化塑造着我们民族文化精神的同时，作为“小传统”的民俗文化也同样发挥着传承文化的重要作用。传统文化的传承，不仅在教育层面和精神文化层面，而且就在我们的日常生活之中，体现在日常的风俗、礼俗之中。它们和主流文化精神一起构筑了我们的生活环境、生活空间，也一起传承着中华文明的精神和生命力。

作为文明传承的主体的“我们”，所做的有关文明传承的工作，是自由自觉的活动，也是我们的文化责任和文化使命。而这一过程，也就是文明创新发展的过程。因为传承，文明创新和发展才有了强大的动力；因为创新，文明才获得了顽强的生命力。

我们还应注意到中华文明的开放性和包容性。这也是中华文明传承机制的一个部分。创新不仅表现在对原有文化成果的继承、超越和发展，而且还表现在对于外来文化的吸收和借鉴。中华文明在自身的成长过程中，形成了健全的传播和接受机制，在文明的开放和交流中，大规模地接受和融合世界各民族文明，为自身的发展提供了源头活水和动力。

开放包容与海纳百川

近代以来，不断有人批评中华文化封闭、保守，说中华文化是一种封闭的文化。这是片面的、不对的。纵观几千年中华文化发展的总趋势，开放是主流，是本质性的特征。中华文化在自身的成长过程中，形成了健全的传播和接受机制，具有全面开放的广阔胸襟和兼容世界文明的恢宏气度，与世界各国、各民族进行了范围广泛的交通往来和文化交流。

美国学者伊佩霞（Patricia Buckley Ebrey）也说："让中国文化成为世界上伟大文明之一的，不是它的孤立隔绝或纯粹单一，而是在古代相互连接的思想、社会组织、工艺和技术的组合方式，它赋予了中国成长、适应和扩展的能力。"①

中华文化不是在自我封闭中而是在与世界各民族文化的广泛交流中成长的。开放性使中华文化保持了一种健全的文化交流的态势、文化传播和文化输入机制，而这正是中华文化具有强大生命力

① ［美］伊佩霞著，赵世瑜、赵世玲、张宏艳译：《剑桥插图中国史》，山东画报出版社2001年版，第21页。

的原因之所在。虽然中国历史上也有过海禁、闭关、锁国的时期，但毕竟是短暂的和暂时的。从整个中国历史来考察，开放的时代远远超过封闭的时代。即使在封闭时代里，也不是完全割断了与外部世界的联系。

中外文化的相遇与交流，并不只是一个自然的历史过程，并不只是一个被动的受容过程，而且还包含着中国人主动去认识世界，主动走向世界的过程。我们的先人在很早的时候便致力于走向世界的努力，张骞、法显、玄奘、王玄策、鉴真、郑和等，代不乏人。他们不避艰难险阻，越关山、渡重洋，与各国各族人民建立起政治的、经济的、文化上的联系，搭起友谊的桥梁。这是一种宏阔的胸怀和气度。钱穆指出："中国人对外族异文化，常抱一种活泼广大的兴趣，常愿接受而消化之，把外面的新材料，来营养自己的旧传统。中国人常抱着一个'天人合一'的大理想，觉得外面一切异样的新鲜的所见所闻，都可以融会协调，和凝为一。这是中国文化精神最主要的一个特性。"①

正是由于中华文化的开放性，在大规模文化输出的同时也广泛地吸收、接受、融合域外文化，使自身不断丰富起来，更使中华文化博大精深。也由于中华文化的这种积极的输出和吸纳运动，使自己获得了强大的生命力，即便是在近代西方文化大规模的和强有力的冲击下，中华文化也能通过自身的重整而使自己走向现代化。

如果从文化起源的方面来考察，我们甚至可以认为开放性是中华文化的一个原始的基因。现在学术界基本上认为，中华文化的起源是有多个源头的，是"多元共生"的。在大的文化区域的范围内

① 钱穆：《中国文化史导论》，商务印书馆1994年版，第205页。

西安开远门遗址丝绸之路群雕。

来看，中华文化是在一个相对封闭的地理环境下出现的“原生型文化”，但这个“相对封闭的地理环境”又是一个极其广大的范围，包含着多区域的文化形态，多民族的文化样式，呈现了丰富的文化多样性。中华文化就是在这多样性的条件下不断交流、互动和融合而最后成为统一的中华文化共同体的。即使在中华文化共同体形成以后，各地域文化、各民族文化仍然保持着自身的特点和传统，并在不同的地域和民族之间进行着广泛的和持续的交流。中华文化对于不断有外来文化进入并不会感到新奇和不习惯，而是抱着积极热烈的态度欢迎各种形式外来文化的进入，并且有能力将它们融合到中华文化的大系统、大家庭之中。因此，开放性是中华文化的原始基因，在中华文化起源时就已经孕育了开放性的特质。

中华文化的兼容性和凝聚力来源于中华文化本身的丰富性和多

样性，来源于其巨大的体量。在几千年的历史过程中，中华民族以其伟大的智慧，进行了雄伟壮观的巨大文化创造。中国曾经在物质文化、精神文化、制度文化、艺术文化诸领域中居于世界领先地位，使中华文化成为世界文明发展史上的主要源流之一。古代中国人不仅创造了发达的科技文化和物质文化，而且在哲学、艺术、政治等许多领域，取得了辉煌的成就。中华文化是一个巨大的“文化体”。如许倬云所说：“因能容纳，而成其大；因能调适，而成其久。”[1] 因为丰富，因为先进，也因为其内在的创造力，因此就有了源源不断向海外传播的极为丰富的文化内容和推动力。这个体量巨大的“文化体”同时就具有了强大的吸收能力，能够将外来文化吸收到这个“文化体”中来，与其中相应的部分相对接。这也说明了在大规模引进外来文化的同时而又不丧失本民族文化核心价值和基本特质的原因。

能够大规模引进和吸收外来文化，还表现了中华文化强大的创造性。

哲学家赵汀阳在《惠此中国：作为一个神性概念的中国》中提出“旋涡模式”理论，将中国几千年的发展方式解释为有着强大向心力的旋涡。这一旋涡以向心运动不断将周边的各种文化卷入而成为一体，最终形成一个巨大时空。

任何外来文化进入中国，不论是直接“拿来”的，还是需要加工、改造的，都是一种再创造。中华文化对于引进的外来文化，进行创造性转化；对于外来文化引起的激励和推动，进行创新性发展。中华文化的创造性、创新性，使得中华文化如滔滔江水，奔流

① 许倬云：《说中国——一个不断变化的复杂共同体》，广西师范大学出版社2015年版，第1页。

不息，永保旺盛的生命活力，从而描画出中华文化辉煌灿烂、色彩斑斓、波澜壮阔、大气恢宏的发展历史。

世界眼光与文化自信

我们常说，中华文化具有巨大的创造力，是在少受外来文化影响的情况下独自完成其文化发生期的文化创造的，同时在以后的漫长历史时期，不断丰富发展。这是我们对中华文化的基本判断。但是，正如历史学家阎宗临指出的："任何国家的文化都不是完美的，如果没有别的国家文化来补充！文化起源于需要，适应各个民族的生存，正如丹纳（Hippolyte Adolphe Taine）所论，受气候、种族与时间所限制。因之，在文化起源上，虽有播化论与创化论的争辩，但我们则同意发明与传播各半的主张。"①

阎宗临所说的有两层意思需要注意，一是任何民族的文化，都要受到"气候、种族与时间所限制"。当然，限制文化发展的因素还有更多，比如地理环境、民族体质气质、生产方式、生活方式等因素。这些"限制"，造就了民族文化的特性，同时也造就了民族文化的局限性。文化也和物种一样，具有一定的地域性，任何民族不能独自发明所有的东西。二是所有的文化都不是完美的，都需要外来文化来补充和丰富。这种认识对于我们理解中华文明的本质十分重要。

与域外各民族的文化交流，使中华文化不断得到补充、充实、丰富，也不断地开阔着中国人的世界眼光，不断增强着中国人的

① 阎宗临：《中西交通史》，广西师范大学出版社2007年版，第1页。

世界意识。鲁迅说："国民精神之发扬，与世界识见之广博有所属。"[①] 所谓"世界识见"，就是一种世界的眼光、世界的意识、世界的胸怀。这种"世界识见"的养成，与所处的生活时代有关，与生产方式、生活空间、交往条件相关，也与自己的文化自信、文化自觉和文化精神相关。中国人世界观、世界眼光的扩大，与中国的疆界的扩大有关，与中国跟海外交通的拓展和扩大有关，与各民族交往和交流的发展有关，更与中国人走向世界的步伐有关。我们看到，中国人对海外文化的认知、了解和接受，是在不断地丰富着和发展着中国的文化体系，同时也是不断地开阔着自己的对于外部世界的认识，扩大着自己的世界眼光和文化胸怀。

开放性、世界眼光，是中华文化在数千年的历史中长盛不衰、持续发展、永保旺盛的生命力的内在动力，是中华文明的一个基本品格。同时，文化的开放性、世界眼光，是建立在本民族文化充分发展基础上的文化自信。

从历史来看，中华文明在很长的一个历史时段里居于世界文明总体格局的领先地位，创造了极为丰富和极为辉煌的文化成就。中华文明在世界文化史上的重要性，主要在于它的先进性。这种先进性或领先地位，一直持续到19世纪。而且，中华文明的先进性不仅仅是某个领域、某个方面居于世界之先，而且是整体性地领先于世界。在欧洲还处在中世纪"黑暗时代"的时候，中国已经有了世界性的文化大都市长安；即便是在宋代那个国力较弱的时候，首都开封的人口已达百万，是当时世界上第一大都市。中国人发明创造的器物文化，如丝绸、瓷器、漆器、农耕器具；科学技术，如"四大

① 鲁迅：《摩罗诗力说》，《鲁迅全集》第1卷，人民文学出版社1981年版，第67页。

发明”、天文历法、数学、医药学等；中国的典章制度、法律、政治思想、文学艺术等，一旦传播于海外，便受到高度的重视和热烈的欢迎，究其原因，不仅是新鲜，而且是先进。这是中国人引以自豪的。正是出于这种自豪感和文化自信，才能够有博大的胸怀和气魄，平等、和平地来看待外来文化。

外来文化总是与本土文化有差异的，有差异就有冲突，只有对本民族文化有充分的自信，才能够以平和、积极的心态来对待这样的差异和冲突，以吸纳外来文化的方式消除差异和化解冲突。对自身文化缺乏自信便会对文化差异、文化冲突极为敏感，采取坚决抵制的态度。

鲁迅说汉唐时代的中国人有一种“放开度量，大胆地，无畏地，将新文化尽量地吸收”的气魄。鲁迅强调的就是在对外文化交流中的民族自信心。无论是“轻易地崇拜”或“轻易地唾弃”，都是对本民族文化缺乏信心的表现。

积极地学习和吸收外来文化，是一个“极恢廓与精严的抉择”过程，也是一种宏阔的胸怀和气度。中华民族广阔的文化胸怀、积极的开放精神、认真的学习态度和将世界上一切先进文化成果融入中华文化中的强大能力，即是对自己民族文化坚定的自信心的表现，也是中华文化永保旺盛的生命活力的重要推动力量。

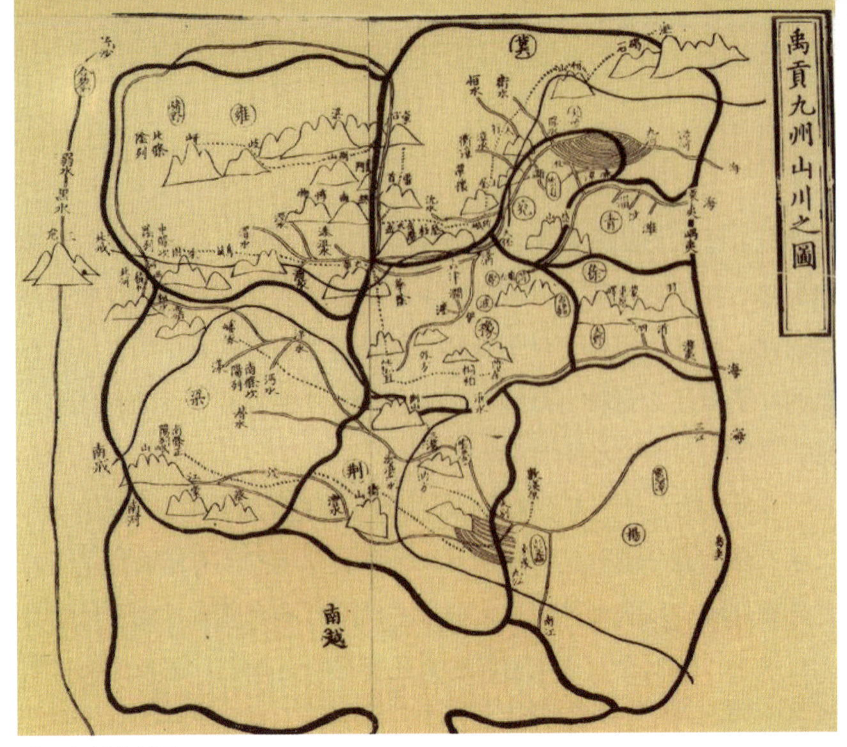

禹贡九州山川图。

第二章 中华文明的孕育空间与世界观

认识史前文明的三种方式

中华文明是在一个地域广大的地理空间产生和发展的。这个空间在原始社会，在中华文明产生的时候就已经出现了。

原生文明是在原始社会文明，特别是在新石器时代文明，也就是农业文明的基础上发展起来的。新石器文化为原生文明的诞生奠定了坚实的基础，规定了此后时代人们的生存方式和生活方式。正是在新石器时代人类的生产和生活实践中，孕育了中华文明发展的基因，奠定了后世文明的基础。

我们今天的时代仍然保留着原始文明留下的文化基因，我们今天的文明在很大程度上仍然沿着那个时代规定的路径在发展。原始时代是人类文明的曙光。曙光照耀大地之后，文明的太阳就升起来了。人类文明的太阳就是从曙光中升起的那轮红日。

我们现在通常所说的人类史、文明史，都是指“有文字记载以来”的历史。但是，到文字出现时，人类已经走过了极为漫长的时代。“有文字记载”以前，不是没有历史，不是没有文明。文字是人类文明已经发展到一定程度的时候才出现的，是那个时代的文明成果。所以，有的学者将“有文字记载以来的历史”称为“狭义的历史时代”，而“有文字记载”以前的文明形态通常称之为“史前文明”。

没有文字记载，对了解史前时代的文明造成了巨大的困难。现在人们对史前文明的认识，大体有三种方式，一是神话传说的方式，二是考古学的方式，三是人类学和社会发展史的方式。

和世界上许多民族一样，我国古史上也有一个“传说时代”。传说是原始人类的“历史学”。历史学家傅乐成指出：“任何一个民族的初期历史，无不从追记而来，而且其中必然无法摆脱传说和带有神话色彩的部分。中国古史的传说时代，最少要包括从黄帝至夏桀的一段时间，将近千年之久。这段时间历史的真实性，古人是大体相信的，今人则因为缺乏证据，而以传说视之。但一种传说，绝不会凭空而起，同时我国古代史家对历史的编订，态度是很严谨的，因此我们有理由相信，在这类传说中，可能隐藏着许多真实事迹。”①

---

① 傅乐成：《中国通史》上册，中信出版社2014年版，第9页。

河姆渡遗址。

神话传说是认识“有文字记载”以前的“历史”的重要资料。古代人已经认识到神话传说的这种作用。比如韩非将“构木为巢”的有巢氏和“钻燧取火”的燧人氏时代，称作“上古之世”，将“鲧、禹决渎”时代，称作“中古之世”，将“汤、武征伐”时代，称作“近古之世”。

如果说古代神话传说为了解史前文明提供了一个可以参考的线索，那么，近代发展起来的考古学则以出土器物为证，揭示史前人类生活的具体图景。

史前考古学采用现代科学的方法和技术，包括物理学、化学等自然科学的技术，也与地质学、古生物学、古人类学和民族学等学科相结合。近百年来，我国史前考古学有了很大的发展，发现和发掘了大量的旧石器时代和新石器时代的文化遗址，大体上揭示出早期文明的地域分布和发展阶段，以及所发生的演化与技术变迁，揭示了中华先民们的生活状况和文化形态。

近代发展起来的人类学为了解史前文明提供了另一种理论方法。文化人类学是从文化的角度研究人类种种行为的学科，它研究人类文化的起源、发展变迁的过程、世界上各民族各地区文化的差异，试图探索人类文化的性质及演变规律。文化人类学最突出的是对早期人类的婚姻家庭、亲属关系、宗教巫术、原始艺术等方面的研究。社会人类学则从社会组织的角度，通过对原始社会制度诸如亲族、婚姻、经济、宗教、地域组织和年龄组织等进行系统的观察，研究史前人类社会是怎样发生和发展的，特别是揭示从氏族部落到早期国家的出现的过程。

这样，我们对于史前文明的认知，就有了三种方式。这三种方式的出发点和叙述的角度不同，但也互为参见，它们共同构成了现代人所认识和描述的史前文明的图景。

2001年，国家启动了“中华文明起源与早期发展综合研究”（简称“中华文明探源工程”）项目。这是一项以考古调查发掘为主要手段，以现代科学技术为支撑，采取多学科交叉研究的方式，揭示中华民族5000年文明起源与早期发展的重大科研项目。

中华文明探源工程的成果，初步勾勒出了公元前2500—前1500即尧舜时代到夏商之际的社会图景，以考古资料实证了中华大地5000年文明。探源工程研究团队认为，距今5800年前后，黄河、长江中下游以及西辽河等区域出现了文明起源迹象；距今5300年以来，中华大地各地区陆续进入了文明阶段；距今3800年前后，中原地区形成了更为成熟的文明形态，并向四方辐射文化影响力，成为中华文明总进程的核心与引领者。探源研究表明，多元一体文化现象背后的各地方社会，在其文明起源和早期发展阶段，在各自的环境基础、经济内容、社会运作机制以及宗教和社会意识等方面，也存在各种各样的差别，呈现出多元格局，并在长期交流互动中相互促进、取长补短、兼收并蓄，最终融汇凝聚出以二里头文化为代表的文明核心，开启了夏商周三代文明，中华文明的起源和早期发展是一个多元一体的过程。中华文明在起源与早期发展阶段形成的多元一体格局、兼容革新能力，成为其长期生长的起点，从中孕育出的共同文化积淀、心理认同、礼制传统，奠定了中华文明绵延不断发展的基础。

中华文明起源的多元性与凝聚力

中华文化是世界文化的重要发祥地之一。在最早的世界文化拼图上，就已经有了中国人先祖的活动。栖息在东亚大陆上的原始初民，经过蛮荒的漫漫长夜，筚路蓝缕，辛勤劳动，以石器的研磨敲打，演绎出中华文化史诗的前奏，开辟了中华文化的历史源头。

旧石器时代持续了200多万年。那是一个极为漫长和蛮荒的时代。人类从猿进化转变到“人”，经历了无数的风霜和劳苦，最后获得了一双劳动的手。他们用这双劳动的手点燃火焰，制造粗粝的工具，采集自然赋予的食物，形成分散在世界各地的一个个聚落。

最终，原始人类经历了一次前所未有的大变动，进入新石器时代。这个大变动在世界各地先后发生，变动的实质是，人们不再是“采集”食物，而是开始“生产”食物。可以说，这是一次巨大的文化突破。“生产”活动成为“文明”的开端。

在人类早期发展史上，发生过两次重大转折，改变了人类的生存方式。一次是学会控制火，从此人类便获得了光明、温暖和熟食。另一次是食物的生产，从此人类社会由攫取性经济向生产型经济转变，进入了改造自然、征服自然的新时代。第一次转折发生在旧石器时代早期阶段，第二次转折则发生在新石器时代。

在世界范围内，新石器时代约开始于距今1万年前左右。中国的新石器时代文化遗存非常丰富，迄今已经发现有7000多处，遍布全国各地。年代大约起于距今8000—4000年。在新石器时代，人类开始从事农业和畜牧业，将植物结实加以播种，把野生动物驯服以供食用。人类食物来源变得稳定。农业革命最显著的影响是产生了“定居”这种新的生活方式，以及制陶、纺织、建房等新的生产方式。人类生活开始关注文化的发展，使人类开始出现了文明。新石器时代与旧石器时代之间的巨大差别“是随着人类生产能力的进步，而逐渐实现的。这些新石器时代的特征不是同时出现的，也同样需要一个漫长的时间过程”①。

兴隆洼文化代表了中国东北地区新石器时代文化发展的早期阶段。河北武安县的磁山文化和河南新郑市的裴李岗文化，也是目前所知的较早的新石器时代文化遗址。仰韶文化是中国新石器时代最重要考古文化。紧接着仰韶文化，在中原的晚期新石器文化是龙山文化，其分布更为广大，内容也更为丰富。黄河流域文明在中华文化发展史上有非常重要的地位。中华文明的起源和繁荣是在黄河流域，特别是在黄河中游。“从历史上看，夏商周首先在这里建立了阶级国家，为长期的集权统治奠定了基础。从考古发现上证实，商周遗存也以这里最为集中，特别是商代文明继承史前文化的脉络尤

① 白寿彝：《远古时代》，中国友谊出版公司2010年版，第34页。

人面鱼纹彩陶盆，仰韶文化，陕西西安半坡遗址出土。中国国家博物馆藏。

为清晰可鉴。因此黄河流域的中原地区，无疑是中国文明的发祥地。”①

长江流域是与黄河流域同等重要的中华文明的发源地。通观长江流域文明起源与形成的过程，可以看到，从文明因素的孕育、起源到发展，长江上、中、下游都是独自进行的。②河姆渡文明、良渚文明等都“证实了中国史前文化的多源性，证实了长江下游是中国原始文化的另一个中心，有它自己独立发展的过程”③。

① 安志敏：《试论中国文明的起源》，《考古》1987年第5期。

② 李伯谦：《中国青铜文化结构体系研究》，科学出版社1998年版，第291页。

③ 董楚平、金永平：《吴越文化志》，上海人民出版社1998年版，第13页。

这些情况说明，中华文化并非单一的起源。在广阔的中华大地上，分布着各种类型的新石器时代文化，它们位于不同的区域，有着不同的来源和发展关系，从而形成各具特色的灿烂文化。

原始文明漫长的文化融合的历史，表明了中华文明起源的几个特点：

一是中国原始文化的多元性。新石器时代的遗址遍布中国境内各地，从南到北都有分布。考古学家苏秉琦提出史前文明的"满天星斗"说，指出："中华大地文明火花，真如满天星斗，星星之火已成燎原之势。"[①] 这一假说形象地说明了中华文明起源的多样性和丰富性。苏秉琦把中国新石器文化分为六大区系，强调中华文明的产生不仅仅是以中原为中心的，而是"满天星斗"，遍布各地，这些文化遗址都因为所在地的地理、气候等环境而形成了自己的特点，这就为以后的地域文化的形成奠定了基础。

二是各个文化单元的开放性。每一个文化区系都不是封闭的，各地区之间相互交流和影响，这就为中华文明注入了开放的性格。文化的多元起源，在源头上决定了中华文化的一个基本特质，就是它的开放性与融合性，为中华文化在以后漫长的发展历史中吸收、接受、融合域外文化提供了原始的文化基因。开放性和融合性是中华文化在形成的开始阶段就已经具备了的根本属性和特性。

三是中华文明的凝聚力。分布于东南西北广袤土地上的多元文化能够逐渐凝聚起来，形成整体文化，这表现了强大的文化内聚力。这种内聚力和聚合过程，源自如此久远的历史而又流经如此长远的历史时期，自然越发展越强大，形成中华文化的一种不同于其

① 苏秉琦：《中国文明起源新探》，辽宁人民出版社2009年版，第99页。

他文明的强大的凝聚力。凝聚力也就是吸收、融合的能力，是文化的创造力。本土文化多元发生的凝聚力，形成了中华文明强大的本体，面对域外其他民族文化，也同样具有强大的吸收和融合能力。

新石器文化的多元性、开放性和凝聚力，就决定了中华文明从起源上的丰富性特征和强大的生命力。钱穆比较罗马和秦汉文化，说："罗马如于一室中悬巨灯，光耀四壁；秦汉则室之四周，遍悬诸灯，交射互映。故罗马碎其巨灯，全室即暗，秦汉则不俱坏，光不全绝。因此罗马民族震烁于一时，而中国文化则辉映于千古。"[①]需要补充的是，钱穆所说的"遍悬诸灯，交射互映"，在中华文明起源的时候，在新石器时代，就已经点亮了。

这样，早在新石器时期，中国已经出现了一个文明共同体。从中华文明的早期开始，不同地域、不同文化传统、不同经济模式的群体之间，就已发生频繁的交流、碰撞和融合。统一的趋势在这一时期就已出现，经过夏商周到春秋战国蔚为大观，最终在秦汉时期实现了实际的统一。从此，统一成为中华文明的主流。

"九州""四海"与"五方"

早在中华文化的初创时期，就开始有了对于当时所知世界的概念。《周礼·大司徒》说："周知九州之地域广轮之数，辨其山、林、川、泽、丘、陵、坟、衍、原、隰之名物。"郑注说："积石曰山，竹木曰林，注渎曰川，水钟曰泽，土高曰丘，大阜曰陵，水崖曰坟，下平曰衍，高平曰原，下湿曰隰。"这以物产生态为视点的地形地貌分类，可说是对夏、商、周三代以来交通地理知识的涵

① 钱穆：《国史大纲》上册，商务印书馆1994年版，第14页。

盖。《尚书·禹贡》说大禹治理洪水，依据河流、山脉和海洋的自然分界，把广大地区分为冀、兖、青、徐、扬、荆、豫、梁、雍九州，并就各州的山川、湖泽、土壤、植被、田赋、特产和交通路线等特点，进行了区域对比；列出20余座山岳，归纳为4条自西向东的脉络；依山地循行，开启九道。据《尚书·禹贡》的描述，九州就是大禹治水成功以后所划分的9大地理区域。这个“九州”的概念，就是当时人们所认知的世界。不过，“由这‘九州’所构成的世界，也是一个有区别、分层次的世界，这就是由所谓的甸、侯、绥、要、荒‘五服’组成的差序世界”①。

夏朝疆域主要在今陕西、河南和山西三省之间的黄河流域。但在夏朝的中心统治区之外，还有南方三苗、西戎和东夷等族的大量氏族或部落。“禹会诸侯于涂山，执玉帛者万国，今其存者无数十焉。”这里所谓的“国”应是指早期的氏族和部落。可以说夏朝的统治是一个由众多部落组成的松散的政治联盟。由《尚书·禹贡》所划九州的分布来看，夏朝至商周时期的北疆和东疆包括广大的沿海地区，这些地区均可视为先秦时期海疆的基本范畴。

“中国”一词最早出现于《尚书·梓材》：“皇天既付中国民，越厥疆土，于先王肆。”至春秋时期，“中国”的含义逐渐扩展到黄河中下游地区。

战国时期的驺衍提出了“大九州”的理论，进一步将“九州”的概念深化和系统化。在驺衍看来，在大禹划分的“九州”（即“赤县神州”）外，还有“大九州”，中国只是大九州的一部分。像赤县神州这么大的州全世界共有9个，每一州的周围都有大海环

① 王永平：《从“天下”到“世界”：汉唐时期的中国与世界》，中国社会科学出版社2015年版，第16页。

绕，这个州里的人民与其他州不能由陆路连接相通往来。这样儒家所谓的“中国”只不过是世界的1/81而已。即世界有九大洲，每一洲又分为九州，中国为九州之一。

驺衍的这种说法将“天下”扩展到了世界，与传统的“九州论”相比，似乎已经具有了一定的早期“世界”意识的萌芽，“应该是早期中国与外部世界的交往正在扩大的一种反映”[①]。“大九州”说突破了人们狭隘的地理观念，开阔了人们的视野，激发了人们探索域外的热情。

驺衍的“大九州”说在当时被认为是“宏大不经”。但到了后来，“大九州”说的价值逐渐被人们所认识。元代的张翥在《岛夷志略·序》中说：“九州环大瀛海，而中国曰赤县神州，其外为州者复九，有裨海环之，人民禽兽，莫能相通。如一区中者，乃为一州，此驺氏之言也。人多言其荒唐诞夸，况当时外徼未通于中国，将何以征验其言哉！汉唐而后，于诸岛夷力所可到，利所可到，班班史传，固有其名矣！”

此外，在早期对世界的认知中，还有“四海”和“五方”的概念。在夏代，已经有了“四海”的概念。如《大戴礼记·少闲》谓禹“修德使力，民明教，通于四海”，《尚书·皋陶谟》言禹“外薄四海”。包括夏代商人的祖先，亦有“相土烈烈，海外有截”（《商颂·长发》）。甚至所谓商汤受天命革夏，尚且承夏代而“肇域彼四海”（《商颂·玄鸟》）。《尚书·禹贡》中详细描述了九州的地理位置、土地出产、贡赋，提到了“天子之国”2500里之外的荒服之地，并明确指出了舜禹之时“天下”的大致范围：

① 王永平：《从“天下”到“世界”：汉唐时期的中国与世界》，中国社会科学出版社2015年版，第16—17页。

“东渐于海，西被于流沙，朔、南暨：声教讫于四海。”《尔雅》说：“九夷八狄七戎六蛮谓之四海。”可见“四海之内”的本意是指包括周围蛮荒之地在内的已知“世界”。

“‘天下观’是古代中国对世界的一种基本认识，它包含有多层含义在里边，既具有地理范围上的指向性，又反映了古代族群分布的大致格局，同时还涵盖了政治理念等多种因素在其中。”①

商代则强调“四方”的地理概念，如《商颂·玄鸟》说“古帝命武汤，正域彼四方”，《尚书·多士》说“成汤革夏，俊民甸四方”，《墨子·非攻下》说汤“通于四方，而天下诸侯莫敢不宾服”，等等。“四方”即“四土”，表示一个范围相当广大的地理区域，中心点为都城大邑或商邑。商人关于周边各族群的记述也与地理方位联系起来，称周边民族为“方”。商人的记述中有“多方”，包括土方、羌方、鬼方、人方、井方等，这大致构成了“五方”的轮廓，成为商人观念中的政治空间结构。

周人继承了商的世界观，强化了“中心”对“四方”政治统御的观念。在先秦典籍所记载的以周王室为中心的五服制、九服制中，蛮夷、戎狄也被安置在边缘的位置。

周人以周王室为中心建构了一个以礼制为表现形式的等级化政治体系。在所谓“五方之民”中，四方所围绕的“中心”便是所谓“中国”，即占据中原地区的华夏族。而蛮夷、戎狄等部落则被置于这个体系的边缘。

从战国至西汉，在商周世界观的基础上，关于中央与四方的政治观念进一步完善。占据中央位置是正统地位的象征，如《吕氏

① 王永平：《从“天下”到“世界”：汉唐时期的中国与世界》，中国社会科学出版社2015年版，第16页。

春秋·慎势》说："古之王者，择天下之中而立国，择国之中而立宫，择宫之中而立庙。"相对于中央的是四方、四极、四荒、四海等，而这些边缘地带都是与民族相联系的，如《尔雅·释地》说："东至于泰远，西至于邠国，南至于濮铅，北至于祝栗，谓之四极；觚竹、北户、西王母、日下，谓之四荒；九夷、八狄、七戎、六蛮，谓之四海。"

《尚书·禹贡》《山海经》《穆天子传》等地理类著作，虽然它们所包含的内容有许多想象和传说的成分，但大体上包含了那个时代即早期文明所认知的世界，是早期中国人的"世界观"。"先秦时期，人们即以'九州'为中国，同时又常以'四海'泛指中国四方疆域乃至域外世界。最初古人以为中国四境皆为大海环绕，九州之外即为四海。但后来则多半为了行文对举而采用'四海'之名。在中国载籍中，'四海'一词之含义不尽相同，例如《尚书·大禹谟》说'文命敷于四海'，指的是天下或全国各处。《尚书·禹贡》的'四海会同'，则泛指中国四周的海疆。"①

以文化为标准的"夷夏之辨"

中国历史上"夷夏之辨"衡量标准大致经历了3个演变阶段：血缘衡量标准阶段，地缘衡量标准阶段，衣饰、礼仪等文化衡量标准阶段。先秦以后，在"夷夏之辨"上占据主流的是文化因素，以血缘及地域进行衡量的观点一般在华夏面临严峻威胁即遭遇严重入侵和灾难时才稍占主流，而这主要也是为了保护华夏文明与尊严。

① 陈佳荣：《隋前南海交通史料研究》，香港大学亚洲研究中心2003年版，第38页。

古代华夏族群居于中原，为文明中心，周边则较落后，因此逐渐产生了以文明礼义为标准进行人群分辨的观念。“在古代中国的想象中，地理空间越靠边缘，就越荒芜，住在那里的民族也就越野蛮，文明等级也越低。”但是，“这种中心与边缘的划分并不完全是空间的，往往中心清晰而边缘模糊，而且，这种关于世界的想象，空间意味与文明意味常常互相冲突和混融，有时候文明高下的判断代替了空间远近的认知”①。区分人群以文化和文明程度，而不以种族，合于华夏礼俗文明者为华，或称夏、华夏、中国人，不合者为夷，或称蛮夷、化外之民。东周末年，诸侯争霸，孔子著春秋大义，提出尊王攘夷，发扬文化之大义。如楚国，自称蛮夷，其后文明日进，中原诸侯与之会盟，则不复以蛮夷视之；而郑国本为诸夏，其行为不合义礼，亦被视为夷狄。

春秋时期曾发生了“尊王攘夷”事件。“尊王攘夷”的核心内容是确立华夏文化与夷狄文化的边界，从而确立了华夏的世界文化观。夷夏问题，向来被儒家所重视。孔子推崇“尊王攘夷”，注重夷夏之别。尽管孔子指斥管仲“不知礼”，但是因为管仲辅佐齐桓公“九合诸侯，一匡天下”，所以依然许其为“仁”。在孔子的心目中，匡正夷夏之秩序的重要性要远远大于个人的道德名节。孔子说：“夷狄之有君，不如诸夏之亡也。”孔子这句话，正统的注释并不强调种族差别，而是强调文化发展的先后。孟子认为夷夏并非是一成不变的，一个人是属于夷还是夏，主要依据是他是否遵循礼仪。他以舜和文王，这两位生于“夷”的人成为中国之圣王的事例说明，是否实行王道并非基于他的种族归属，而是基于他对于王道

① 葛兆光：《宅兹中国——重建有关“中国”的历史论述》，中华书局2011年版，第44—45页。

的信心。

可见，夷夏之别的界限不是因为种族，而是因为政治之良善和文明之发展与否。夷夏之间也并不存在一个固定的分界，而是处于不断的升降过程中。“中国”也并非是一个地理上的国家名称，而是一个王道国家的代称而已。在传统中国，内外的区分本身就是相对和多变的。

“夷夏之辨”，本质上是一个民族文化认同问题。持有“夷夏之辨”的观念，并不是中国文化所独有的现象，在希腊、罗马时代，也称其他民族为“蛮族”。法国历史学家布罗代尔（Braudel Fernand）说：“希腊人把异己民族都当做蛮族；中国人也是如此。把‘文明’带给蛮族和原始人种，过去曾是欧洲人从事殖民征服的重要理由。蛮族的名声当然是文明人制造的，其中至少有一半名不副实。”①他还说，在“文明人”与“蛮族”的斗争中，“蛮族之所以取胜，每次都因为它一半已文明化了。在进入邻居的内室以前，它已在前厅等了许久，并敲过十次大门。它对邻居的文明即使尚未操练得尽善尽美，但在耳濡目染之下，至少已受到很深的影响”②。

布罗代尔的这段论述，除了“文明”与“蛮族”的区分是“文明人”制造的，“蛮族”名声是“文明人”制造的这个意见之外，还有两点值得注意：一是他强调欧洲人的殖民主义是要把“文明”带给“蛮族”，这和中国历史上的“以夏变夷”的观念是十分相似

①［法］布罗代尔著，顾良、施康强译：《15至18世纪的物质文明、经济和资本主义》第1卷，生活·读书·新知三联书店1992年版，第106页。

②［法］布罗代尔著，顾良、施康强译：《15至18世纪的物质文明、经济和资本主义》第1卷，生活·读书·新知三联书店1992年版，第106页。

的，就是强调民族本位文化的优越性和先进性，并以推广传播自己的文化为己任；二是他说的“蛮族”也是具有了相当的文明，即在与“文明”民族的交涉中，已经受到其深刻的影响。布罗代尔的这些观点对于我们理解中国古代的“夷夏”问题也是有启发的。

在中国，“夷夏之辨”这种文化观，一方面确立了华夏文化的主体性，区分了“我”与“外”的文化疆界，在中华文明的初创时期，这种区分，对于增强中华文化的内聚力是具有重要意义的。另一方面，又确立了以文化作为区分“我”与“外”、“夏”与“夷”的标准，接受了中原文化，夷可以变夏；脱离了中原文化，夏可以变夷。

这种观点可看作是中华文化初创时期对于中外文化关系的一种基本立场，即坚守民族文化的本位立场，同时积极推广自己的文化。苏秉琦指出：“到战国末世夷夏共同体重组的历史使命已大体完成，由此奠定了中华民族多元一体格局的社会基础，秦汉帝国的建立使以夷夏共同体为主体的多元一体的中华民族形成，可以说是水到渠成。秦汉帝国及其以后，‘四夷’的概念有了新的变更和新内涵。‘四夷’已不是夏商时代的‘四夷’，而是指帝国之内、《禹贡》九州之外的中华民族的各个支系。”①

早期文明的自我中心意识

在早期中国人对世界的观念里，无论是“九州”“四海”或“五方”所表示的地理认知，还是“夷夏之辨”的民族和文化的分

① 苏秉琦：《中国文明起源新探》，辽宁人民出版社2009年版，第138页。

野，实际上所表示的都是一种以自我为中心对于政治和文化秩序的建构，是站在“夏”的文化本位立场上对于“我”与“他者”的文化差异的认知，更深层的是表达了对本民族文化的认同。就如上面所说的，“夷夏之辨”的根本在于文化上，他们之间并没有绝对的界限，这就间接地表达了一种“天下一家”的文化理想。

许倬云说：“后世公羊学家的观点就代表当时的一套演化观念：在最古老的时候，是内中国而外诸夏；第二个阶段，是内诸夏而外夷狄；最后达到大同，则是没有边界的天下，从夷狄到中国，都是在一个和谐的次序之中。因此，春秋时代形成的内外界线，乃是反映了当时周封建体系内的国家逐渐融合，又逐渐将国内和邻近的其他族群分别融入这一大国的系统之内，最后终于形成了一个不断扩大的天下世界。此后中国两千多年的历史中，中国始终自居为‘天下’，外面的‘夷狄’并不永远在外面，‘夷’可以变‘夏’，反过来，‘夏’也可以放弃自己原来的文化传统而沦落为‘夷’。‘中国’并不是没有边界，只是边界不在地理，而在文化。因此，这一时段的扰扰攘攘，竟是在无秩序之中孕育了中国特有的天下秩序观。”①

许倬云说论中国的“天下秩序观”，从文明的早期就已经奠定了，而且成为几千年中国文化发展的一个基本思想。这种中外文化观一直支配着中国人的对外文化态度。在历史上，中华文化对学习、了解和接受外国的先进文化是很积极的，并且在不同的时代都积极开展对外文化交流，直到近代以前，这种“夷夏之辨”的观念，这种坚持民族文化本位的立场都没有改变。吸收、学习外来文

① 许倬云：《说中国——一个不断变化的复杂共同体》，广西师范大学出版社2015年版，第53—54页。

化，是为了丰富、补充、发展中华民族文化，而不是要“以夷变夏”，以外国文化替换、取代中华文化。这也是对待外来文化的一个取舍、接受的标准和界限。历史上关于对待外来文化的种种争论，也基本上是围绕这个问题进行的。甚至到了近代提出的“体用之辨”，仍然是这个思路，只不过做了相当大的变通。另一方面，又坚持“以夏变夷”的理想，积极地在周边国家和地区推广中华文化和中国的礼制秩序，向这些地区传播中华文化的核心价值和文化内涵，从而形成了以中国为中心的东亚礼制秩序即“中华文化圈”。

以自我为中心建构对世界的认知图景，是早期各民族文化中普遍的现象。不仅是中国，在埃及、希腊、罗马、两河流域、阿拉伯、印度等古老文化中，都有类似的对于世界的认识。美国汉学家史华慈（Benjamin I. Schwartz）谈到早期文明中的这种“自我中心”意识，指出：“在所有这些文明（美索不达米亚、埃及、印度、中美洲文明）中，都曾出现过一种现象：在一个较大的地区产生一定程度的军政结合，使主要的权力争夺者在被他们误认为是整个文明世界的区域内寻求某种独一无二的普遍权力。这样的普遍权力自有其宗教和宇宙观基础。在这方面，古代中国并不是唯一的。”①史华慈所说的“独一无二的普遍权力”，就是自我中心意识，其核心思想就是标榜自己是世界文明的“中心”，环绕自己周边的都是落后的“外族”“蛮族”或“边地”。②

自我中心意识的形成首先与早期人类所处的地理和交通环境有

① 许倬云：《说中国——一个不断变化的复杂共同体》，广西师范大学出版社2015年版，第53—54页。

② 王永平：《从“天下”到“世界”：汉唐时期的中国与世界》，中国社会科学出版社2015年版，第19页。

关，在与其他民族文明很少交流和沟通的条件下，他们所认知的、所说的“世界”只能是他们所看到的、所了解的“世界”。他们是站在自己的土地上去“看世界”，因而只能是以自我为“中心”的。另一方面，在这种有限的条件下积极建构自己的世界认知和想象，也表现出早期人类对外部世界的寻求与探索。随着人类文明的进步、交通的发展，对外部文明的了解、交流的扩大，人们对于外部世界的知识也就逐渐扩大了，人们的世界观也就相应地发生着改变。

中华文化圈

相对于周边地区来说，在东亚，中华文明是先进的、丰富的和强大的，是当时东亚文明中最有代表性的文明形态。所以，在中华文明自身发展的同时，也陆续传播到周边地区，对朝鲜半岛、日本文明的形成有着巨大的影响。

汉唐王朝，疆域广大，国力强盛，文化辉煌，在当时世界上占据举足轻重的地位，对朝鲜半岛、日本、越南等地的影响更为强烈。尤其是唐朝，在亚洲的历史舞台上担当着领衔主角，各国争相与唐朝通聘往来，发展友好关系。当时的亚洲实际上是以唐朝为中心的。中国的周边国家都以“天可汗”来称谓中国皇帝，表示对唐朝的臣属关系。在中国东北、西北边外的各国，“可汗”是国家领袖的尊号，相当于中国内地历来所称的皇帝或天子。这种“天可汗”的观念，不是以武功造成的，是当时各国心悦诚服地表现出来的。

这样，在当时的东亚和中亚地区，就形成了一种以唐朝为中心的国际政治秩序和文化秩序，有学者称之为“东亚世界体系”。正如英国汉学家崔瑞德（Denis Twitchett）所说，隋唐两朝“建立了惟中国的军事和政治势力马首是瞻的外围领土地带；也许更重要的是，它们建立了由若干独立国家组成的隔离地带，中国的文化、思想体系、文学、艺术、法律和政治制度和使用的文字在这些国家中处于支配地位”。这些国家的“组织方式与中国相同，虽然规模要小得多；它们的统治者具有同样的思想意识；它们用中文来处理公务，并采用中国的法律和办事手续”。[①]

这种建立在“天可汗”观念上的国际关系和国际秩序，开始于唐太宗时期。安史之乱以后，唐朝放弃了对中亚地区的经略和控制，使其脱离了中华文化圈，纳入伊斯兰教文化圈之中。之后的中华文化圈，只包括中国本土和朝鲜、日本、越南等东亚和东南亚国家。

东亚地区的国家关系，在政治层面上，形成了以中国为中心的册封关系体系或朝贡体系。这种体系，常与条约体系、殖民体系并称，是世界主要国际关系模式之一。日本学者西屿定生将东亚体系称作“册封体制”。他认为，册封体制本身，最早是中国王朝的国内秩序，即以皇帝作为顶点和由这个顶点与贵族、官僚之间所形成的君臣关系秩序。因此，中国王朝与周边国家之间所形成的册封体制，体现的乃是这种国内秩序的外部延伸。中国王朝对于有册封关系的国家要求臣服和礼敬，显示了中国王朝的权威；周边诸国家要求中国王朝的册封，则有利于通过册封来确立其统治者的国内权威。[②]

以中国中原王朝为中心的朝贡体系最早开始于汉代。在这时期的朝贡体系中，中原政权和其他诸国以册封关系为主。即各国需要

①［英］崔瑞德编，中国社会科学院历史研究所西方汉学研究课题组译：《剑桥中国隋唐史》，中国社会科学出版社1990年版，第8、34页。

② 韩东育：《关于前近代东亚体系中的伦理问题》，《历史研究》2010年第6期，第129页。

主动承认中原政权的共主地位，并凭借中央政权的册封取得统治的合法性。中央政权对各地方政权往往直接封为“某某国王”，如“汉委奴国王”“南越武王”“疏勒国王”等。各受封国对中原政权按照不同的要求负有进贡和提供军队等义务。早期的这种朝贡册封关系比较简单，中华帝国需要附属国的仰慕，认为自己是这个世界的中心，是文明之国，而附属国则是“夷”，是未开化的民族。但从宋代开始，朝贡的性质发生了很大的变化。一方面，朝贡关系仍然保持着原来的政府之间的关系，另一方面，随着政府对贸易的重视，朝贡逐渐变成了一种贸易手段。到了明清以后，朝贡体系越来越具有贸易的性质，因而有“朝贡贸易”之说。朝贡体制或朝贡贸易，成为物质文化交流的一种形式。

东亚文化秩序和中华文化圈是同构的，东亚的文化秩序即是中华文化圈内的文化秩序。美国历史学家费正清（John K.Fairbank）指出，“东亚”概念除了地理和人种含义外，更包含文化的含义，“主要指渊源于古代中国的文明圈”。“这些地区高度发达的文明及基本的文字体系都渊源于古代中国，从这种意义上，可以说东亚就是‘中华文化区’。”[①]

一般说来，世界范围的文化交流是个别地区的交流活动扩展而成的。在某一比较广阔的地区内，某一国家或民族的文化，由于内部的和外部的原因，发展的水平比较高，因而对周围的一些国家和民族发挥了较大的影响，逐渐形成了特定的文化圈。文化圈的形成、发展与定型是在历史中完成的。文化圈也有明确的时间范围。庞大帝国的出现表征着文化圈的发展达到鼎盛，文化圈内各文化的

① [美] 费正清等著，黎鸣等译：《东亚文明：传统与变革》，天津人民出版社1992年版，第1页。

同质性程度最高。在盛唐时期，在欧亚大陆的文化发展、传播和交流的过程中，从西而东形成了四大文化圈，即基督教文化圈、伊斯兰教文化圈、印度文化圈和中华文化圈。这些文化圈在非常辽阔的地区内，在相当长的历史时期中，对圈内的国家产生了较大的影响。

中华文化圈又称“汉文化圈”“东亚文化圈”或“东亚文明区”，范围包括越南、朝鲜和日本等东亚和东南亚国家。在19世纪西方殖民主义势力进入东亚地区以前，日本、朝鲜和越南以中国为文化母国，大规模地吸收和融合中华文化，并在此基础上构建起符合本民族特性的文化体系。当时的东亚世界，在地理上以中国本土为中心，在文化上以中华文化为轴心，从而形成了区别于其他文化圈或文明区的中华文化圈。

中华文化圈的形成，与地理环境有关。中华文化圈所表达的是特定区域的文化概念。中国位于欧亚大陆的东侧，北部大漠浩渺，西部高原壁立，东南则濒临浩瀚无际的太平洋。这样的地理环境犹如一道道天然屏障，把中国与其他文明区分割开来。当然，中国先民很早就致力于开辟与域外诸国诸民族的交通，特别是汉代以降，海陆两途交通通达，中国与各国的经济和文化交流都很活跃。但是，在当时的交通条件下，毕竟是困难重重，道路艰险，对文化交流的广泛性和普遍性都有所限制。不过，在太平洋的东亚海域，在中国大陆、朝鲜半岛、日本列岛、琉球群岛之间构成了一个不甚完整的内海，有人将其称作“东方地中海”。自古以来，东亚人民沿着“日本海环流路”等自然航道，借助季风，往返于中国大陆、朝鲜半岛、日本列岛之间，“东方地中海”也就成了以中国大陆为内核，以朝鲜、日本、越南为外缘的中华文化圈的交通走廊。另外，朝鲜、越南与中国接壤，陆路交通方便，而日本与朝鲜仅有一海峡之隔，这也为中华文化圈的形成提供了方便的地理条件。

中华文化圈形成的另一条件是东亚各国都是传统的农耕文明区域。中国古代的生活方式、观念礼俗、政治制度乃至以儒家为代表的思想体系，都反映了当时的农业生产方式，而朝鲜、日本和越南，也是长期以农业生产方式为主，是进行农耕的民族，因而对于反映农业生产方式的中国文化比较容易接受和认同。

中华文化圈的形成经过了长期的历史过程。在文化发生期，东亚诸国的先民就有所往来和交流。汉朝在朝鲜半岛北部和越南北部设置郡县实行直接统治，以及与朝鲜三国、日本的通使往来，都加大了中华文化传播的力度，为中华文化圈的形成奠定了基础。中华文化圈总体形成，是在7—9世纪的隋唐时代。一方面，这一时期中华文化显示出一种阶段性的集大成的灿烂风采和恢宏气度，具有极大的文化辐射力和感召力；另一方面，这一时期的朝鲜半岛和日本列岛先后形成了较为强大的封建中央集权国家，其社会文化系统具有向中华文化学习的需要以及吸收、兼容中华文化的有效机制。正是在这样的总体背景下，盛唐文化以前所未有的规模和力度在东亚各国传播，朝鲜、日本等国以前所未有的热情和规模学习、吸收和兼容中华文明，从而深刻影响和改变了东亚的文化面貌。

所以，中华文化圈不仅仅凝聚着中华民族的智慧，也是东亚各国人民的共同创造。在中华文化圈中，中国文化是一种高势能文化或优势文化。按照文化传播理论，高位文化向低位文化的传播和流注，是一种必然的现象。但是，中国文化与东亚国家的交往，绝不仅仅是高位文化向低位文化的自然流注，而且是东亚诸国对中华文化主动摄取。同时，东亚国家对中华文化还具有一种主体性的选择与受容。在中华文化圈内，每一国家和民族都有其自己的特点。它们可以利用中华文化作为模式和仿效、学习的样板，但也只能从其本身的民族传统和文化特性出发，加以吸收消化，然后再创造出适应其本身的文化。因此，中华文化圈内各国的文化，不能还原成为中华文化；也不能把这一文化圈内的某些国家和民族的文化，就看做是中华文化，只能说，它们是以中华文化为范本，受中华文化影响后而派生出来的。实际上，东亚国家在大规模吸收中华文化的同时，都十分注意保持着主体的选择性，而不是全盘“华化”或“唐化”。

文化圈内各国的文化交流不是单向的输出。虽然在很长的历史时期中，中华文化向东亚国家的输出是主要的，但东亚国家在接受中华文化的同时，还将经过吸收、消化、再创造的文化因素逆输回中国，从而对中华文化在本土的发展产生一定的影响。这种情况在宋代以后逐渐显著起来。

中华文化圈是一个多样统一、有机组合的文化世界，是地理上以中国本土为中心、文化上以中华文化为轴心的东亚文化结构秩序。这种文化秩序自唐代形成以后，直到19世纪中叶，一直延续了千余年，始终是东亚地区的基本文化秩序，规定着东亚各国文化发展的趋向和历史轨迹。19世纪西方殖民主义势力侵入东亚地区，是对中华传统文化的严重挑战和冲击，东亚各国都经历了历史性的嬗变和更新。作为与中华文化圈同构的东亚文化秩序便不复存在。但是，千余年中作为中华文化圈成员的文化影响，并没有也不可能随着东亚文化秩序的解体而湮灭。因为中华文化的一些基本要素已经成为朝鲜、日本和越南文化的组成部分。在中国和这些国家走向现代化的道路上，中华传统文化影响的痕迹依然随处可见。

敦煌壁画，反映农忙生活景象。

第三章　中华文明的原始基因

神话中的历史

神话是远古传来的歌唱，是远古的祖先想要传给后人的某种信息。各民族都有关于创世和民族起源的神话。神话是在文字创制之前，保持民族文化记忆、实现文化传承的一种普遍的形式。对于史前的，即有文字记载以前的历史文化，除了依靠考古发掘，通过神话去了解，是一个重要的途径。

按照现代神话学的看法，神话并不是史前时代或原始时代的个人创造，也不是个人某种想象力的产物，而是在一个种族或民族中经过世世代代长期流传和加工而成的。虽然神话的许多内容在今天已被我们判定为不可能发生的事情，但在当时却是初民们对世界的原始理解和解释，并成为他们的“生活世界”的一部分。神话是人类意识发展的一个特定的阶段，它表示着民族文化的初始选择，是民族精神的最初记录，或如瑞士心理学家荣格（Carl Gustav Jung）所说的，是“原始意象”的最重要的表现方式。这种“原始意象”是“人类永远重复着的经验的沉积物”，它通过先天遗传的“种族记忆”，至今潜藏在我们个人的深层心理结构中，成为我们民族的“集体无意识”和文化“密码”。对神话和“原始意象”的追溯，将帮助我们认识并返回自己灵魂的故乡。

神话是一个民族童年生活的写照。因此，在神话传说中，就已经孕育了一个民族的文化精神和传统。每个民族的神话，既体现了人类原始社会和原始心理的共性，又有自己的文化特色。作为初民对世界的原始理解和解释，各民族的神话有着自己的特殊形式和内容。正是这种文化初始选择上的差异性，孕育了各自的文化特质和文化精神。各民族的生存环境不同、发展经过不同，自然有着不同的文化性格。这种文化性格上的差异，在各民族的童年就有表现，在后来的历史传承中又不断强化，形成所谓的“民族传统”和“民族性格”。

丰富多彩的上古神话传说，曲折地反映出中华民族童年时代的生活故事。从盘古开天辟地、女娲抟土造人，到炼石补天、精卫填海、后羿射日、大禹治水，如此等等，古朴壮美，扣人心弦，世代传诵，具有震撼心灵的无穷魅力。这些神话表现了中华民族的祖先追索自然奥秘的浓厚兴趣、征服自然的顽强斗志和丰富的想象力。

神话与传说是两个有联系但又不同的部分。神话偏重于指关于人神起源万物初始的来历，传说偏重于口头流传的关于世界来源及英雄故事的说法。

在中国神话中，有关于有巢氏、燧人氏、伏羲氏、神农氏的传说。现代历史科学证明，我国神话传说中，有巢氏、燧人氏的故事，大体反映了开始穴居生活和用火的旧石器时代的状况；伏羲氏、神农氏的故事，大体反映了农业萌芽的新石器时代早期的状况；黄帝、尧、舜、禹的故事，则昭示了新石器时代晚期人类的生活情景。

到了有文字记载的时候，已经对神话传说进行了一番选择和加工。这样，我国古代传说和古代歌谣一样，有不少都失传了。在较晚的文献中记载下来一些，往往只保留了简单的梗概和片段，还时而掺进一些后代人的观念。比如，历史学家吴小如认为，战国两汉时期，以儒家为代表的知识阶层，把“伏羲、黄帝、尧、舜、禹等传说甚至神话人物，改造成历史人物，构筑了一个以‘三皇五帝’为中心的神史混杂的史前社会体系，并认为那是人类最美好的时代”[①]。对于原先的神话材料，根据

伏羲女娲图绢画，新疆吐鲁番出土，新疆维吾尔自治区博物馆藏。

① 吴小如主编：《中国文化史纲要》，北京大学出版社2001年版，第17页。

自己的需要进行取舍，如此造成了神话材料的人为改造和散失。但是，尽管如此，这些保存下来的传说，还是反映了史前人类生产生活的一些基本面貌，反映了那个时代社会进化发展的比较模糊的历史。

创造文明的“文化英雄”

战国两汉时代，中国古史传说创造了一个“三皇五帝”的传世谱系。一般认为中华文明始自“三皇五帝”时期。但是，关于“三皇五帝”的族种、生卒年代都无法考察，甚至有的容貌描述亦非人类之形象。“三皇五帝”是否实有其人，现在还没有可靠的证据。学术界普遍倾向认为他们是史前氏族部落的首领，或者是氏族部落的象征物（图腾），或者是氏族部落的名号。不论如何，“三皇五帝”时代作为中华文明早期阶段的称呼，符合我国历来的认识，又大体符合考古发现的上古文化面貌。

“三皇”的说法在秦始皇时已有，当时是指天皇、地皇、人皇（泰皇）。通常是把燧人、伏羲、神农称为“三皇”。“最为久远也最为模糊的‘三皇’，大抵是创世神话中的神人，史前人类的象征。”①

“五帝”是对上古时代五位最具影响力的部落首领的尊称，关于“五帝”，比较普遍的说法是指黄帝、颛顼、帝喾、尧和舜。司马迁的《史记》中作《五帝本纪》，是把“五帝”作为中华文明的历史来记载的。在他看来，“三皇”只是得自传闻，而“五帝”则是中华文明的开端。有的研究者认为，“五帝”的年代应从公元前

① 樊树志：《国史十六讲》，中华书局2006年版，第9页。

6000年左右到公元前2000年左右。这大体上相当于中国新石器文化时期。

这些“三皇五帝”，是创造物质文明和制度文明的“文化英雄”。传说中把许多文化发明都归功于他们。历史学家范文澜指出：“古书凡记载大发明，都称为圣人。所谓某氏某人，实际上是说某些发明，正表示人类进化的某些阶段。”古人把这些创造了物质文化的人物称为“圣人”，他们是对于人类物质文明有极大贡献者，是备受尊敬的英雄式领袖人物。这些圣人次第发明各种改善人们生活的劳动方法和器物，为以后国家组织的建立提供必需的物质基础。[①]

燧人氏钻木取火，成为华夏人工取火的传播者，教人熟食，结束了远古人类茹毛饮血的历史，开创了华夏文明，被后世奉为“火祖”。据说，燧人氏还教人捕鱼。燧人氏还有其他重大发明。他在昆仑山顶观察天象以明天道，始为山川百物命名；创立“氏族图腾徽铭制”，始立姓为风，氏为昊；发明《河图》《洛书》和星象历，创造人类早期的符号文字；等等。取火方法的发明对于人类文明的奠基和发展具有特别重大的意义。

伏羲创立八卦，开启了中华民族的文化之源；教民作网用于渔猎，提高了人类的生产能力；教民驯养野兽，这就是家畜的由来；变革婚姻习俗，倡导男聘女嫁的婚俗礼节，使血缘婚改为族外婚，结束了长期以来，子女只知其母不知其父的原始群婚状态；始造文字，用于记事，取代了以往结绳记事的形式；发明陶埙、琴瑟等乐器，创作乐曲歌谣，将音乐带入人们的生活；将其统治地域分而治

---

① 许进雄：《中国古代社会——文字与人类学的透视》，中国人民大学出版社2008年版，第28页。

之，而且任命官员进行社会管理。

神农氏的贡献主要是在农业方面。神农氏被认为是农业的创始者，带领部属从游牧生活转为农耕定居生活。“神农氏”一名即“农之神”，是主管农业的神人。他发明了耒耜，开始了耜耕农业，并在此基础上发展了畜牧业，丰富了人们的食物品种，改善了人们的饮食结构。为了促使人们有规律地生活，按季节栽培农作物，神农还立历日，立星辰，分昼夜，定日月，月为三十日，十一月为冬至。神农是中国古代最重要的也是最受崇拜的农神，历代人们都要举行隆重的仪式来祭祀他，以祈求农业的丰收，也成为重视农业生产的象征。

黄帝时代对中华文明的早期创造贡献最大。钱穆说：“传说中的黄帝，是中国历史上第一个伟人，是奠定中国文明的第一座基石。”[①] 比如指南车、养蚕、舟车、文字、音律、医学、算术等都创始于这个时期。传说黄帝用玉作兵器，造舟车弓箭，染五色衣裳；他让妻子嫘祖教人民养蚕，命令大臣仓颉造文字，大挠造干支，伶伦制作乐器，如此等等。黄帝时代还制定了礼仪制度文明。唐代孔颖达在《礼记正义》中依据古史传说和纬书残篇详细论述了“五礼”产生的时代和经过，将“礼”的起源分为“礼理”“礼事”“礼名”三部分，认为黄帝之前已有“礼理”“礼事”，但没有形成“礼名”，黄帝时代才有了“礼”之名，肯定了黄帝时代是制度文明正式形成的时代。

古人把黄帝时代作为中华文化的源头。而黄帝时代的许多创制和发明，奠定了中华文明的基础。

---

① 钱穆：《黄帝》，生活·读书·新知三联书店2004年版，第7页。

黄帝之后的尧和舜也有许多文明的贡献。比如尧命羲和测定推求历法，制定四时成岁，为百姓颁授农耕时令。测定出了春分、夏至、秋分、冬至。尧设置谏言之鼓，让天下百姓尽其言；立诽谤之木，让天下百姓指出他的过错。

那么，在中国的上古神话中，包含着怎样的"原始意象"，又怎样影响着在那以后的中国人和中华文化发展的走向呢？

与其他民族的神话相比，中国上古神话具有以下几个显著的特征：

（1）沉重庄严的气氛和自强不息的精神。这种气氛和精神，构成了中国上古神话的基本内涵，表现了原始初民的性格和气质。这一点是与希腊神话明显不同的。我们读希腊神话，感受到的是一种欢快明朗的戏剧化的气氛。希腊的诸神无拘无束，尽情地享受生活的快乐。希腊神话的这种喜剧精神表现了人类童年的纯真天性，他们生活在一种"诗"的气氛中。用马克思的话说，古代"希腊人是正常的儿童"[①]。与之相比，中国原始初民似乎可以说是过早承担起生活重负的"早熟的儿童"。在中国的上古神话中，我们看不到儿童的那种天真烂漫、无忧无虑的气息，相反，但却能看到在面对重重困难险阻时勇往直前、不屈不挠的精神。《圣经》中的上帝用了7天创造世界，而我们的盘古仅开辟天地就用了1.8万年！而在完成了开天辟地的伟业之后，盘古并没有因此而成为世界的主宰，而是像我们人类一样倒地死去。他临死的时候，身体的各部分化为日月星辰、江河田土、花草树木。这位"垂死化身"的盘古把整个身躯都贡献给创造宇宙万物的事业，使这新诞生的世界变得丰富优美。

①《马克思恩格斯全集》第46卷上册，人民出版社1979年版，第549页。

从盘古开辟天地开始，中国上古神话中的诸神就面临着一系列艰难险阻，就在从事着相当艰难的事业，同时也铸就了顽强、执著、不屈不挠的性格特征。女娲在大地燃烧着的一片火海中，炼五色石以补天，工程之巨大，实在令人惊叹。小小的精卫鸟为了复仇，日复一日地从发鸠山衔来树枝和石子，投入海中，以把辽阔的大海填平。最感人的是大禹治水的故事。禹的父亲鲧治水不成，被杀于羽山之郊。禹却继承了其父平治洪水的事业，驱逐兴风作浪的水神，剪除破坏治水的妖魔，劈山开渠，疏导江河，历尽千辛万苦，奋战13个寒暑，终于治水成功，使人民得到安宁的生活。

（2）鲜明的伦理化倾向与“圣人感”。上古神话是原始初民的“口头文学”，而现存的神话材料则是在有了文字记载后经过加工整理的。虽然这些神话材料仍然保留着某些原始时代神话的面貌，但也包含着不可避免的“变异”。后人在记录整理上古神话时依据自己的社会文化环境进行“剪裁”，使记录下来的神话染上了记录时代的色彩。对于中国上古神话来说，这种“剪裁”的痕迹最明显地表现在突出的伦理化倾向和圣人意识。中国的诸神，庄重威严，都是道德的楷模与典范。他们救苦救难，律己甚严，具有高尚的“圣德”。从盘古、女娲、黄帝，到尧、舜、禹，几乎都是美德的化身，绝少道德上的污点。即使是作为“反面角色”的“恶神”，如专事破坏捣乱的共工、蚩尤等，在私生活上也是很少瑕疵的。神农氏尝百草，一天中毒70次，毫无怨言；大禹治水13年，三过家门而不入，充满了自我牺牲精神；尧终生俭朴，并创禅让之风；舜则是出名的大孝子，为人民做了许多好事。诸神向我们显示的，主要是一种道德力量，是一种完美无缺的伦理楷模，因而具有令人景行仰止的人格感召力。正是在中国上古神话中表现出来的这种对

“德”的尊崇，对伦理行为的关注，成为中华文化精神的一个重要方面，并深深地影响到以后文化发展的脉络。伦理价值高于科学价值，对“善”的关注超过了对“美”的重视和对“真”的追求，或者把“美”与“真”的判断纳入“善”的框架中，一直是中国人的文化心理传统。

（3）神话的历史化。通常说的神话的“历史化”是指对神话采取一种基于历史意识的理解，即对于产生于原始思维的神话作出智性的、历史化的解释。但中国神话的“历史化”还有更深一层的意思，它不仅用历史解释神话，而且把神话“化”为历史。也就是把神界故事演化成人界故事，形成极富中国特色的古文传说系列。这一点也与希腊神话有显著区别。希腊人的历史意识和时间观念比较淡薄，甚至把仅在他们之前几个世代的历史事件也当作遥远的神话传说来处理。他们把历史“化”为神话。

与此相反，中国人在很早的时候就有了历史意识，所以直到近代，中国一直是世界上历史典籍最丰富、最发达的国家。从司马迁的《史记》开始，修史治史一直是官方文化最重要的内容之一。而在中国神话里，最古老的神也被纳入了古史传说系列，并被普遍接受为古代的著名人物。例如人们认为公元前2697年是黄帝登基的“黄帝甲子年”；他以后的帝喾、颛顼、尧、舜、禹等的生卒年代和在位时间表似乎也很“清楚”，甚至还有关于“三皇五帝”的“历史记载”。通过这样的“历史化”，诸神也就披上了人的外衣，成为我们这个民族的祖先。

中国上古神话中的历史意识，也深深地渗入到中国文化的深层结构。中国文化是一种弥漫着浓重历史意识、历史气氛的文化。历史成为人们生活的一种“依据”，引证“历史”成为一种基本的思考方式（如所谓“托古改制”等）。中国人对自己的悠久历史，包括化为“历史”的神话在内，特别重视，特别引为自豪。同时，中国人也特别注重祖先崇拜，注重家族的传承兴衰。中国不仅有发达的官方史学，而且在民间还有相当发达的族谱、家谱，往往能追溯其家族上十几代甚至几十代。

中国上古神话是中华民族童年时代的文化创造，也是关于童年生活的故事，是上古初民辉煌的文化遗留物。在这些神话中，蕴含着民族的哲学、艺术、宗教、风俗、习惯以及整个价值体系的起源，为以后的文化发展提供了“一种规范和高不可及的范本”[①]。中国上古神话以其庄严的气氛和自强不息的精神蕴涵，以其鲜明的伦理化和历史化特征，区别于其他民族的原始文化，形成了自己的特殊风格和魅力，成为中华文化发展的最初“意象”和“文化脚本”。当往后人们“接受”了这个“文化脚本”时，他们的文化模式和历史进程，将深深地受到它的影响和制约，并在此基础上进行再创造，以实现文化的突破。

“农业革命”与文明的奠基

旧石器时代人们主要依靠采集和狩猎来维持生活。随着生产工具的进步，以及人类对自然的逐步认识，进入新石器时代以后，农业和家畜饲养业便取代了采集和狩猎的地位。人类由食物的“采集者”变成了食物的“生产者”。由“采集食物”进至“生产食物”，被称为“产食革命”。相对于以后的“工业革命”，又被称为“农

①《马克思恩格斯选集》第2卷，人民出版社1972年版，第114页。

业革命”。

大约1万年前，“农业革命”这个重大事件几乎同时在世界各地发生。当时世界上出现了三大独立起源的农业文明中心区：两河流域西亚农业起源中心区、中国农业起源中心区、中南美洲农业起源中心区。西亚起源的农作物代表主要是小麦、大麦和豆类，驯化出的动物包括山羊、绵羊和牛。在这一农业体系发展和传播的基础上，先后产生了美索不达米亚文明、尼罗河文明和印度河文明。中南美洲是玉米和南瓜等首先被栽培的地方，在它的基础上后来产生了玛雅文明和安第斯文明。在中国起源的农作物包括水稻、小米、大豆、荞麦等，驯化出的动物有狗、猪、鸡等。农业文明的起源对以后的文明发展有着极为重要的影响，“世界上第一批原生文明，毫无例外都是建立在原始农业发展的基础上的，而且是建立在以谷物种植为中心的农业发展的基础之上的”，“原始农业不但为文明起源提供了物质基础，而且极大地影响以至规定着文明起源的途径和模式”。[①]

距今9000—7000年间，是我国原始农业文化发展的重要时期。我国考古学家主张分为黄河流域和长江流域两个农业起源中心，以淮河为界，大致分为南北两大农耕系统。淮河以北以旱作农业为主，淮河以南以稻作农业为主。中国北方最古老的粮食作物是黍和粟，南方历史悠久的粮食作物是水稻。中国新石器时代的粟作文化区和稻作文化区都包括了广阔的地域，包括了不同的文化区系，其农业的发生发展都具有自身的特点和相对的独立性。这些地区所种植的粟和稻未必只起源于一个地点，不同区域间农业文化也有传播

① 游修龄主编：《中国农业通史》（原始社会卷），中国农业出版社2008年版，第425、432页。

和交流。典型的是长江流域的水稻在仰韶、龙山时期陆续传向黄河流域传播，粟也从北方向南方传播。

在早期人类的交往和交流中，物种的交流、动植物的交流，是相当重要的组成部分。作为农作物的植物和作为家畜的动物，是早期人类在生活生产的长期实践中逐渐对野生物种驯化的结果。不同的民族面对不同的自然条件，所接触和驯化的动植物并不相同，但通过早期的交流，逐渐成为各民族共同的财富，满足和丰富了不同民族的生活内容和生活条件。直到近代以前，世界性的物种交流一直在继续。新石器时代的较晚阶段，是一次意义重大的外来物种引进的时期。

小麦是重要的粮食作物之一，起源于亚洲西部，栽培历史已有万年以上。其后，小麦即从西亚、中东一带西向传入欧洲和非洲，东向传入印度、阿富汗、中国。虽然小麦传入中国很早，但推广并不普遍。据《诗经》的描述，麦类作物在今山东、河南、山西和陕西都有种植，不过在作物中的比重并不大。到战国时期，小麦的产量还有限，还只是北方贵族的精美食粮。直到西汉中期，董仲舒鉴于“关中俗不好种麦”，“而损生民之具”，建议汉武帝令“使关中益种宿麦，令毋后时”，其后，小麦尤其是冬小麦（宿麦）的种植在关中地区逐渐普及。相应地，人们的食物结构也发生了变化，出现了“相谒而食麦”的风俗。

我们常用“五谷丰登”来代表农业的兴旺。在商周的文献中，粮食作物往往以“谷”泛称，先有“百谷”之称，后来才有“九谷”“八谷”“六谷”之称，最后概括为“五谷”。后来“五谷”之说逐渐形成习俗，是指稻、麦、黍、稷、菽5种粮食作物。这既包括中国本土起源的稻子、小米、大豆，也包括了从外部输入的小麦。

与农业同时发展起来的是畜牧业。畜牧业的起源是人类历史上的可以称之为革命的一件大事，它不是一个简单的事件，也不是一项偶然的发明，而是人类社会发展到一定阶段的必然产物。

春秋战国时期文献开始出现“六畜”的概念，包含牛、马、羊、猪、犬、鸡。宋代王应麟的《三字经》说：“马牛羊，鸡犬豕。此六畜，人所饲。”《三字经》把六畜分为两组，即“鸡、狗、猪”和“马、牛、羊”。鸡、狗、猪是东亚本土起源，常见于新石器时代文化遗址，与定居农业生产方式相关。驯养的牛和羊在西亚出现早于东亚数千年，马的最早驯化地是中亚。牛、马、羊是草原游牧业的基础，这些动物与鸡、狗、猪不同，均可产奶，而奶和奶制品则为游牧生活提供了更加稳定的饮食保障。大概也是在四五千年前，牛、马、羊可能是通过北方的游牧民族传到了中原，其中马的出现要稍晚一些。到夏商周三代，中国的“六畜”才逐渐齐备。

中国自古讲究“五谷丰登”和“六畜兴旺”，作为生活富足和社会繁荣的基本条件。“五谷丰登”和“六畜兴旺”是我们的先人与欧亚大陆其他民族交流的结果。“五谷”和“六畜”基本上奠定了中华民族生存和发展的生活基础。随着农业和畜牧业的发展，由制造生产工具发展起来的手工业劳动，在种类和规模上都出现了新局面，出现了制陶、制玉、编织、骨牙器和装饰品的生产，引起了历史上的第一次技术革命，产生了制陶、养蚕制丝、制玉和冶铜技术的发明。

在史前时代的晚期，人们已经发展出比较复杂的生产技术，农业生产已经普及，并创造了新的手工业门类。因此形成了相应的生产生活群体。人们需要共同生活，就需要彼此之间的交流；积累起来的生活知识，包括对自然的知识，以及一代一代人积累的生产技术，都需要传承下去。所以，在原始时代，人们就已经创造了一系列文化传承的方法、技术和模式。人类社会的特点就在于有记忆，这就是文化。文化是通过记忆来一代一代传承的，所以就有了人类的进步，文化的进步。农业的出现与发展，制陶、制玉、冶铜、缫丝织绸等技术，还有相应的知识体系，都是很多很多年，世世代代沿袭相传下来的。每一点新的发明和进步，都是在原来的文化积累基础上进行的。

积累和传承是通过语言、文字等记事、交流、仪式、艺术系统来进行的。这些在新石器时代已经有了比较成熟的形式。正是在中华初民的文化创造中，蕴涵了民族历史文化的源泉，成为中国人智慧的起点和中华文明发展的逻辑起点，成为影响当今中华文明的文化基因。实际上，中国的新石器时代主要文化中已经具有一些带有中国特色的文化因素，中华文明的形成过程就是在这些因素或称之为基因的基础上展开和发展起来的。进一步说，新石器时代创造的文化，就是我们今天所说的中华文明的起点。

新石器时代的三孔石犁，上海松江平原村遗址出土，松江博物馆藏。

碳化稻米标本，良渚遗址出土，良渚博物院藏。

对于石器时代留给我们今天的文明遗产，要特别注意农业在新石器文化中的决定性作用。英国历史学家阿诺德·汤因比（Arnold J.Toynbe）认为，农业和畜牧业无疑是人类迄今最重要的发明。它们一直是人类生活的经济基础，尽管某些时候和某些地方它们被商业和制造业夺去了光彩，但它们一直是人类生活的经济基础。农业不仅仅是解决食物的来源问题，而且形成了一种新的生产方式和生活方式，形成了新的社会组织形式和新的精神状态，因而形成了一种新的文化。正是从新石器时代开始，中国就以农业为根本，像在世界其他地区一样，农业是中华文明起源的经济基础。

中华民族的民族性格、文化传统与中华文明的起源、与农业文明的特点有着直接的内在的关系。中华民族稳重内敛、注重传统、爱好和平、重视礼节的民族性格，肇始于中华文明的早期，与当时的生产生活方式密不可分。农业发展需要定居和长时间的培育技术，精耕细作、春种秋收培养出勤劳节俭的生活态度；农业经济定居的特点使农业民族不需要将领土扩张至不适合农业的区域，爱好和平的民族性格就形成了；农业社会注重内部秩序，于是中华先民发明出“礼”的概念，崇敬祖先、遵守礼制的传统源远流长。

还有需进一步引申的问题，在世界三大农业文明的起源地中，中华文明又何以与其他两种农业文明不同或有差异？许多学者都是从自然环境角度分析和解释。农业文明与商业、游牧文明的区别首要的就在于自然环境的不同。在不同地区的农业文明中，又有自然环境的区别，自然环境包括气候、地貌、山川河流、地区物种等，这种区别不仅决定了最初驯化的农业作物和驯养的动物种类不同，也对此后形成和发展的社会组织、文化形态乃至人的精神面貌都有影响。

明壁画《耕获图》，山西新绛县稷益庙西壁。

农业文明孕育了中国人和中华文化的基因，孕育了中华文明形成和发展的文化密码。这一点，对于了解中华文明的本质和内涵，是具有决定性、关键性的。

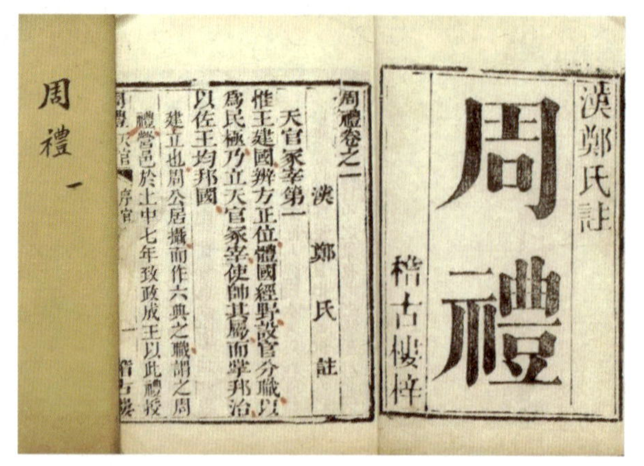
漢鄭氏註
周禮
稽古樓梓

周禮卷之一　漢鄭氏註
天官冢宰第一
惟王建國辨方正位體國經野設官分職以
為民極乃立天官冢宰使帥其屬而掌邦治
以佐王均邦國
建立也周公居攝而作六典之職謂之周
禮營邑於土中七年致政成王以此禮授

周禮　一

《周礼》书影。

第四章　中华文明的制度基础

从氏族社会到部落联盟

由于农业生产的发展，形成人类的聚居形式，出现了村落的定居地，因此也就出现了一定的社会组织，甚至可能是比较复杂的社会组织。从母系社会到父系社会的演变，再到氏族社会和部落联盟的出现，就是社会组织日益复杂化的演化轨迹。社会组织因农业文明而产生，这一特点规定了中国古代社会组织和国家的发展路径。

旧石器时代的人们生活在恶劣的自然环境中，主要的生产工具是简陋的打制石器，获取食物十分艰难。每个群体的成员都要彼此协作，集体进行渔猎，合力防御野兽的侵袭，才能勉强维持生存。

共同劳动，必然导致生产工具和产品的公有，产品也必须平均分配。对老弱和儿童的养育，更需依靠集体的力量。《尉缭子·治本》说，在远古的时候，“天下为一家，而无私耕私织，共寒其寒，共饥其饥”。

到旧石器时代中、晚期，距今约十万至二三万年间，远古社会由原始人群阶段进入母系氏族社会。在母系氏族社会里，存在着按性别和年龄区别的简单的不稳定分工。青壮年男子外出狩猎、捕鱼。妇女则从事采集果实，看守住所，加工食物，缝制衣服，管理杂务，养护老幼等公益劳动。因为当时的采集经济比渔猎经济收获稳定，成为氏族成员生活资料的重要来源，所以是维系氏族生活的基本保证。妇女在生育上的特殊作用，以及氏族成员的世系均按母系计算，更使妇女在氏族中具有崇高的威望，居于主导的地位。

新石器时代，人类在打制石器的基础上摸索出磨制石器的新技术，又发明了农业、畜牧业、制陶业和纺织业，皮革加工和缝纫技术也有进步。人类除利用天然洞穴居住之外，又开始营建房舍。在河谷台地水源便利之处，逐渐形成村落。生产力的显著发展，使母系氏族社会进入繁盛时期。

大约在距今5000年，遍布中国大陆的氏族部落，先后进入了父系氏族社会。父系氏族是以父系血缘为纽带组成的社会集团。氏族成员，包括同一个男性始祖所生的子孙及其配偶。妻子虽然与丈夫非同一血统，但仍属丈夫所在氏族的正式成员。每个氏族都有一定的地域。氏族成员共同占有并集体耕种土地。随着私有制的产生，个体家庭虽然已经开始积蓄粮食、牲畜等私有财产，但是对于集体劳动所获的产品，基本上还是平均分配。氏族的财产由集体继承。氏族成员彼此有互相救助的义务。男女择偶均实行族外婚。每个氏族都有自己的公共墓地。

父系氏族社会晚期，随着生产力持续提高，私有制不断发展，人口逐渐增殖，各邻近氏族之间的联系也更加密切。维系氏族的血缘纽带则趋于松散，出现了许多氏族共居的地域性村社。相邻的村社又组合成部落。除土地、森林、河流等仍归属村社和氏族公有外，房屋以及牲畜、工具等动产已属私有。父系氏族社会晚期，社会财富有所增加，人口日渐稠密，各部落之间的交往和冲突乃趋于频繁。

为了自卫和发动掠夺战争的需要，部落和氏族首领的军事职能渐趋重要。他们除了继续组织生产，安排生活，处理民事纠纷之外，还担负指挥战争的责任。部落和氏族首领的权限加大，又出现了专职的军事首领。他们组织勇敢善战的武士，精心操练，成为对外战争的中坚力量。

部落和氏族首领由选举产生，但逐渐固定于某些氏族或家族之内。他们是民众的公仆，也受到群众的尊敬。如不胜任可以罢免另选，随着私有制的发展，部落和氏族首领积聚的财富超过一般民众，并逐渐享有特权。各氏族首领组成部落的议事会议，决定部落内外的重大事宜。部落首领一般由年龄最长或最强大的氏族首领兼任。部落和氏族内所有的成年男子均有权参加人民大会。部落和氏族的重大决定，须经人民大会通过，方可生效。

亲缘较近的部落之间还有的结成联盟。部落联盟的权力机构由部落首领、军事领袖和宗教祭司组成，遇重大问题，权力机构要召开议事会讨论决定。一些大的部落联盟总首领被称为“帝”，如炎帝、黄帝、尧、舜、禹是中国父系氏族社会末期黄河流域部落联盟的著名领袖。他们被称为“帝”，也就是“五帝”的“帝”。

西安半坡遗址方形半地穴式房子遗迹。

约在公元前3000年至公元前2000年的这段时期，中国境内曾先后出现了一些规模庞大的部落联盟。黄帝时代的三大战争，就是几个联盟之间的战争和兼并。三大战争后，黄帝的势力范围进一步扩展到黄河下游流域，黄帝成为华夏和东夷集团共同尊崇的部落联盟最高首领。

20世纪30年代，人类学家林惠祥指出，中华文化以华夏文化为基本要素，依次与黎苗、东夷、荆蛮、百越、北狄、氐羌文化接触而吸收之，经一番错综混合而归于融化。[1]蒙文通和徐旭生先后提出“三集团”说。蒙文通将古代民族分为江汉、海岱和河洛三大系统，其部落、姓氏、地域、经济、文化各具特征。[2]徐旭生将中国古代民族概括为苗蛮、东夷和华夏三大“古代部族集团”，大体上可与蒙文通三大系统对应。“随着社会生产的发展和人口的增加，氏族部落的不断迁移和相互交往的扩大，各个部落之间在某些时候、某些地方形成相反的利益，而在另一些时候和另一些地方又形成了相同的利益，由此引起了各个部落的分化、组合、战争和联盟，逐渐形成为不同的民族。”[3]这些民族就是今天汉族和其他少数民族的前身。

徐旭生说：华夏集团“是三集团中最重要的集团，所以此后它就成了我们中国全族的代表，把其他的两集团几乎全掩蔽下去。此部族中又分两个大亚族：一个叫做黄帝，一个叫做炎帝”[4]。炎黄联盟不断扩大自己的活动区域，东一直到海，南到长江流域，西至甘肃，北抵山西河北北部，基本上控制了整个中原地区，初定了中国的规模。

国家的雏形

有的学者认为，在新石器时代晚期，已经开始形成早期的国家。

城市是文明的基础。有了城市，才有了真正意义上的人类文

① 参见林惠祥：《中国民族史》，商务印书馆1936年版。

② 参见蒙文通：《古史甄微》，商务印书馆1933年版。

③ 郭沫若主编：《中国史稿》第1册，人民出版社1976年版，第122页。

④ 徐旭生：《中国古代的传说时代》，广西师范大学出版社2003年版，第45页。

明。在浙江良渚遗址，发现了建于距今约5000年前，面积近300万平方米的内城和更大规模的外城。在古城以北的山前地带，良渚人堆砌起巨型水坝，其工程量在全世界同时期的建筑中首屈一指。在山西陶寺遗址和陕西石峁遗址，分别发现了面积在280万—400万平方米的巨型城址。这些城址内社会分化严重，高等级建筑周围有高高的围墙围绕。这一时期墓葬中反映的阶级分化非常明显，小墓一无所有，或者仅有一两件武器或陶器；大型墓葬随葬品可达到上百件，不仅制作精美，而且表明等级身份。有专家认为，这些都说明，夏商周之前，中华文明已经进入国家阶段。这是一个阶级分化相当严重的社会，是一个产生了权力、王权的社会。依据这几个巨型城址、它们的控制范围以及它们之间发生的政治、经济、文化联系，可以认为当时的社会整体上虽然还没有形成王朝，但是应该已

良渚文化的石器，良渚博物院藏。

良渚文化的玉璧，良渚博物院藏。

红山文化玉猪龙，内蒙古巴林右旗博物馆藏。

进入到王朝之前的古国文明阶段，已经进入到初级文明阶段。①

有学者依据考古学的研究成果，把距今4000—5000年之间新石器时代晚期的社会组织称为“酋邦社会”，②即比部落更高一级的社会组织形式。“酋邦”是现代人类学家提出的一种前国家形态概念，和传统的氏族、部落联盟说比较而言，它是解释前国家时代社会发展的新概念。酋邦属于在向国家演进过程中的过渡阶段，也被认为人类社会进入早期国家的一种演化模式。酋邦的主要特征有：在酋邦的社会结构中存在着一个最高首领，社会权力如军事权力、主掌宗教祭祀的权力、经济生活的控制与管理权力等，较多地集中在他的手中；存在社会分层、各层级之间的关系是不平等的，因而形成一种金字塔式的分层结构；存在一种社会财富的集中与再分配体制；与国家相比，酋邦社会是缺乏强制力量的、非制度化的社会；在实际的社会管理中，传统习惯、社会与宗教的制裁都要比政

①《光明日报》2018年5月28日。

② 谢维扬：《中国早期国家》，浙江人民出版社1995年版，第276—313页。

治力量更为重要。[①] 总之，酋邦社会与之前的氏族社会相比，最大的区别在于“分层社会”和出现了“拥有最高权力的个人”。[②]

“五帝”时代是公认的古代中国早期国家起源的关键时期。学者们据考古学成果提出的“酋邦社会”，大体上相当于传说中的“五帝”时代。酋邦“社会分层”和存在拥有最高权力的个人这两个特征，成为中华大地上的远古人类进入国家社会之后，发展出等级制度和专制主义政治的渊源。

从“公天下”到“家天下”

夏、商、周三代是中国由原始社会形态向文明社会形态迈进的重要时代，也正是中华文明作为“原生型文化”形成的时代。华夏文明的各源流开始汇聚，中国最早的王朝诞生并定鼎中原，中国文明和华夏传统的若干基本特征渐趋成熟。这是我国文明国家的形成时期，也是我国文化底蕴的奠定时期，中国古代的经济形态、政治制度、官僚体制、宗教信仰、社会结构以及生活观念等各方面都在这一时期奠定了基础。这一时期的文明成果影响了中国几千年。

大禹治水成绩显赫，之后接受了舜帝的禅让，继承了管理国家的大位。禹利用治水的功绩确立了自己的崇高威望，加强了自己的权力，改变了原来的部落联盟议事会的性质而初具了国家政权的规模。

---

① 施治生、郭方主编：《古代民主与共和制度》，中国社会科学出版社1998年版，第56—59页。

② 龚书铎总主编，廖名春主编：《中国文化发展史》先秦卷，山东教育出版社2013年版，第63—64页。

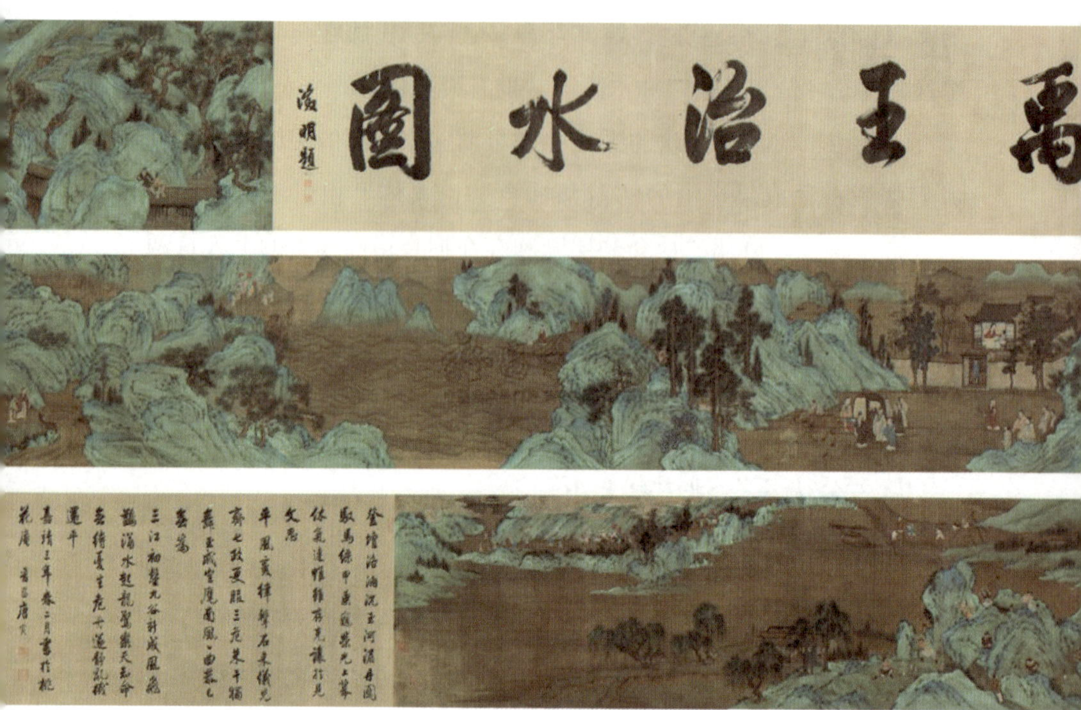

明仇英《禹王治水图》，北京海士德国际拍卖有限公司印制。

大禹接受禅位后，在涂山召开了诸侯大会，检讨自己的过失。这次涂山大会一般被认为是中国夏王朝建立的标志性事件。史书记载："禹会诸侯于涂山，执玉帛者万国"。这里所谓的"国"应是指早期的氏族和部落。可以说夏朝的统治是一个由众多部落组成的松散的政治联盟。

为了纪念涂山之会，大禹将各方诸侯进献的青铜，铸造成九个大鼎。九鼎象征着九州，其中豫州鼎为中央大鼎，豫州即为中央枢纽。九鼎集中到夏王朝都城阳城，以显示夏王大禹成了九州之主，天下从此一统。九鼎继而成为"天命"之所在，是王权至高无上、国家统一昌盛的象征。大一统从此成为中华民族的政治理想和追求的国家目标。

禹去世后，传位于益。但益的声望不及禹的儿子启。于是，诸侯拥戴启即帝位。《史记·夏本纪》记载，启代益继承帝位，是大势所趋，和平交替。实际上，启倚仗禹的权势，早已积蓄力量，觊觎帝位日久。启、益之间，为争夺帝位，进行了一场激烈的斗争。

启继位，开始了“父传子，家天下”的王位继承制，这时社会形态发生了质的变化，从野蛮到文明、从部落制度到国家。对待这样的重大转变，古人已经有清楚的认识。在儒家学者看来，原始社会是一个“天下为公”的社会，是“大同”时代；而进入三代以后，“天下为家”，是“小康”的时代。

马克思《摩尔根〈古代社会〉一书摘要》在谈到“希腊人的胞族、部落和民族”时说：“氏族制度本质上是民主的，君主制和氏族制度是不相容的。氏族、胞族、部落——每一个这样的机构都是完整的自治组织。当若干部落合并为一个民族时，其所产生的共同管理机构必和民族的各组成部分的原则相协调。”①

启以前的尧、舜、禹时期，虽然部落酋长的职位早已世袭，但在联盟管理机构中任职的公职人员，特别是最高首长的产生方式，始终保持传统的民主选举，就是所谓“天下为公，选贤与能”。启变选举为世袭，变传贤为传子，就是否定了氏族制度的民主本质，就是否定了氏族制度。

从夏代开始，中国就进入了“家天下”的时代，一直持续了几千年。虽有朝代更替，但历代王朝都是某一家的王朝。“家天下”

① 马克思：《摩尔根〈古代社会〉一书摘要》，人民出版社1965年版，第77页。

铜斝，河南偃师二里头遗址出土，
中国社会科学院考古研究所藏。

铜爵，河南偃师二里头遗址出土，
洛阳博物馆藏。

的王朝本质上都是专制主义的。

夏代是我国古代文明日出的时代。历史学家夏曾佑说："盖禹之于黄帝尧舜，一如秦之于三代，亦古今之一大界也。"[①] 我们把夏代作为文明的开端，作为中华文明进入原生文明阶段的标志，从文明形态上来说，这个时代已经具备了原生文明的主要因素。

从新石器时代到三代的转变，的确是一个重大的转折。从社会形态上来说，是从原始的氏族公社制度向私有制的国家形态的转变。这也是从蒙昧时代向文明时代的转变。当然，正如前文已经反复论述过的，史前时代并不是没有历史，只是那时候的历史不是写在纸上，而是留存在出土的遗址和器物、留存在神话和传说之中；蒙昧时代也不是没有文化，只不过那个时候还属于文化的初创时

① 夏曾佑：《中国古代史》，中华书局2015年版，第64页。

期，一切还那么粗犷和简朴。而经过从新石器时代向三代的转变，则开始走向文化的精致和定型。世界各民族的历史，大体都经历了一个由原始氏族文化向文明社会演变的进程。在这一进程中，人类的知识与智慧在不断地增长，并且同自我创造的文明成就的增长保持着大致的同步关系。新石器文化向青铜文化的升华，意味着人类智慧的一次新的质变。

这种转变首先是经济发展水平所决定的，由于社会生产力的提高，使社会有了一定的剩余产品，可以用来进行文明的建设。考古学家张光直说："文明是一种风格、一种品质，它最富于特征在考古文献中作为宏伟的建筑和宗教艺术这种物质文化的实物代表，直接地讲，这些是与日用或生计需要没什么关系的器物，或者是从功利主义的观点来看是奢饰品。当我们看到一个古代社会愿意和能够将大量财富用于看来毫无用处的目的时，我们会推崇其人民并称其为文明的。他们浪费越多，他们的文明在我们眼中呈现得就越大。"[①]

我们把夏、商、周三代创造的文明称为"原生型文化"。就是说，在这个时代，基本确定了中国传统文化的发展方向和基本形态。或者如许倬云所说的，是"创造中国文化的母型"[②]。

如果说，新石器时代是文化的黎明，三代则是文化的太阳的初升，它的光芒已经照射到中华大地。

---

① 张光直：《商代文明》，北京工艺美术出版社1999年版，第341—342页。

② 许倬云：《西周史》（增订本），生活·读书·新知三联书店1994年版，第32页。

商代晚期青铜礼器四羊方尊，中国国家博物馆藏。

商代晚期青铜器后母戊鼎，殷墟出土，中国国家博物馆藏。

周礼：政治制度的基石

夏、商、周三代文化一脉相因，在总体上呈现出许多共同的特征。张光直指出："从社会组织的特性和发达程度来看，夏商周似乎都具有一个基本的共同点，即城邑式的宗族统治结构。夏代是姒姓的王朝，商代子姓，周代姬姓，姓各不同，而以姓治天下则是一样的。君王的继承制度，三代也有基本的类似。……而且三代之间不但在王制上相似，而且至少商周都有贵族分封治邑的制度，这种制度和古代城郭的起源分不开。城郭的建造也是三代共同的特征。"①

夏之后的商王朝在社会形态上与夏王朝并无区别，但它健全了古代阶级统治的机制，加快了社会物质文明和精神文明的进步，其势力所及也远远超过夏王朝。《诗经·商颂·殷武》说："昔有成

① 张光直：《中国青铜时代》，生活·读书·新知三联书店1999年版，第73页。

汤，自彼氐羌，莫敢不来享，莫敢不来王。”反映了商王朝已经成为强盛的国家。特别是商代中期盘庚迁殷后，政治、经济、文化都有了较大的发展，社会文明进入了一个更高的层次。

如果说，夏和商之间在社会形态上还变化不大的话，那么，周代则是一个大变革的时代。“周虽旧邦，其命维新。”在社会形态、社会制度、文化创制等诸多方面，周代与夏商时代都有大的不同，大的变化。实际上，之前，可以看做是中华文明形成和奠基的时期，而到了周代，则是比较全面的文明创制的时代。周代文化确定了中华文明的发展方向，使在原始农业文明中孕育的文化基因、文化种子，成长为一个比较完备的文化体系，一个枝繁叶茂的文化之树。我们现在说的中华文明，都是在周代文化的基础上展开的。

西周对于中华文明的贡献，其中最重要的是完备了各项社会制度建设，此种制度成为以后数千年中国古代社会制度建设的基础和出发点。周人在进行政治制度的建设中，也接受商人的典章制度和思想文化，即所谓“周因于殷礼”。《周书》中屡说殷先哲王，甚至尊崇殷先王的地位，并赞佩“唯殷先人，有册有典”，这正说明周人要学习商人的传统。

西周在商文化的基础上建立起以宗法血缘制为纽带、以礼乐为核心的新的文化体系。这种新文化具体表现在西周将礼乐从原始巫术中分离出来，推广及人事领域，并在此基础上使之成为具有政治意义的典章制度。

周公被认为是周朝礼乐制度的制定者。他为周王朝制定新的政治制度，是后世为政者的典范。自春秋以来，周公被历代统治者和学者视为圣人。他被尊为儒学奠基人，是孔子最崇敬的古圣之一。

古代中国早期国家起源和形成阶段，礼的作用十分重要，其本质在于它是氏族、部落内部和相互间的关系准则。礼起源于原始先民的仪式活动，早在新石器时代中晚期，礼乐制度已初现端倪。夏商的礼乐主要用于敬神和庆典。所谓周公“制礼作乐”，就是对夏商以来的礼乐进行增删、修改，加以厘定、增补、汇集，渐渐成为法定的制度。周礼是夏礼、殷礼的继承和发展，但周公制礼作乐，并非仅仅是改造殷人的祭祀典礼和置换典礼所用之乐歌，而是涉及了社会制度的各个方面。

“周公所制定的礼乐制度是一个处理等级社会人际关系的新伦理规范体系。”①《荀子·礼论》说：“上事天，下事地，尊先祖而隆君师，是礼之三本也。”周代的礼制是周代制度文化、行为文化和观念文化的集中体现，内容相当广泛，从道德标准到统治原则，从家族关系到政权形式，几乎无所不包。而其宗旨就是“别贵贱，序尊卑”。《礼记·曲礼》说：“夫礼者，所以定亲疏，决嫌疑，别同异，明是非也。”又说：“君臣、上下、父子、兄弟，非礼不定。”认为礼使社会上每个人在贵贱、长幼、贫富等当中都有合适的等级地位。

礼的主要内容包括两个方面，一是“亲亲”，二是“尊尊”。所谓“亲亲”，意指要亲其所亲，“尊尊”就是尊其所尊者。前者反映了当时的血缘关系，后者则是对当时政治关系的一种规定。历史学家樊树志指出：“‘礼’的起源是以贫富分化、等级分化为前提的，反过来‘礼’的形成又稳定了贫富分化、等级分化的社会秩序。因此，‘礼’并非‘礼节’‘礼貌’那么简单。‘礼’的本质是‘异’，即差异，用来显示社会中各等级之间的差异，也就是

① 樊树志：《国史大纲》第2版，复旦大学出版社2000年版，第40页。

说，贵与贱、尊与卑、长与幼、亲与疏的各色人等之间，必须遵守各自的行为规范，用来显示贵贱、尊卑、长幼、亲疏之间的差异，绝对不可混淆……这样就形成了君臣、父子、兄弟、夫妇、朋友之间的上下尊卑关系，人人必须遵守，不得有所逾越。如果大家都遵守‘礼’，那么这个社会的运行就非常有序了。”①

礼是周人为政的精髓，是周天子治天下的精义大法。苏秉琦指出：“‘周礼’是国家大法，是周人建国治国的系统理论，以一个‘文’字代表典章制度的制度化，是国家已成熟的表现。殷人还未达到这个水平，所以孔子要以周为主。”②

周文化是一种“尊礼文化”。西周时代的礼乐制度对于后世的文化发展有着重大的影响。周公的“制礼作乐”，对于中华文明贡献是巨大的，基本上规定了中华文明的道德主义传统和社会文化规范。

吴小如指出：“周代礼仪制度奠定了中国古代礼仪制度的基础，此后各个朝代虽然都把制定礼仪作为立国之本，但基本没有超出周礼的框架，只是在一些具体制度上有所演变。因此，我们只要理解了周礼，就可理解中国古代礼仪制度的基本构成。研究周代礼仪，主要依据儒家学者整理成书的礼学专著‘三礼’——《周礼》《仪礼》《礼记》。在汉以后的两千多年中，‘三礼’一直是各朝制定礼仪制度依据的经典著作，因此被列入‘十三经’，成为儒家的重要经典。”③

西周时期的制度建设对于中华文明发展的影响是极为深远的。

---

① 樊树志：《国史十六讲》，中华书局2006年版，第24—25页。

② 苏秉琦：《中国文明起源新探》，辽宁人民出版社2009年版，第2页。

③ 吴小如主编：《中国文化史纲要》，北京大学出版社2001年版，第31页。

在一定意义上可以说，新石器时代对于中华文明的贡献，主要是在物质文明方面，是农业的生产方式确定了中华文明的发展方向。而三代，特别是西周时期，主要的贡献在制度文明建设方面。西周的制度建设成为以后几千年中国封建社会制度文明的出发点和基础。因此，“西周被公认为中国古代政治传统的源头”[①]。比如，在春秋时期，当颜渊提出有关治理邦国的问题时，孔子便明确地解答：“行夏之时，乘殷之辂，服周之冕，乐则韶舞，放郑声，远佞人。”（《论语·卫灵公》）孔子把三代作为国家建设管理的理想模式。

宗法制与封建制

西周的社会制度继承了商代的传统，并且使之完善和系统化，成为西周文化最具特色的部分。“商周时期最重要的社会制度当属宗法制度和封建制度。张光直曾以它们为‘古代中国社会的关键制度’之一。此外，土地制度作为政治权力分配的反映和国家经济统治的基础；法律制度作为国家公共强力的表现，则可以从另外的角度反映出商周时期早期国家的特征及其制度特点。”[②]

西周时期的社会制度核心是宗法制度。宗法制度是由原始社会末期氏族组织演变而来的以血缘关系为基础的族制系统，演化为一种巩固统治秩序的政治制度。在商代，宗法制度已经出现雏形，到了西周时期，“宗法制度得到了充分的发展和完善。这一时期的宗

① 李峰：《西周的政体——中国早期的官僚制度和国家》，生活·读书·新知三联书店2010年版，第2页。

② 龚书铎总主编，廖名春主编：《中国文化发展史》先秦卷，山东教育出版社2013年版，第69—70页。

法制度以大、小宗统属关系为中心，以大宗或小宗对不同范围内亲属族人的统辖和管理为内容，组织结构已经相当严密”[①]。

礼所要解决的中心问题是尊卑贵贱的区分，即宗法制，进一步讲是继承制的确立。周公确立了嫡长子继承制，只有嫡长子有继承权，这样就从法律上免除了支庶兄弟争夺王位，起到稳定和巩固统治阶级秩序的作用。嫡长子继承制是宗法制的核心内容，宗法制度实际上就是嫡长子继承父位（大宗），庶子分封（小宗）。宗法制的具体内容大致是：周天子由嫡长子继承世袭，每世天子都以嫡长子身份继承父位，奉祀先祖，是为姬周族的大宗，嫡长子的兄弟分封为诸侯，称为小宗。在诸侯国内，每世诸侯之位也由嫡长子继承，是为诸侯国内的大宗，他的诸弟被封分卿大夫，为小宗。卿大夫在其采邑内亦实行嫡长子继承制，其在自己的采邑内亦为大宗，其余诸弟封为士，为小宗。士亦由嫡长子继承，其余诸子不再分封，为平民。简而言之，诸侯于天子为小宗，但在其封国内又为大宗。卿大夫对诸侯为小宗，而在本族内则为大宗。这样，就形成了以宗法制度为显著特点的等级制，也就是所谓的“天子建国，诸侯立家，卿置侧室，大夫有二宗，士有隶子弟，庶人工商各有分亲，皆有等衰”（《左传·桓公二年》）。

由宗法制必然推演出维护父尊子卑，兄尊弟卑，天子尊诸侯卑的等级森严的礼法。在宗法制度下，大宗与小宗的关系是一种等级从属关系。小宗必须服从于大宗，受大宗的治理和约束，周天子是天下大宗，也是政治上的共主。宗法制提倡尊祖，但不是所有子孙都有祭祀祖先的权利，只有大宗才有主祭宗庙的特权，小宗没有这

① 龚书铎总主编，廖名春主编：《中国文化发展史》先秦卷，山东教育出版社2013年版，第72页。

个权利。后者只有通过敬宗，即通过对大宗的尊敬才能表达对祖先的尊敬。各级大宗通过对祭祀特权的垄断，进而掌握国家政权。所以说宗法制也是政权、族权和神权相结合的一种产物，而“周代的社会组织可以说是中国社会史的基础”[①]。

钱穆说，封建制度的创始是“西周时代最重要的事件”[②]。分封制是周王朝为加强对整个国家的控制而采取的一项重要措施。所谓分封主要是指周王把一定范围的土地和人民分别授予自己的子弟、亲戚、功臣等，让他们代表周王去统治一方人民，以拱卫周王室，也就是文献中所谓的“封建亲戚，以蕃屏周”（《左传·僖公二十四年》）。

周武王灭商以后即开始分封。武王所封的诸侯，主要有四种人：一是功臣谋士，以师尚父为代表；二是兄弟，如封周公旦于鲁，封召公奭于燕等；三是殷商之后，主要是封武庚于殷；四是封古代圣王之后，如封神农之后于焦，黄帝之后于祝，帝尧之后于蓟等。周公东征平定武庚、管、蔡之乱以后，开始实行封邦建国的方针，又一次进行大规模分封。周公旦建置71个封国，把武王15个兄弟和16个功臣，封到封国去做诸侯，以作为捍卫王室的屏藩。此后历代周王陆续又有所分封，但规模已远较周初小。

周王室和它所建立的诸侯封国，称诸夏。诸夏的基本团体包括夏、商、姬、姜四族，也就是姒姓、子姓、嬴姓、姬姓、姜姓氏族继承了华夏文明的国家。

分封制对于西周的社会体制具有重要意义。按照周代的分封制度，“周天子把土地和人民分封给诸侯，叫做‘建国’；诸侯再把

① 张荫麟：《中国史纲》，中华书局2014年版，第26页。
② 钱穆：《中国文化史导论》，商务印书馆1994年版，第29页。

土地和人民分封给卿、大夫，叫做‘立家’。这样就形成了金字塔形状的封建体制：天子、诸侯、卿、大夫、士、庶民。就天子与姬姓诸侯这一体系而言，封建与宗法有着密切关系。周天子既是政治上的共主（国王），又是天下同姓（姬姓）的大宗。政治上的共主与血缘上的大宗，紧密结合，成为‘封建’的精髓。”①

同时，周代封建是建立在族群大迁移基础上人口的重新编组，促使诸侯国一级的政治组织由血缘关系向地缘关系转化。“周人藉此加强了由王室宗亲建立的诸侯国对周王室的向心力，同时通过这些诸侯国，实际建立起了较为稳定的中央与地方的关系，从而形成周代极有特色的国土结构。‘封建’在较长的一段时间内，保证了周王室对天下的有效统治。”②

钱穆还从文化的意义来论述分封制，他说：“西周封建，实在包含着两个系统，和两种意味，一个是‘家族系统’的政治意味，一个则是‘历史系统’的文化意味。前一系统，属于空间的展拓；后一系统，属于时间的绵历。此后中国文化的团结力，完全栽根在家族的与历史的两大系统上。而西周封建制度，便已对此两大系统兼顾并重。可征当时在政治上的实际需要之外，并以表现着中国传统文化甚深之意义，这是尤其值得我们注意到。”③

与分封制密切相关的是畿服制和五等爵制。畿服制实际上是关于周王朝中央政权与地方政权关系的一种规定。其中甸服为畿内，侯服、宾服指华夏诸族，要服、荒服者则指远近不同的夷狄。此种

① 樊树志：《国史十六讲》，中华书局2006年版，第27页。

② 龚书铎总主编，廖名春主编：《中国文化发展史》（先秦卷），山东教育出版社2013年版，第78页。

③ 钱穆：《中国文化史导论》，商务印书馆1994年版，第30—31页。

制度实际上是以尊卑、亲疏、内外、远近为标准的等级制度在国家政治区域划分方面的反映。

关于五等爵制，《周礼·大宰》郑玄注说：“爵谓公侯伯子男卿大夫士也。”是说诸侯爵分为五等，公、侯、伯、子、男。其下尚有卿、大夫、士等三级。五等爵同为天子臣属，但级别高低有所不同。“宗法制与分封制相辅相成，同时配合以世卿世禄制度，成为西周政治的特色。”①

“西周的土地制度，名义上是‘溥天之下，莫非王土’，实际上是宗法分封下的土地层层占有。”②井田制是西周社会的基本土地制度。关于井田制，《孟子·滕文公上》说：“方里而井，井九百亩，其中为公田，八家皆私百亩，同养公田。”其中的公田是周王、诸侯等各级土地所有者直接控制的田地，平民首先要耕种这部分公田，并将收入统归土地所有者。公田周围的私田，实际上是庶人从贵族那里分配到的用于维持生存的最低限度的生活资料。平民等农业生产者被固定在井田上，并在此基础上形成了里、邑等基层村社单位。《周礼·地官司徒》说：“九夫为井，四井为邑，四邑为丘。”按此则每邑包含4井、36户人家。邑也称为里，贵族的封地都是以里、邑等为单位计算，里、邑是当时各级贵族封地的基本组成部分。

商代已有比较完备的法律制度。据文献记载，商代的刑罚已较完备，因此周人建国后曾反复提及治国要师法商人。西周的法律制度在继承夏、商两代有关制度的基础上又有了新的进展，法律思想

① 吴小如主编：《中国文化史纲要》，北京大学出版社2001年版，第39页。

② 郑师渠总主编，王冠英主编：《中国文化通史》先秦卷，北京师范大学出版社2017年版，第123页。

和内容更加丰富、全面，也更加系统化和制度化。西周法律较商代的进步突出表现在其已具有较明确的立法、执法原则和指导思想。周人除了继承殷商的“天命”“天罚”思想以外，鲜明地强调“明德慎罚”，并以此作为制定和执行法律的指导思想。所谓“明德慎罚”并不排斥刑罚，实际上是要求德教与刑罚相结合，先德教后刑罚，以刑罚镇压达到以德治国的目的。

西周法律强调诉讼必须遵循宗法制的原则，法律只有严格按宗法制的原则行事，才能“庶民安”，国家政权才能稳固。刑法是西周法律中最完备，内容最丰富的部分，较商代刑法又有了较大进步，所规定的罪名相当广泛，涉及国家政治、经济、军事、道德等各个方面，形成了一套远较夏、商时期更为严密的法律体系，对后世法律也产生了深远的影响。

敬天保民与以德治国

周公制礼，着眼点不限于诸侯，他较多关注下层庶民。周公有鉴于夏商亡国的教训，提出“敬天保民”方针，主张重民、顺民、惠民，尤须教民，“明德慎罚”，达到“作新民”的目的。王国维在《殷周制度论》中指出：“殷周之兴亡，乃有德与无德之兴亡”，乃是“旧制度废而新制度兴”，而其谋虑“乃出于万世治安之大计”。周人将道德建设作为国家机器的主要职能之一，希冀把包括天子、诸侯、卿、大夫、士乃至庶民纳成一个道德之团体，稳步推进整个国家道德建设的水准，达到天下大治。

在平三监之乱后，周公封胞弟康叔于商都朝歌。他告诫年幼的康叔：商朝之所以灭亡，是由于纣王酗于酒，淫于妇，以至于朝纲混乱，诸侯举义。他嘱咐说："你到殷墟后，首先要求访那里的贤人长者，向他们讨教商朝前兴后亡的原因；其次务必要爱民。"周公又把上述嘱言，写成《康诰》《酒诰》《梓材》三篇，作为法则送给康叔。《康诰》《酒诰》《梓材》可以看做是周公对新征服地区的施政纲领。三篇的主旨是"敬天保民""明德慎罚"，为的是使殷民在连续两次大动荡之后安定下来，从事正常的农业生产和商业活动。但又不是一味迁就，对饮酒成风，不孝不友是毫不客气的。康叔到殷墟后，牢记周公的叮嘱，生活俭朴，爱护百姓，使当地吏民安居乐业。

周公总结了夏、商两代的兴亡教训，认为夏、商的兴起是由于他们的先王敬德，而其最终灭亡也是由于"惟不敬厥德，乃早坠厥命"。没有从事"德"的修养，违反了德治的方针所致。周人之所以兴起，也是因为世代有"德"，他们的祖先能够"积德行义"。

许倬云指出，正是这一历史发展，"刺激周人追寻历史性的解释，遂结合可能确曾有过的事实（如周人生活比较勤劳认真，殷人比较耽于逸乐）以及商人中知识分子已萌生的若干新观念，合而发展为一套天命靡常惟德是亲的历史观及政治观。这一套新哲学，安定了当时的政治秩序，引导了有周一代的政治行为，也开启了中国人道精神及道德主义的政治传统"[①]。

西周时人所谓"德"，包括以下两个方面，即"外得于人"（"保民""惠民"）、"内得于己"（"敬忌""无淫"）。"敬德"首先要无逸节性，就是节制个人的物质生活欲望，使其控制在适当的程度以内。过分追求物质生活享受是不道德的，而且很

① 许倬云：《西周史》（增订本），生活·读书·新知三联书店1994年版，第109页。

危险。"敬德"就是要加强自身的品性修养。周公提出了个人德行高尚的典范。他认为："自殷王中宗及高宗及祖甲及我周文王，兹四人迪哲。"（《尚书·周书》）这四个王最圣明，其中以周文王为最。在周人看来，文王的德行是后代学习的榜样。是否继承文王之德，是有没有德行的基本标准。

周公提出了效法文王德行的具体要求：（1）要"先知稼穑之艰难乃逸"（《尚书·周书》），即先体验种庄稼的艰苦，然后再过安逸的生活。（2）"咸和万民"，使万民同心同德。但是要以"怀保小民"即"惠民"为前提。（3）反对"惟耽乐之从"。为王的不要过分贪图欢乐、安逸、游览和畋猎，应为万民多做些事情。

"保民"主张的提出意义重大。当时统治者认为，夏、商亡国的根本原因不在天而在于民，激怒了人民，什么天命都将无济于事，因此主张当政者应"无于水监，当于民监"。周人强调"保民"就是"敬天"，就可永享"天命"，而"敬天保民"就是"敬德"，就是"用康保民，弘于天，若德裕乃身，不废在王命"（《尚书》）。"保民"思想的提出较之商代只注重天命鬼神无疑是一个重大进步，也是周初统治者"明德"思想的核心所在。

周公的德治思想影响很大，响应者相当多。春秋时代，列国卿大夫中涌现出很多德行高尚的贤者，如鲁国的柳下惠、臧文仲，齐国的管仲、晏婴，卫国的蘧伯玉等，都是非常杰出的代表。孔子最崇拜周公，孔子思想的源头是在周公。孔子创立的儒家，把周公的德治、礼治思想理论化、体系化，把修身、齐家、治国、平天下作为中国人的人生取径。修身是立身之本，本立而道生，身修而后家齐，才能去治国、平天下。儒家思想的广泛传播，培植了中国社会道德理性文化的深厚沃土。

秦兵马俑。

第五章 “一统”为“大”的文明观

国家主导的文明路径

在周代，已经确定了国家力量对于文化发展的重要性。国家、文明和城市在起源上是一致的。从新石器时代到夏、商、周三代，就是国家开始形成并逐渐成熟的时期，夏、商、周三代是我国历史上的早期国家阶段。特别是到了西周时期，对于国家和社会制度进行了比较完备的设计和建设。这不仅便于社会的组织和管理，而且成为发展文化的重要推动力量。

在新石器时代，中国文化呈现出多元发生和聚合的趋势。到了西周时期，这种汇聚、融合和一体化的趋势进一步加强。吴小如指

出："我们的先民在广袤的中华大地上创造出独立的文明，早期中华文明呈多元发展趋势，而后经历漫长的兼并融合过程，逐步完成了从部族群落到国家的过渡。"[①] 而国家及其制度化的力量，对于促进文化的多元聚合又发挥了重要作用。

以国家的力量推动文化的发展，是中华文明得以持续传承和发展的一个重要因素。如我们在历史中不断看到的，各个朝代都对传承和发展传统文化有比较明确的自觉意识，并且在制度上提供强有力的保证。各个朝代都为传统文明的保存、传承和发展做了大量的具体的工作。实际上，有了国家政权的支持和制度安排，使得中国文明比如孔子的儒学思想，成为中国历史上的主流文化，为历代国家政权提供了思想和文化的基础。

从新石器文化到夏、商、周三代文化，"中国文化格局一直处于由多元向一体的转变中，多区域文化既有因独立而产生的对峙，又有因对峙而产生的征服，还有因政治征服而产生的文化交融。在这个漫长的文化交流与融合的进程中，文化的区域性逐渐减弱，中心性不断加强，最终形成一体的文化格局"[②]。到西周时期，多元性的文化创制，逐渐汇聚成一个文化体系。这条汇聚百川的文化大江大河，奔腾不息，具有极为强大的生命力。

许倬云指出："华夏文化体系，兼具坚韧的内部抟聚力，及广大的包容能力，遂使中国三千年来不断成长不断扩大，却又经常保持历史性共同意识。世界上若干伟大文化体系中有些有内聚力强的特质，如犹太文化系统；也有的包容力特强，如回教与基督教的

① 吴小如主编：《中国文化史纲要》，北京大学出版社2001年版，第5页。

② 龚书铎总主编，廖名春主编：《中国文化发展史》先秦卷，山东教育出版社2013年版，第28页。

两大系统。中华民族的华夏文化却兼具两个特色，而且都异常强劲。”[①] 许倬云在这里提出华夏文化的内聚力和包容力两种基本性格，这种性格特征是在中国文化形成时期就孕育成型的文化特质。“孔子是中国文化的代言人，也正因为他体认了华夏文化的性格。儒家学说是华夏文化的阐释，儒家理想人格是执善固执，是以仁恕待人，这种性格，可称为外圆（包容）内方（执善），也正是华夏性格的化身。儒家文化的基本性格成为中国文化的基本性格，而其成形期，正是在西周形成华夏文化本体的时候。”[②] 西周是孔子心目中的典型。

总之，三代为中华文明的形成，为中国未来的文明发展，奠定了基础。张光直指出：“夏商周三代明显是中国古代文化史上的关键阶段：这个阶段开始了文字记载，最终联合成的政体就是我们了解到那时最初形成的中国，贯穿于中国历史许多风俗习惯的基础也是在这个时期定下来的。”[③]

从封建制到大一统

西周社会后期，开始出现了许多变化。王室日渐衰落，而一部分诸侯士大夫的势力则开始膨胀，社会矛盾也在逐步加剧，周天子的天下共主地位受到严重挑战。社会各个方面的矛盾层出不穷，西周前期许多行之有效的制度遭到破坏。王室统治式微，王室与诸侯

① 许倬云：《西周史》（增订本），生活·读书·新知三联书店1994年版，第317页。

② 许倬云：《西周史》（增订本），生活·读书·新知三联书店1994年版，第317页。

③ 张光直：《商代文明》，北京工艺美术出版社1999年版，第324—325页。

的矛盾加剧，“诸侯不朝”的记载不绝于书。王室内外大大小小的贵族已开始分化，其中有人集中了越来越多的财富、土地和奴隶，有些贵族则逐渐失去了其原有财富而破落下去。

这些变化，归根结底是封建制度的破坏，是社会制度发生了变革。春秋战国各诸侯国的变法改革，都是围绕着改革改变经济制度、政治制度进行的。孔子惊呼“礼崩乐坏”，就是指的原来由周公制定的社会制度、礼乐制度被破坏了。此后，经过春秋战国数百年的争霸、战乱和兼并，到秦始皇时，最终实现了新的统一。

但这时候的统一，是建立在新的社会文化发展的基础上，并不是回到周代的封建制的统一，而是在更高层次上的、大一统的统一。

公元前221年，战国七雄之一的秦国在一代雄主嬴政的领导下，经过10年的统一战争，先后灭韩、赵、魏、楚、燕、齐六国，完成了统一的大业，结束了自春秋以降几百年诸侯割据称雄的分裂局面。秦始皇不仅兼并六国，还进一步在秦、楚两国经营西南少数部族地区的基础上，完成西南地区的统一，在那里设官治理；统一今浙江南部和福建一带东南沿海瓯越和闽越地区，设置闽中郡；统一今两广一带的南越地区，设置南海、桂林、象郡；又击退匈奴贵族对中原地区的扰乱，建置了九原郡。这样，秦建立起中华民族第一个“海内为郡县，法令由一统”的封建专制主义中央集权国家。其疆域，东至海，西至陇西，南至岭南，北至河套、阴山、辽东，幅员辽阔。这广大的地域，是秦以后历朝历代政治版图的雏形。

秦王政在灭齐的当年，下了“议帝号令”，要给他取一个新名号。秦王政选择了“皇帝”二字，并自称“始皇帝”，以显示至尊地位和“后世以计数，二世三世，至于万世，传之无穷”的愿望。与此同时，他还采取了其他一些把皇权神圣化的措施，把皇帝的命称为“制”，令称为“诏”，印称为“玺”，皇帝自称为“朕”。

从此以后，“皇帝”便成为我国历代封建国家最高统治者的称谓。不仅如此，秦始皇还设计了皇位在家族内部世袭和建立皇帝个人绝对权威的各种办法，“这就决定了秦王朝的政治制度具有如下两个特征：即国家最高权力的不可分割性（权力集中于皇帝一人手中），和不可转移性（皇位在本家族内世袭）。这两个特征乃是专制主义政治制度的根本条件。自秦王朝建立伊始，伴随着统一的封建国家的诞生，专制主义就成为与其不可分离的特点”[①]。

秦王朝总结了战国以来各国的官僚制度，建立起一套适应封建统一国家需要的中央政府机构，即“三公九卿”制度，为封建专制主义中央集权国家制度的建立创造了雏形，对以后的历代封建王朝的建立，有着重要的影响。

在地方政权组织上，秦始皇废除分封诸侯制度，全面推行郡县制度。将全国分为36郡。后随边境的不断开发和郡治的调整，增至40余郡。郡是中央政府辖下的地方行政单位，县是秦朝统治机构中关键的一级组织，是从中央到地方政府机构中具有相对独立性的一个单位。县以下设乡，乡以下为里，是秦国最基层的行政单位。

秦王朝在建立中央和地方政治机构和各种制度之后，还实行一系列巩固统一、加强中央集权的政策和措施。战国时期政治上的割据状态，正如许慎指出的，造成“田畴异亩，车涂异轨，律令异法，衣冠异制，言语异声，文字异形”（《说文解字·序》），区域差异严重。秦朝根据新的政治制度的需要，为了尽可能消除长期诸侯割据造成的地区差异，巩固政治上的统一，以战国时期秦国的

① 林剑鸣：《秦汉史》，上海人民出版社2003年版，第47页。

制度为标准，进行了一系列的政治、军事、经济、交通、思想、文字等统一工作，整齐划一了各项制度。

秦朝统一文化的举措，以强化专制君主集权为目的，也有力地增进了秦帝国版图内广阔地域的人们社会生活乃至文化心理的同一性，大大促进了全国各地的文化交往和文化统一，从而为中华文化共同体的形成奠定了坚实的基础，为秦汉时期文化的大发展、大繁荣创造了极为有利的条件。秦始皇实行“车同轨，书同文”等一系列政策，旨在“匡饰异俗”，稳定大一统的政治局面。

秦始皇统一中国，在中国文明发展进程中，具有极为重要的意义。“它开创的中央集权封建制度，却确定了此后两千余年中国封建社会的基本格局。”[①] 后继的汉王朝则继续巩固和发展了全国的统一。秦汉统一王朝的建立，大一统局面的形成，为中国历史的长期统一奠定了基础，为中华文化的繁荣发展创造了有利的条件。

秦汉时期，从秦始皇统一中国，建立秦王朝的公元前221年，经西汉，至东汉灭亡的公元220年，共历441年。这一时期是中华文化史上一个十分重要的时期，也是中国以一个文明发达的国家闻名于世的开始。这一时期的文化意义在于，它开创了一个新的制度文化样式，并由它直接选定了以后几千年的文化价值和精神内核，规定了文化繁衍的明确路径，也为中华文化特有的文化继承品质和民族文化心态的形成奠定了基础。秦汉统一帝国的建立，为中华文化共同体的形成开辟了新的局面。

吕思勉说：“汉族之名，起于刘邦称帝之后。昔时民族国家，混而为一，人因以一朝之号，为我全族之名。自兹以还，虽朝屡

① 郑师渠总主编，许殿才主编：《中国文化通史》秦汉卷，北京师范大学出版社2017年版，第8页。

改，而族名无改。”[1] 秦的统一，给华夏族注入了新的血液，为华夏族向汉族的转化创造了条件。秦汉王朝各种有利于统一的措施，以及秦汉时期所宣扬的大一统思想，都为华夏族向汉族转化提供了物质的和政治的条件，实现了由华夏族向汉民族的转化。

至此，作为中国主体民族的汉族形成了。与此同时，在汉族周围的其他民族也获得了迅速发展。在统一的国家中，汉族和其他民族之间互相联系、互相融合，共同造就了秦汉大一统的文明。

大一统的文化格局

秦始皇灭六国，实现了全国政治上的大统一，也为文化的统一创造了条件。至此，中华文明的涓涓细流，汇聚成一条奔腾不息的大河，汇聚成中华文明的统一体。中华文明以一个整体的面貌出现了。秦汉时期，与政治上大统一的局面相适应，大一统的思想得到了广泛的阐发。司马迁在《史记》中多处使用“一统”的概念。汉武帝在其诏书中也说：“中国一统而北边未安。”（《汉书·武帝纪》）其他如汉廷大臣路温舒、王吉、匡衡等也都在奏疏中各自推阐《春秋》大一统之义。

大一统的本义是以“一统”为“大”，大一统就是高度推崇国家的统一和民族的融合，也即对“一统”所持的基本立场和态度。在中国历史上，虽然多元化是中华文明的一个基本特性，但“统一是中国历史发展的主流，是中华民族高于一切的理想追求和道德情感。造成中华文明这一鲜明个性特征的重要因素，是中国历史上历

① 吕思勉：《先秦史》，上海古籍出版社1983年版，第22页。

经数千年而不衰的‘大一统’思想的潜移默化，而秦汉时期正是这种‘大一统’理念完全定型的关键阶段，秦汉文化的本质实际上就是‘大一统’的文化”[①]。

秦汉时期的一切文化现象，都笼罩着大一统的时代精神。封建大一统文化表现出强大的创造力量，知识分子阶层积极投身到学术文化事业中，创造出众多适合时代需要的、具有久远价值的精神产品；各族人民群众在生产生活中也发挥聪明才智，贡献出不朽的文化成果，从而形成了中华文化史上的一个黄金时代。可以说，作为中华传统文化的基本内容、基本形式，都在那个时期奠基了，并且有了初步的又是十分耀眼的成就。

不仅如此，随着大一统政权的建立，秦、晋、齐、鲁、楚等区域文化逐渐融为一体，同时匈奴、羌、夷、百越等少数民族文化与华夏各民族文化也互相渗透、结合，在此基础上形成以汉文化为主体的统一的多民族文化。但是，秦汉文明并不是抹灭了或销蚀了地域文化和民族文化的差异性。秦汉文明，乃是在多样化基础上统一起来的。

秦汉文明的大发展、大繁荣，是建立在大一统局面上的，同时也是对先秦历史发展的文化，特别是对三代文化和春秋战国时期文化发展的继承和弘扬。

① 龚书铎总主编，黄朴民等著：《中国文化发展史》秦汉卷，山东教育出版社2013年版，第7—8页。

四祀邲其卣铭，故宫博物院藏。

第六章　文字的力量

文字的产生

文字是人类文明的主要载体，是文化发展传承的主要形式。在中华文明的传承发展中，汉字起到了相当重要的作用。汉字的产生大大促进了文明的步伐和教育功能的扩大。作为一种在广泛地域共同使用的思想交流及记录工具，最重要的是让这个地域中的人都能熟记并理解其构形和含义，而这一过程的完成便需要教育的作用。文字的出现，也使得教育的内容更加丰富广泛。

中国文字的起源相当久远。在古代传说中，有仓颉造字。仓颉是黄帝的史官。东汉许慎《说文解字·序》说：“黄帝史官仓颉，

见鸟兽蹄迒之迹，知分理之可相别异也，初造书契，百工以乂，万品以察。盖取诸夬，夬扬于王庭。言文者宣教明化于王者朝廷。”

这个传说认为汉字大约产生于黄帝时代，这个时代与考古发掘所证实的新石器时代晚期大体吻合。在新石器时代的仰韶彩陶文化期，就出现了陶器刻划符号。其后大汶口文化、龙山文化及青海乐都柳湾的马家窑文化马厂类型的遗址中，出土的陶器也有此类符号的出现。在良渚文化的陶器和玉器上也有许多刻划符号。据推断这是人们在制作或使用时有意识地刻下的记事符号。不少学者认为，这是今天确知的最古老的一种具有表意作用的文字符号。郭沫若在《古代文字的辩证发展》中指出：“彩陶上的那些刻划记号，可以肯定地说就是中国文字的起源，或者中国原始文字的孑遗。”古文字学家于省吾在《关于古文字研究的若干问题》一文中提出：西安半坡彩陶上的划刻符号，是“文字起源阶段所产生的一些简单文字”。

陶钵，上面刻划符号，半坡遗址出土，半坡遗址博物馆藏。

到距今4000余年的龙山文化晚期，则出现了与口语中的具体的词义相结合的刻划文字。中国最早的成形文字，可能出现于夏代初期。商代的甲骨文公认是比较成熟的文字系统，在此之前应该有很长一段时间的孕育和发展期。虽然目前还没有较完整的夏代文字的发掘问世，但在二里头文化的陶器上，经常出现各种形式的刻划符号，有的已被认定为汉字的原型。夏代也应当有了文字记录的典册，例如先秦典籍中就经常引用一些不见于今本《尚书》的《夏书》或《夏训》。随着夏商考古文化的发展，中国考古界和文字学界对于夏代已有文字的看法，已日趋肯定。

早期的陶器刻划符号和刻划文字是汉字的起源。到商代后期，则出现了成系统的文字——甲骨文。甲骨文是商代后期书写或契刻在龟甲、兽骨上的占卜、记事文字。

清光绪二十五年（1899），金石学家王懿荣因病在中药龙骨上首先发现了带字的甲骨以后，商代甲骨文重新被世人认识。继王懿荣之后不久，古文字学家王襄、刘鹗、罗振玉、孙诒让、王国维等也都开始搜集整理和研究甲骨文。光绪二十九年（1903）刘鹗整理所藏部分甲骨，出版了中国第一部著录甲骨文的专著《铁云藏龟》，指出甲骨文为“殷人刀笔文字”。第二年，孙诒让完成了中国第一部考释甲骨文的专著《契文举例》，考释出180多个甲骨文字。从此，甲骨文的研究成为一门专门学科。

经过罗振玉、王国维等人的研究，甲骨文被确定为河南安阳殷墟所出。自1928年起，开始了对殷墟有计划的科学发掘，发现包括甲骨文在内的大量商代晚期遗物。特别是宫殿建筑遗址和商王陵的发现，证实甲骨文确系盘庚迁殷以后的晚商遗物，它包括了自盘庚至纣共273年的历史记录。甲骨文的发现，使商代的存在无可争议，

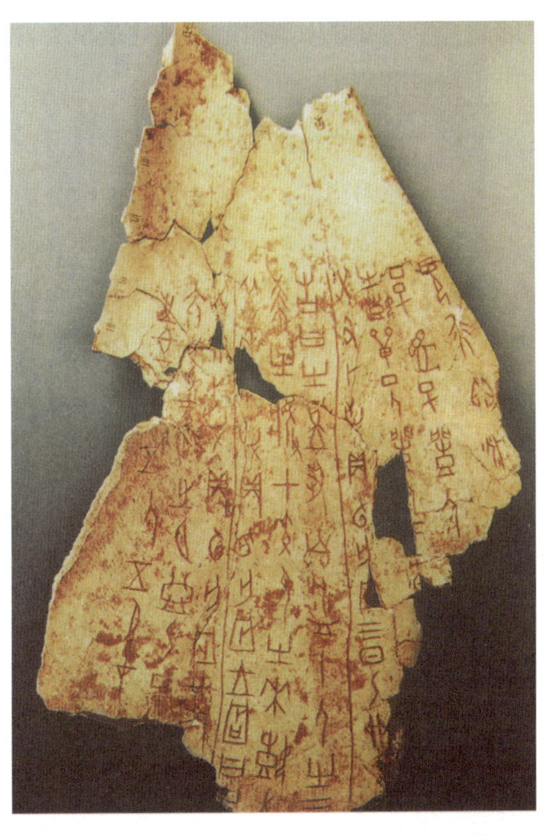

祭祀狩猎涂朱牛骨刻辞，河南安阳殷墟出土。

并使商代历史成为信史。安阳殷墟出土的15万片甲骨卜辞，记录了商代社会中发生的许多事情。经过几代人的整理和研究，揭示了它所包藏的丰富内容，为研究商代历史开拓了重要的途径。

在甲骨文中，已经具备了“六书”的种种造字、用字方法，具备了汉字的各种形式。“甲骨文的意义是无与伦比的，它标志着中国历史进入了有文字可考的时代。”① 甲骨文有5000多个单字，字义已比较固定，词汇也比较丰富，同时已有较为系统的语法，可以

① 樊树志：《国史十六讲》，中华书局2006年版，第21页。

准确地表达语言和思想。因此，甲骨文是中国目前所见的最早的成系统的文字，是比较进步的文字体系。

之后，在周代又有金文出现。青铜器在内壁、内底或其他部位铸造或镌刻的文字，在考古学上叫青铜铭文，也称金文或钟鼎文。金文在中国文字发展史上占有重要地位，它集中反映了西周至春秋600年间中国语言文字的使用情况。其实，金文在商代已有出现，商代中期铭文字数还不多，一般只有一两个字，多者四五个字。直到商代晚期，铭文也未超过50字。其内容也很简单，目的在于标记器主人的族氏，识别用途。西周是金文大发展的时期，这时铸铭之器骤然增多，两周青铜器中有铭文传世的约3000件，其中一半以上属西周。西周铭文格式多样，内容丰富，不仅有准确的干支月日及月相、地名和地理位置、官职名称、人名，而且还记载了很多重大的历史事件，包括王室的祭祀、征伐、盟誓契约，周王的册命、赏赐、宴飨，甚至奴隶买卖、刑事诉讼等各种内容，反映出当时政治、

西周晚期青铜器毛公鼎，台北故宫博物院藏。

军事、礼制、经济等各方面的真实情况，是考古研究的重要史料。

从文字结构本身看，金文已较甲骨文有所进步。西周初期金文尚保留着殷商晚期图案化、工艺化倾向，结构松散。西周中晚期金文则在字形上改变了早期结构符号的散漫不定而臻于固定统一，造字方法比甲骨文更加规范化，形声字的使用也比甲骨文大为增加。从金文语句分析，它的用词也较甲骨文丰富。金文的辞章规模也达到一个新的水平，上百字、数百字的铭文比比皆是。现藏台北故宫博物院的西周晚期的毛公鼎铭文，长达497字，称得上是金文的长篇巨制。这表明人们驾驭语言文字的能力已经有了很大的进步。

经过春秋战国数百年，各地使用汉字字体的繁简和偏旁位置都呈现出很大差异。春秋初期青铜器的铭文与西周晚期很接近。春秋末期起，各国就出现了文字异形的现象，列国间的金文风格差别拉大。北方的晋国出现了尖头肥腹的笔形，很像后世人说的“蝌蚪文”。南方以楚国为代表的文字，笔画多曲折，或以鸟形和点作为

毛公鼎铭文，台北故宫博物院藏。

附饰。这种近似图案的文字多见于兵器上，应是所谓的“鸟书”。到战国时期，这种文字上的差异更大，同一个汉字的写法，往往齐楚有异，秦燕不同，地方差别非常明显。尤其在竹帛、货币、玺印、陶器、漆木器等带有浓厚列国痕迹的器物上，出现了各种形式多变、纷繁复杂、异国人难以辨认的字体。王国维在《史籀篇疏证序》中指出“秦用籀文，六国用古文”，说明了秦国与东方六国的文字差异。而实际上六国之间的文字也各不相同，即使同一国内也往往几种文字杂相使用。

书写文字的多样性，给推行统一政令和经济、文化的交流造成严重障碍。作为文化统一政策的重要组成部分，秦始皇命丞相李斯统一文字，即以周朝大篆为基础，汲取战国末期诸国文字的优点，创制了被后人称为“小篆”的新文字，作为官方文字在全国推行。

由程邈创制的隶书是一种更简便的文字。在六国文字的一些草率急就的字体中，特别在一些秦牍和秦简中，已经流行了早期隶书，被称为“秦隶”。从篆书的线条转化为隶书的点画，是随着书法的工具材料从金石转化为笔墨竹帛而引发的书法形式的革命。隶书打破了古体汉字的传统，基本确定了此后汉字的方块字形状、笔画特点和字体结构，奠定了楷书的基础，提高了书写效率。它所带来的新体势和新风格，对以后汉字的发展产生了积极而深远的影响。

小篆和隶书的出现和使用，于文化学术的推广、教育的开展，是有重大意义的。秦王朝时期，小篆和隶书两种形体的文字均在全国推广，其中把小篆作为秦国标准文字，隶书作为日用文字。皇帝诏书和政府正式文件一般用小篆书写，非官方文件用隶书抄写。

秦始皇下令统一和简化文字，对我国文字的发展是一次重大改革，既对推行法令、传播文化起到了重要作用，也对汉族文字的发

秦代两诏铜椭量，刻有秦始皇二十六年（前221）统一度量衡的小篆诏文，陕西历史博物馆藏。

展产生了重要影响，对于政治、思想文化的一体化有着至关重要的意义。

钱穆说："在殷商时代的中国，早已有四千多字了，直到现在，经过了三千多年的演进，一般社会上仍只要四千多字，或尚不要四千多字，已经够用。所以在战国以前，可说是中国人'创造文字'的时代。战国以下，则是中国人'运用文字'的时代了。"①

这一时期的书写工具和材料也发生了重大的变化，这也是进入"运用文字"阶段的重要原因。甲骨文和金文所需的书写材料是极为贵重和笨重的，而且并不易得，所以限制了人们广泛地使用。周代"学在官府"，其原因之一，就是这些书写材料和工具掌握在官

① 钱穆：《中国文化史导论》，商务印书馆1994年版，第90页。

府手里。春秋战国时期，毛笔和铁器的出现及运用，使书写技术发生一场革命，使得这个问题得到了根本性的解决。

战国时期的书写材料急剧增多，竹、木、帛、石、玉等纷纷成为书写的载体，毛笔和墨成为书写的主要工具，从而使书写在形式上发生根本革命，传统的铸造和铭刻的手段逐渐被以笔墨为媒介的书写手段所代替，并且沿用至今。《墨子·非命下》说："书之竹帛，镂之金石，琢之盘盂，传遗后世子孙。"这句话说明了当时书写材料和工具的多样性。《墨子·明鬼下》又说："又恐后世子孙不能知也，故书之竹帛。"墨子在这里提到，用竹帛书写的目的，在于"恐后世子孙不能知也"。对那个时代的知识分子来说，用"竹帛之书"书写，传承文化和历史，是有很自觉的意识的。

《墨子》所说的"竹帛之书"，主要是指周、燕、宋、齐等国的《春秋》。"竹"指"简牍"，是竹简和木牍的合称，指用竹片和木片制成的书写材料，也指在这种材料上书写的文字，自春秋战国时期开始流行，直到纸被普遍采用后才逐渐废弃。简牍所用的竹木片一般为长条形，用绳子束在一起称为"册"或"策"。《礼记·中庸》中提到鲁哀公向孔子询问怎样管理好国家，孔子回答："文武之政，布在方策。""方"指的木版，"策"指竹片编连的简册，合起来，指的典籍。孔子告诉哀公，周文王、武王治理国家的经验，都写在典籍上。

帛书指书写在帛上的文字。在春秋战国时期，"帛"泛指所有的丝织物。作为书写文字的材料，常常"竹帛"并称，并且帛是其中比较贵重的一种。至迟汉代古籍上已有"帛书"一词，如《汉书·苏武传》载："言天子射上林中，得雁，足有系帛书。"帛书的实际应用可追溯至春秋时期，如《国语·越语》说："越王以册书帛"。

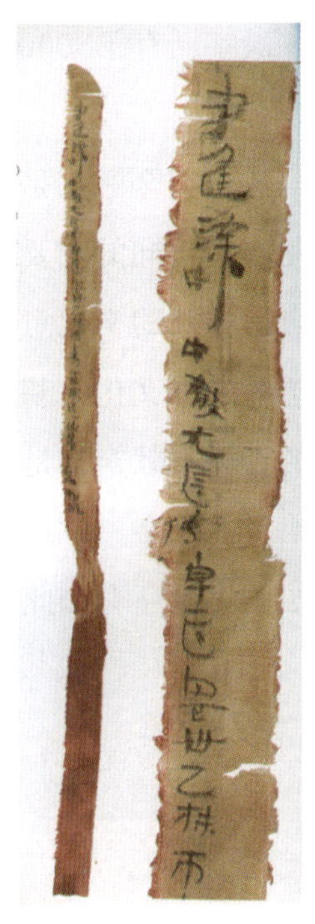

汉代帛书，敦煌马圈湾烽燧遗址出土，甘肃简牍博物馆藏。

汉代简牍，敦煌悬泉置遗址出土，甘肃简牍博物馆藏。

使用毛笔，书于简牍和帛书，成为当时文献书写的主要形式。正是因为有了这种全新的书写工具和书写材料，开始从句子向成篇的文章过渡，出现了许多杰出的文献，出现了记载古代诗歌的总集《诗经》和屈原等创作的楚辞，出现了第一波散文创作的高潮。对于历史的记载，也进入完整的书写阶段。在那个时代，国有大事，互相赴告；会盟朝聘，史不绝书；褒善贬恶，直笔不隐。各种治世之策应运而生，或儒或墨，或法或老，任其选用治国。

文字是语言的符号记录。从新石器时代的刻划符号，到商代甲骨文，就已经形成完整的文字体系。从那时算起，汉字已有了3000多年的历史了。直到今天，仍然保持着强大的生命力。

汉字是中华文化的载体和传播工具。汉字语言从古至今一直是中国通用的最主要的交际工具，是中华民族的文化心理认同的主要表征。在几千年的文化传承中，汉字语言形成了自己特殊的文化意味，包含着中国人对世界的丰富体验，深深地渗透着中国文化的基本精神。一代又一代人的文化创造，一代又一代的经典文献，都是通过汉字这一载体，而绵延不绝。林语堂说，如果没有汉字，“过去对于我们来说不是那么容易理解，那么古代传统的力量还会如此之盛吗？”①

诗歌的国度

早在原始社会时期，就出现了文学的萌芽形式。当时的文学样式有神话和歌谣。它们都是集体的口头创作，在长期流传中不断被加工改造。它们形式简单，风格质朴，大都与原始的宗教仪式和祭祀活动结合在一起。后来，随着文字的产生，逐渐形成了书面文学。

诗是人们最早书写的书面文学体裁。我国古代文论家对诗的本质特征的认识是“诗言志”，认为诗歌是人们表达思想感情的形式。

中国第一部诗歌总集《诗经》，汇集了从西周初年到春秋中期500多年的诗歌305篇，代表了当时文学的最高成就。《诗经》分“风”“雅”“颂”三部分，“风”为土风歌谣，“雅”为西周王畿的正声雅乐，“颂”为上层社会宗庙祭祀的舞曲歌辞。《诗经》

① 林语堂：《中国人》，学林出版社1994年版，第221页。

宋马和之《诗经·巷伯》诗意图（局部），故宫博物院藏。

内容丰富，反映了劳动与爱情、战争与徭役、压迫与反抗、风俗与婚姻、祭祖与宴会，甚至天象、地貌、动物、植物等方方面面，是周代社会生活的一面镜子，被誉为古代社会的百科全书，是我们了解那个时代的重要文献资料。

《诗经》在春秋战国时期有着非常广泛的影响。那时的士人已把《诗经》作为语言辞令的教科书。孔子十分重视《诗经》，他说："不学诗，无以言。"（《论语·季氏》）学了《诗经》之后，就能懂得怎样遣词造句，怎样表达自己的情感。因为《诗经》描述了社会的方方面面，所以通过学《诗经》就可以懂得很多实用的知识。孔子又说："诵《诗》三百，授之以政，不达，使于四方，不能专对，虽多，亦奚以为？"（《论语·子路》）是说《诗经》已成为当时外交场合中常用的表意语言。他多次向其弟子及儿子训诫要学《诗》，以作为立言、立行的标准，认为学习《诗经》可以感发人的精神，使人产生美感。孟子、荀子、墨子、庄子等人

宋梁楷《李白行吟图》，日本东京国立博物馆藏。

在说理论证时，多引述《诗经》中的句子以增强说服力。

中国是诗的国度。中国的诗歌有非常悠久的历史。先秦两汉时期，一部《诗经》，一部《楚辞》，还有几十篇汉乐府，是很足以让人兴奋自豪的。隋唐之前的魏晋南北朝时期，被称为“文学的自觉”时代，诗歌创作已达到很高的水平，出现了古典诗歌的真正繁荣。这一时期思想的大解放、五言诗的成熟、音韵学研究的成果等，为唐诗的出现和繁荣打下了良好的基础。唐代诗人上承魏晋诗风，继承和改造了魏晋南北朝的诗歌传统，使中国诗歌创作达到高度成熟境界。建安文学发达于2、3世纪之交，唐代诗歌可以说是500年诗史之总结。律诗与绝句是唐人的骄子，但这是集500年诗家的努力，才得以诞生的诗界之精华。正如有论者指出的：“正因为有建安的风骨，然后形成唐诗的遒劲；有两晋的意境，然后形成唐诗的高妙；有宋齐的藻绘，然后形成唐诗的清丽；有齐梁的声病之论，然后形成唐诗声韵的谐美；有梁陈的

唐李白《上阳台》手迹，故宫博物院藏。

宫体，然后形成唐诗的细腻。”①

唐代是诗歌创作空前活跃的时代、诗人辈出的时代，同时也是全民族诗情勃发的时代。从皇帝到平民，从达官贵人到贩夫走卒，无不写诗爱诗。唐代的君主大都喜爱或能作诗歌。受到特别重视的进士科考试，也以诗歌为重要内容。唐代文人以诗会友、酬赠唱和的情形十分普遍，这都促进了唐代诗歌的繁荣。不仅如此，当时整个社会都弥漫着炽热的诗情氛围，成为一个全民“诗化”的时代。

据清人《全唐诗》及今人陈尚君《全唐诗补编》，计有姓名可考的作者3600余人，诗55000余首。在这名家辈出、名作如林的诗坛上，出现了李白、杜甫、白居易等影响远及世界的伟大诗人，产生了山水田园诗派、边塞诗派、新乐府诗派、韩孟诗派等风格不同的

① 冯天瑜：《中华文化史》，上海人民出版社1990年版，第598页。

清王鸿绪《行书杜甫诗》轴，重庆博物馆藏。

诗人流派。

唐代诗歌在前人诗歌的基础上，形成了丰富多样的体式，包罗了古体诗（五言、七言、七言歌行）、近体诗（五、七言律诗，绝句，排律）、乐府诗（古题乐府、新乐府），以及新产生的词体。其中五、七言律诗是唐代新兴的诗体，具有格律严整、音韵协调、技巧精美等特点。唐代诗人还对诗歌的形式技巧和艺术风格进行了深入探讨。唐人的诗论对后世的诗论和诗歌创作都有很大的影响。这些都是前所未有的成就。

唐代以后，中国的诗情继续发扬，并产生了宋词、元曲、竹枝词等新的诗歌形式。特别是宋词，被视作一代文学的标帜，其成就和影响足以与唐诗比肩而立。像人们说唐代文学首先而且要特别着重讲唐诗一样，讲宋代文学，则首先要讲宋词。唐诗、宋词往往并称，都是中国文学史上的高峰。

词是从中唐以后流行起来的一种新诗体。词在唐、五代通称为曲子词，原是为乐曲配唱的，后来逐渐脱离乐曲而成为独立的文体，简称为“词”。每首词最初都有与其相配合的乐调，称为词调，每一词调都有一个或几个名称，称为词牌。每一词调在句数、字数和声韵方面都有特定的格律形式，被称为词谱。因为多数词谱的句式长短不齐，所以词又称“长短句”。写词，要依谱填写，叫作填词。

词从晚唐五代发展到宋代，呈现出空前繁荣、多姿多彩的面貌，在中国文学史上占有特殊地位。由于词是合乐诗体，既可传诵于文士案头，又能流播于乐人歌喉，流传广远，风行于社会各阶层，拥有广泛的创作队伍。宋代词作，据《全宋词》辑录，共收词人1300余家，词近两万首。孔凡礼《全宋词补辑》又增收词人百

清赵冕《写东坡词意图》，扬州博物馆藏。

家，词作400多首。

宋词大体上可分类为婉约和豪放两种风格流派。婉约派的词，内容主要写男女情爱，离情别绪，伤春悲秋，光景流连。其形式大都婉丽柔美，含蓄蕴藉，情景交融，声调和谐，风格典雅涪婉、曲尽情态。像柳永的“今宵酒醒何处？杨柳岸，晓风残月”；晏殊的“无可奈何花落去，似曾相识燕归来”；晏几道的“舞低杨柳楼心月，歌尽桃花扇底风”等名句，都是情景交融的抒情杰作。豪放词作是从苏轼开始的。他把词从娱宾遣兴里解放出来，发展成独立的抒情艺术。山川胜迹、农舍风光、优游放怀、报国壮志，在他手里都成为词的题材，使词从花间月下走向了广阔的社会生活。不过，两种风格既有区别的一面，也有互补的一面。上乘词作的风格，往往豪放而含蕴深婉，婉约而清新流畅、隐有豪气潜转。

宋代是词的繁荣兴盛的时代。文学史上，词以宋称，说明宋词代表一代文学的重要地位。

文以载道

散文是在文字出现以后形成的最实用的文学形式。经过春秋战国时期书写材料的革命，才形成了散文蓬勃发展的黄金时代。但是，在中国古代文人看来，写文章并不是为写作而写作，正如诗歌创作是为了“言志”“永言”，文章的创作是为了“道”，就是为了传达“天道”，传承儒家思想的圣人之“道”。“文以明道”“文以载道”，是中国古代文学创作的目标和宗旨。

战国时期，随着士阶层的兴起，文学由官方的文告、集体的著述逐渐发展为个人的独立创作，出现了诸子散文和《春秋》《左传》《战国策》这样的史学名著。中国古代散文历史中，先秦散文为第一个大高潮，这个时代的散文影响极为深远，后来中国的一切散文传统，莫不与之相关联。荀子最先提出“文以明道”。汉代的扬雄进一步提出遵循自然之道的问题，并认为儒家的圣人及其经书能够最好地体现自然之道。所以，又把明道与“宗经”“征圣”联系起来。

在汉代，散文创作又一次出现高潮，论说散文式样丰富，风格多样，品类繁多，名作如林。特别是班、马史作，晁、贾文章，达到了很高的成就。司马迁的《史记》，鲁迅称之为“无韵之离骚”，完全可以称为中国散文史上的一座丰碑。

“明道”思想对以后的南朝刘勰产生了直接影响。刘勰在《文心雕龙》中设有《原道》篇，更加明确地论述了“文以明道”的问题：“道沿圣以垂文，圣因文而明道。”强调了“文”是用来阐明“道”的。

到唐代，散文创作更加丰富。中唐时，形成以韩愈、柳宗元为代表的古文运动，提倡继承两汉散文的传统，以三代两汉的古文取代近世泛滥文坛的骈文。古文运动的成果，不仅表现为中国文体史上由骈体向散体的变化，而且促成了文学散文创作的繁荣。唐代古文运动及其代表韩、柳的散文作品是散文发展的第三个高潮。

唐代古文运动反对六朝文学的绮靡之风，把“文以明道”作为理论纲领。古文运动的先驱柳冕说：“夫君子之儒，必有其道，有其道必有其文。道不及文则德胜，文不及道则气衰。”（《答荆南裴尚书论文书》）韩愈的门人李汉在《昌黎先生集序》中概括“文”与“道”的关系时说：“文者，贯道之器也。”韩愈以儒家“道统”的继承者自居，他所尊崇的“古道”即尧、舜、禹、汤、周公、孔、孟之道。柳宗元也主张“文以明道”，他说：“圣人之言，期以明道，学者务求诸道而遗其辞……道假辞而明，辞假书而传。”（《报崔黯秀才论为文书》）

“韩、柳以自己的实践为古文创作树立了楷模，他们更广为号召，奖掖后进。时风所会，一时波趋云委，古文创作笼盖文坛。”① 到了宋代犹然气势不衰，其中的领袖人物，韩愈、柳宗元、欧阳修、苏洵、苏轼、苏辙、王安石、曾巩合称唐宋古文八大家。宋代六家在反对绮靡僵化的骈文的同时，师承韩愈的“文道合一”，他们的散文有感而发，注重世功，鲜明体现了文道结合的主张，大都紧密地反映社会现实，指陈时弊，尖锐深刻。而“以‘唐宋八大家’为标志的古文革新，以其丰茂华赡的创作和清劲明确的理论，指引了中国封建社会中后期古文创作的道路，成为文言文创作的主流”②。

① 孙昌武：《隋唐五代文化史》，东方出版中心2007年版，第193页。
② 杨渭生等：《两宋文化史》，浙江大学出版社2008年版，第657页。

北宋理学家周敦颐是第一个明确提出“文以载道”的人，他说：“文所以载道也。”（《通书·文辞》）周敦颐又说：“圣人之道，入乎耳，存乎心，蕴之为德行，行之为事业。彼以文辞而已者，陋矣。”（《通书·文辞》）南宋理学家朱熹则把“文”看成是“道”的附庸和派生物，他说：“道者，文之根本；文者，道之枝叶。”又说：“这文皆是从道中流出，岂有文反能贯道之理？文是文，道是道，文只如吃饭时下饭耳。若以文贯道，却是把本为末。”（《答吕伯恭》）他主张“文”统一于“道”，“道外无物”，没有离开“道”而存在的“文”，“文”是“道”的表现形式或反映。

欧阳修主张从日常百事着眼，“履之以身，施之于事，而又见于文章”，并且还主张“载道”要能“载大”，即反映历史上和现实中与国家、社会有关的大事件，唯有“载大”，才能“传远”。

明末清初的思想家黄宗羲、顾炎武等人，都大力反对形式主义的作品，主张明道致用。黄宗羲提出：“文之美恶，视道合离。”（《李杲堂墓志铭》）顾炎武认为：“文之不可绝于天地间者，曰：明道也，纪政事也，察民隐也，乐道人之善也。”（《日知录》）

清代章学诚对六朝以来关于“文”与“道”关系的讨论作了总结，他的《文史通义》有《原道》三篇，专门论“道”。他反对“舍天下事物人伦日用，而守六籍以言道”。做文章要从实际出发，合乎时代的需要，使“文”在社会生活中起作用。这样的“文”就符合“道”的要求，并达到“文”与“道”的统一。

小说家言

唐以前，诗歌是文学的主要载体，但已经出现了小说这种新的文学形式。过去常用“小说家言”来形容所说故事的虚幻和不可信，其实不然。在诗歌散文创作中，其实主要的是生活事实的记录，是一种“言志”“载道”的形式，而中国的“小说”，虽然有许多虚构编排的内容，但也是日常生活的一种表达形式，也是作为文化传承的一种载体。尤其是其中所反映的文化主题和精神内涵，与社会主流的价值观、伦理观是一致的。而且，小说是一种大众文化的载体，来自民间，面向民间，就更有感染力，影响的社会面也更大一些。

中国小说史的发端，可以追溯到先秦时代。先秦诸子中，尤其是《山海经》《庄子》一类文章中，都有许多神话传说和寓言故事，这些神话传说和寓言故事便是后来小说的雏形。到了魏晋南北朝时期，出现了以干宝《搜神记》为代表的志怪小说和以刘义庆《世说新语为代表的志人小说》。唐代传奇源于六朝志怪小说，但又超越了志怪小说，把小说从只记述神怪，引向反映现实生活。它的内容也更加贴近人生，贴近社会。在艺术表现上，它的情节、手法比之六朝志怪更新奇、神异和完整。它叙述婉转，情节曲折，文辞并茂，人物性格鲜明，远胜于志怪小说。宋代洪迈评唐人小说，说：“唐人小说，不可不熟。小小情事，凄婉欲绝，洵有神遇而不自知者，与诗律可称一代之奇。”（《容斋随笔》）

唐人传奇的作者中，有宰相，有学士，有布衣，有无可评考者，也有鼎鼎大名的诗人或风流才子，还不算那些写出过长篇传奇名作的人们。唐代传奇数量多，仅以成集者计算，就有专集多种，其中不乏名篇佳作，如《莺莺传》《李娃传》《霍小玉传》等。传奇的题材涉猎广泛，举凡爱情、讽刺、暴露、报应、神佛、鬼怪、历史人物、技艺、侠义、仕宦、公案、寓言等几乎后世所有的小说题材，唐人传奇已经一应俱全。

话本是宋代出现的一种新的文学形式。话本来自民间，产生于口头文学的说话艺术。“话”就是故事，“说话”就是讲故事，话本就是在说话艺人讲说的基础上经文人记录和整理出来的故事文本，就是“说话艺人”的底本。

“说话”即讲说故事。宋代“说话”是伎艺演出中受到市民群众广泛欢迎的一种。当时有数量可观的职业“说话人”，他们还有专门组织，称为“书会”或“雄辩社”，研习传授技艺，整理编写话本，以提高说话水平。讲故事和听故事的人大都属于市民阶层，说话艺术从思想内容到语言和表现形式，都为市民阶层所熟悉和喜闻乐见。当时较为著名的各类“说话人”汇集都城，于瓦肆勾栏“只凭三寸舌，褒贬是非；略咽万余言，讲论今古。说收拾寻常有百万套，谈话头动辄是数千回”（《醉翁谈录》）。

“说话”主要分为四个“家数”，即四个门类：小说、讲史、说经和合生。其中以小说和讲史两家最受欢迎。“小说”（亦称“银字儿”）是讲短篇故事，多取材于现实生活，一般是一次讲完。因为跟听众的生活接近，又能当时知道结局，所以最受欢迎。“讲史”是讲述历史故事，取材于史书，亦兼采民间传说。讲史有说有评，故又称为“评话”（平话）。讲史故事较长，要连续多次才能说完。明清时期的历史演义小说，就是在讲史的基础上发展起来的。每说一次叫一回，这就是长篇章回小说分回的来源。关于“小说”和“讲史”的区别，鲁迅《中国小说史略·宋之话本》

说：“讲史之体，在历叙史实而杂以虚辞。小说之体，在说一故事而立知结局。”“说经”是“演说佛书”，后来发展为专讲佛教史上的有关故事。“合生”是一种比较特殊的形式，可能是两人演出，对答式指物歌咏，一人指物为题，另一人应命题咏，可能带些讽刺性质。

“说话”是“说话人”赖以养家活口的职业，所以必须尽一切可能来吸引听众。而听众听“说话”是为了娱乐，要讲得有趣味才拉得住他们。因此，趣味性就成了“说话”的第一原则。为了有充分的趣味性，许多“说话”都虚构故事。“讲史”所说，有许多都出于虚构，其原因也在于此。“说话”强调市井的趣味，其注意力集中于编织故事，且杂以科诨，这在相当长的时间里成为中国通俗小说的一般形态。“说话人”必须使听众对话本里的人物产生深刻共鸣，感同身受地关注其命运，从而兴味盎然地倾听“说话人”的演述。因此，话本中人物（除了大奸大恶者以外）的言行、感情也正是市井民众在类似情况下所可能产生或向往的言行、感情。

说话艺术的普及和“说话人”的增加，更引起同行业的激烈竞争，仅靠“说话人”即兴发挥，已无法满足欣赏者日渐提高的审美趣味。欣赏者、“说话人”都迫切需要新的优秀话本；于是开始有人专门为“说话人”，也为戏剧表演编写底本。这样，就实现了从口头传留到文字作品的演进，出现了话本小说。话本小说是宋代的通俗文学，与正统的诗文面貌完全不同。话本小说包括短篇的小说话本和长篇的讲史话本，后者一般称为评话。短篇的小说话本，用接近当时的口语写成，通俗易懂；长篇的评话主要采自史书，用浅近的文言，也夹杂一些口语。

话本小说的思想内容是十分丰富广阔的，主要从当时的现实生

活中吸取题材，以市民阶层为主体，多方面地反映了社会生活，具有强烈的现实性和浓厚的生活气息。作品善于在提炼生活的基础上组织矛盾冲突，故事性强，情节曲折生动，在说话的基础上形成了中国古典小说传统特色。在人物刻画上，较少孤立的静止的心理描写，而多在矛盾冲突和情节发展中展示人物性格。特别着重于人物行动和对话的描写，偶尔也穿插一些人物内心活动的刻画。虽然还显得比较粗糙，但已经有了一些富有典型特征的细节描写。语言质朴自然，通俗生动，具有较强的表现力。短篇小说话本多方面的艺术创造，使中国古典小说的现实主义艺术更加走向成熟，为明清两代古典小说的繁荣发展，打下了重要的基础。

明代小说达到了很高的成就。在这一时期，小说数量大，作者多，名作多，思想内容广，艺术成就高，样式齐全。就题材来说，有历史演义、英雄传奇、神魔、世情、公案等；就体裁而言，有长

清徐苞《红楼梦》人物画。

篇小说、短篇小说，短篇小说又包括拟话本、小说与笔记，各体皆备，作品丰富，并且出现了《三国演义》《水浒传》《西游记》等经典名著。在明代小说发展的基础上，清代的小说，包括中短篇小说和长篇小说，都取得了辉煌的成就，达到了中国古代文学小说发展的高峰。清代文学的主要特征是现实主义小说取得了空前的成就，特别是出现了《儒林外史》《红楼梦》这样具有世界影响的巨著。

历史的书写

要论史学发达，全世界唯有中国最突出。我国古代史料丰富，是中华民族文化具有强大凝聚力和生命力的一个重要因素。以“二十四史”为代表的史学典籍把中国的世代兴衰记于文字，为中华文化的延绵传承创造了重要的载体。这种恢宏的历史工程是在秦汉文化盛世中，以司马迁的《史记》奠基的。我们常说中华文明的一个特点是历史意识强，历朝历代都有官方的修史事业，几千年前的事情都有记载。这种历史意识就是“传之后世”的自觉意识，就是文化传承的历史责任感。

在很久以前，大约是在商代的时候，就已经有了历史的书写。商代已有史官，其职责之一是“作册”。《尚书·多士》说：“唯殷先人，有册有典。”甲骨文中也常提到典册，这些典册当是出自作册官员之手。作册是一种奉行王命制定典册的重要官员，西周以后也称作“作册内史”或简称“史”。周代太史寮主管宗教祭祀、册命文书、辅保教育诸事，西周初年由召公奭执掌。太史寮属下的大史是史官之长，其地位和职责十分重要。太史寮主要掌管王国文书的起草、册命诸侯卿大夫、编著史册、管理天文历法、宗教祭祀、图书典籍等事业。三代之后史官之设更加系统，不只是最初的左史记言，右史记事，更有大史、小史、内史、外史诸多名目，分工有差。

清代学者章学诚认为，“六经皆史”。古人少有私人化的著作，但古人并没有离开具体的事情而空谈道理，因而都具有重要的历史价值。钱穆就说，《诗》《书》“早已是一种极好的史料”[①]。

《书》就是《尚书》，也称《书经》，被列为传统儒家经典之一。“尚”即“上”，也就是上代以来之书。《尚书》是中国上古历史文件和部分追述古代事迹著作的汇编，也是中华传统文化最根本的人文精神的重要来源。《汉书》说《尚书》取材的时代是“上断于尧，下论于秦”，说其所述历史久远。司马迁在作周史时，就以《尚书》为主要依据。

中国士人很早就有重视治史的传统。中华文化的有效传承，与这种治史传统密切相关。在春秋战国时期，当书写成为比较方便的记述形式的时候，人们最初写作的大都是史学著作。《春秋》《左传》《国语》《战国策》等，都是春秋战国时期出现的比较重要的史学著作。

《春秋》本是各国史书的名称。史官记事，本是编年体性质，一年四季所作之事都书于简牍，但不能全举春、夏、秋、冬四字来作为书名，于是概举“春”“秋”，以包括“夏”和“冬”。孔子说它见过百二十国《春秋》，墨子也曾说“吾见百国春秋”。可见当时修撰国史是普遍的情况。但各国的史书都已亡佚不存了，今天所见到、被收入《十三经》中的《春秋》，是鲁国的史记。鲁国的

① 钱穆：《中国文化史导论》，商务印书馆1994年版，第74页。

《春秋》，因经孔子整理而入于“六经”，即孔子作为教授弟子的“六艺”之一，因而被保存了下来。《春秋》被后世奉为儒家的一部经典，一直备受重视。唐人刘知几称此书“为不刊之言，著将来之法，故能弥历千载，而其书独行”（《史通·六家》）。

传说孔子在删订《春秋》的时候，下笔非常慎重，可以说每一个字都包含了一种价值判断，表明了孔子对事件、对人物的表扬或批评。后来就有了所谓“春秋笔法”之说。“春秋笔法”的特点就是寓褒贬于曲折的文笔之中。所以孟子说：“孔子作春秋而乱臣贼子惧。”“春秋笔法”即微言大义的创作方法对后世有着巨大影响。后世文人常把《春秋》的写作风格——行文简要以及暗含褒贬奉为写作的圭臬。

我国历代的历史著作大都注意史实，尽量利用具体的历史事件来表达自己的观点，而不是仅以某些事件作为例证来发挥自己的见解，很少有空洞说教之作，因而史料价值很高。不过，“史书的记载，特别是《春秋》的记载，是为了从中吸取统治经验和教训的，因此史官在记载历史时，无论内容和措辞，都必须着重于‘劝诫’，于是有所谓‘《春秋》笔法’。所谓‘《春秋》之称，微而显，志而晦，婉而成章，尽而不污，惩恶而劝善’（《左传》成公十四年）。为了达到‘劝诫’的目的，除了讲究措辞外，还要称引当时贵族中知名人士的评论，也还要用‘君子曰’来加以评论。现存的春秋史书《左传》和《国语》，都有‘君子曰’的评论。此后历代史学家，往往沿用这一体例来评论历史事件和历史人物”[①]。

中国正史的创建则始于西汉司马迁所著《史记》。《史记》是

① 杨宽：《战国史》，上海人民出版社2003年版，第663页。

一部通史，记事以黄帝开篇，迄于汉武帝太初年间，共3000年左右。司马迁在这部恢宏的巨著中，描绘了极其广阔的历史画面，揭示了历史演进过程中的丰富性、复杂性和生动性，在时间上、空间上和人事活动上极大地开阔了人们认识历史的视野，反映了他对历史的整体认识和深刻理解，以及表述这种理解和认识的杰出才能。它不仅是我国古代三千年间政治、经济、文化等各方面历史的总结，也是司马迁意识中通贯古往今来的人类史、世界史。在这个无比宏大的结构中，包含着从根本上、整体上探究和把握人类生存方式的意图。如司马迁本人在《报任安书》中所言，他的目标是“究天人之际，通古今之变，成一家之言”。

《史记》不仅是汉代最伟大的著作，也是整个中国文化史上最伟大的著作之一。梁启超曾评论说，《史记》“举其时所及知之人类全体自有文化以来数千年之总活动冶为一炉。自此始认识历史为

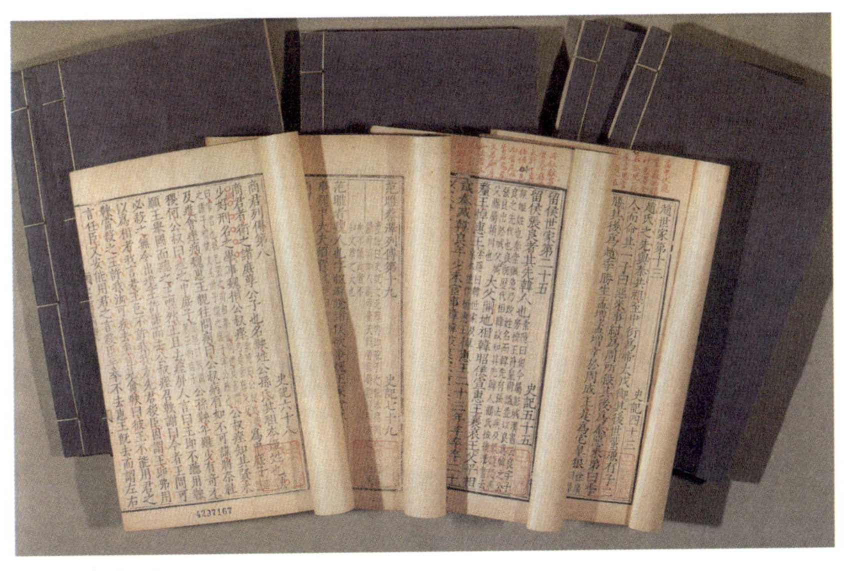

《史记》书影。

整个浑一的，为永久相续的。非至秦汉统一后，且文化发展至相当程度，则此观念不能发生。而太史公实应运而生。《史记》实为中国通史之创始者”[①]。

汉代以后，《史记》的学术地位不断提高，被尊为正史之首。历史学家白寿彝称司马迁是“笼罩整个中国封建时代的史学大师”。他指出：“通观司马迁《史记》一书在中国史学上的贡献，是巨大的。他提出的‘稽其成败兴坏之理’和‘究天人之际，通古今之变，成一家之言’，不只是自己的工作要求，而且是提出了历史工作上的中心问题，并且他作出了空前的成就，为此后的历史学者指出了途径、提供了学习的榜样。”[②]

《史记》之后，又有东汉人班彪、班固和班昭两代人撰著的《汉书》。《汉书》是我国第一部宏伟的王朝史，它以西汉王朝兴衰为断限，包含了西汉王朝的全部史事，首尾完整，始末清晰，资料丰富。《汉书》首创断代史的体例，包举西汉一代，后世官修纪传体断代史，多以《汉书》为依据。唐代学者刘知几评论说：“如《汉书》者，究西都之首末，穷刘氏之废兴，包举一代，撰成一书，言皆精练，事甚该密，故学者寻讨，易为其功。自尔迄今，无改斯道。”（《史通·六家》）

《史记》《汉书》是汉代史学的最高成就，也是中国古代史学上的巍巍双峰。它们的卓越，不仅表现为体裁组织的完善，史实记载的翔实，更反映为其史学思想的深刻高明，文化影响的弥久深

① 梁启超：《饮冰室合集·专集》之七十二，中华书局1989年版，第19—20页。

② 白寿彝：《中古时代·秦汉时期》，中国友谊出版公司2010年版，第29页。

远。从这两部反映大一统政治局面的历史巨著的问世开始，中国封建王朝历史撰述的主要形式即正史的格局便确立下来，其流泽所布，历久不竭，对后世史学的发展产生了决定性的影响。

汉代以后，官私修史并存，尤其是魏晋，私人修史很发达。唐建立统一政权后，为政治上的需要，加强对修撰前代史和当代史的控制，尤其是当代史，中唐以后完全是官修。唐朝建立完备的史官制度，宰相监修国史的做法以后历朝亦成为定制。由于制度完善，史职地位提高，史官遴选较严格，任职时间亦较长，对史料的记录、保存、整理以及史书的编修都起了积极作用。此后这种官修体制成为定制，一直延续不断，形成了庞大的“二十四史”记载系统。

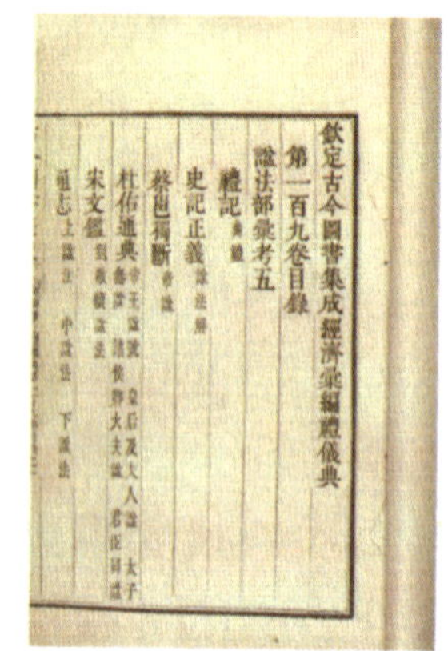

欽定古今圖書集成經濟彙編禮儀典

第一百九卷目錄

謚法部彙考五

禮記

史記正義

蔡邕獨斷

杜佑通典

宋文鑑

《钦定古今图书集成》书影。

第七章　图书与文化传承

造纸术与印刷术

造纸术的发明，是人类书写纪事材料的一次伟大革命，使人类在此之前使用过的各种书写纪事材料都退出了文明活动的舞台。

在世界科技史上，一般都把105年，即蔡伦正式向汉和帝奏明发明了纸的那一年，作为纸发明的年代。纸的发明和历史上的大部分发明一样，有一个逐渐发展的过程。任何发明的出现，一方面取决于社会对这种发明的需要程度，另一方面，社会生产力和科学技术的发展水平，已经为这种发明的出现准备了充足的条件。纸的发明也是这样。在蔡伦造纸以前，纸的发明大概已经走过了它的胚胎和萌芽阶段，而在蔡伦那个时代才发展成熟起来。

蔡伦是汉和帝时的太监，在宫中任职40余年，深得皇帝的赏识，参与军国机要，曾长期负责监制御用器物。在此期间，他总结了以往造纸的经验，进行了一系列的试验和革新。在原料上，除采用破布、旧渔网等废旧麻类材料外，同时还采用了树皮，从而开拓了一个崭新的原料领域。在技术工艺上更加完备和精细，除淘洗、碎切、泡沤原料之外，还可能已经开始用石灰进行碱液烹煮。105年，蔡伦将其发明制造的成本低廉、质地良好、便于书写的纸献于汉和帝，受到皇帝的赞赏，并因此受到世人的尊敬和纪念。正是由于蔡伦的贡献，为人们提供了廉价优质、适于书写的纸张，从而使纸张的应用得到普及和推广，并引起了书写材料的历史性变革，影响了人类文明的历史进程。

明代宋应星《天工开物》中的制纸图。

对书俑，西晋，湖南省博物馆藏。

自蔡伦以后，中国造纸业和造纸技术持续地得到发展。人们一方面不断地开辟着新的造纸原料，一方面在工艺技术上不断地进行着改进，使纸的品质越来越高，品种越来越多样。到了魏晋南北朝时期，造纸业在产量、质量和加工等方面都比东汉时有所提高。造纸原料来源不断扩大，造纸设备也得到革新，出现了新的工艺技术，产纸区域和纸的传播也越来越广，造纸名工辈出。正是在这一时期，纸作为新型的书写纪事材料才正式取代了简牍缣帛，人们则逐渐习惯于用纸来书写，纸成了占支配地位的书写材料。

东晋末年的豪族桓玄废晋称帝，他曾下令说："古无纸，故用简，非主于敬也。今诸用简者，皆以黄纸代之。"统治者的大力提倡，为纸的使用普及起到了推波助澜的作用。而纸的推广使用，则有力地促进了书籍文献资料的大幅增加和科学文化的传播与进步。

在印刷术发明以前，书籍的复制主要是靠人工的手抄，不仅费时费工，费用高昂，而且还会出现不可避免的讹误。因此，为迎合书籍普及、文化进步的需求，印刷术应运而生。雕版印刷术和活字印刷术的发明和发展，使人类科学文化知识的传播传承获得了一种崭新的形式，即印刷读物。印刷术的发明，大大提高了书籍的复制速度，有力地推动了科学文化知识的广泛传播和普及，对人类生活的各个领域的进步和发展都产生了重大影响。因此，印刷术被誉为“文明之母”，印刷术的发明被看做是“人类文明史上的一个里程碑”。

中国印刷技术的发展，主要包括两个不同又互相联系的阶段：一个是雕版印刷技术的阶段，另一个是活字印刷技术的阶段。雕版印刷术又称整版印刷术，即将文字反刻在一块整的木板上，再着墨印刷。推动这一技术问世的是石刻传拓技术和印章的使用。它们为雕版印刷术提供了必要的技术基础。

关于雕版印刷术发明的年代，学术界一般认为发明于唐代。明代史学家邵经邦在其《弘简录》卷四六中记载：“太宗后长孙氏，洛阳人。……遂崩。年三十六。上为之恸。及宫司上其所撰《女则》十篇，採古妇人善事，……帝览而嘉叹。以后此书足垂后代，令梓行之。”

这份史料所说的“梓行”，即为雕版印行。长孙皇后卒于贞观十年（636）六月，《女则》一书的印行就在这年或稍后，可以说是最早的内府刻本。想必当时民间已有印本出现，所以太宗才想起把它印行出版。由此可见唐初即有雕版刊刻图书之事。

另据唐末冯贽的《云仙散录》引《僧园逸录》说：“玄奘以回锋纸印普贤像，施于四方，每岁五驮无余。”玄奘印普贤像，当在贞观十九年（645）之后，距梓行《女则》只隔9年，并且印制和发行的数量也很大。另有记载说，武则天时代也曾刊过《妙法莲华经》。1966年，在韩国佛国寺释迦塔内发现了一部汉字木刻本《无垢净光大陀罗尼经》，据有关学者研究，认为它是在长安翻译和刻印的，大约于唐武则天长安四年（704）至玄宗天宝十年（751）间，为目前发现的最早的印刷品。

唐时，雕版印刷术虽已发明，却用之不多，而且，印刷品多为诗集、韵书、佛像及佛经等书，没有关于印刷儒经的记载。至晚唐和五代时，雕版印刷术已经得到较为普遍的推广和使用，成为一种新兴的重要手工业部门。

随着雕版印刷技术的发展，刻版印书之风日盛，书籍流传速度快、范围广，在一定程度上促进了经学的恢复和发展。帝王和重臣提供经书、版本并主持经书的印行，使经学图籍传布天下。唐明宗时，国子监田敏校对九经，刻版印卖，当时虽逢乱世，但传布甚广，推动了经学教育的普及。学者可以在任何地方研习儒家经典，而不必到京师抄写石经，为学人提供了极大的方便，尤其为私学的发展创造了良好的条件。这对当时教育的发展和文化的传播起了积极的作用。

雕版印刷术的发明和应用，改变了书籍的制作生产形式，使书籍的大量生产和广泛传播成为可能，为科学文化知识的广泛传播开辟了广阔的道路，对人类文明的进步和发展产生了极为重要的影响。正如美国学者卡特（T.E.Carter）所说：“由于这一发明，在量的生产方面，大大改善了中国的文化；也由于这一发明，在质的方面产生了中国最精美的书籍。”“这种印刷，就是远东过去几千年文化发展的基础。”[①] 钱存训也指出：“印制现代书籍所使用的原

① [美] 卡特著，吴泽炎译：《中国印刷术的发明和它的西传》，商务印书馆1957年版，第37、39页。

料和工艺技术，在白纸上印黑字，中国人对其起源及发展做出了最大的贡献。”[①]

虽然雕版印刷一版能印制几百甚至几千部书，但印一页必须雕一版，刻一部大书往往要多年工夫。此外，存放版片又要占用很大的空间。印量少又不重印的书，版片用后便成了没用的废物。因此，在雕版印刷发展到一定程度的时候，又有了一种新的发明来克服雕版印刷的这些弱点。这种新发明就是活字印刷术。

活字印刷术发明在雕版印刷趋于鼎盛的北宋时期，它的发明者是一位叫毕昇的平民。这项发明克服了雕版印刷的弱点，非常经济和方便。它在中国和世界印刷史上都是一项伟大的创举，具有十分深远的影响。

据沈括在《梦溪笔谈》的记载，毕昇发明的活字印刷术已是一套完整的印刷技术，几乎具备了现代排字印刷的基本原理。元代，王祯试用木活字成功，大德二年（1298）用这套活字试印他自己纂修的《大德旌德县志》，全书6万多字，不到一个月，就百部齐成。这本《大德旌德县志》是有记录的第一部木活字印本。

王祯不仅创制了木活字印书，而且还发明了一种新的印字机械“活字板韵轮”（即转轮排字架）。这也是印刷技术史上的一项重大发明。“活字板韵轮”由大木轮、轮轴和轮架构成，使大木轮可在轮轴上转动。大木轮的轮盘上“以圆竹笆铺之，上置活字板面，各依号数上下相次铺摆”。一般用两个“活字板韵轮”，一个置按字韵排列的木活字，一个置杂字板面，字都编成号，并另造一册。排版时，人坐于两个“活字板韵轮”之间，由另一人按册中的号码

① ［美］钱存训：《中国纸和印刷文化史》，广西师范大学出版社2004年版，第7页。

唱字，即转动轮盘按号取出所需的字来，进行排版。如遇缺字，则随时刻补。“活字板韵轮”的应用，既提高了排版效率，又减轻了排字工的劳动强度，把活字印刷术提高到一个新的水平。

印刷术的发明根本上改变了图书的流通方式和人们的阅读方式，使阅读不再是少数人的特权，而变成了一种可以大众共享的文化形态。对于文明的发展史来说，这是一个具有重大意义的变化。由于“印刷术从根本上改变了图书生产的条件及图书的物质形态……它带来了书价的降低和书的相对平凡化”[①]。

图书的刊刻与流通

雕版印刷术发明以后，书籍的刊刻成为一项盛大的文化事业，对于文化的传承与发展具有重大的意义。

为了适应政治和文化的需要，许多政府机构、单位、书坊和个人都积极从事刻书事业。北宋真宗、仁宗时期，刻书开始兴盛起来，刻书最多的是仁宗时期，许多大部头书籍，如七史（《宋书》《南齐书》《梁书》《陈书》《魏书》《北齐书》和《周书》）和医药书，都是这一时期刻成的。南宋时期刻书更为繁荣，官府、官员、民间书坊都从事雕版印刷，印本书籍广为流传。

宋代刻书分为官刻、私刻和坊刻三种类型。

官刻就是由中央官府和地方官府经营管理的出版印刷机构，主要刻印刑典、儒家经典、史书、正经，还校刻了不少医书。宋代中央政府刻书单位很多，有国子监、崇文院、秘书监、司天监和校

①［法］费雷德里克·巴比耶著，刘阴等译：《书籍的历史》，广西师范大学出版社2005年版，第132页。

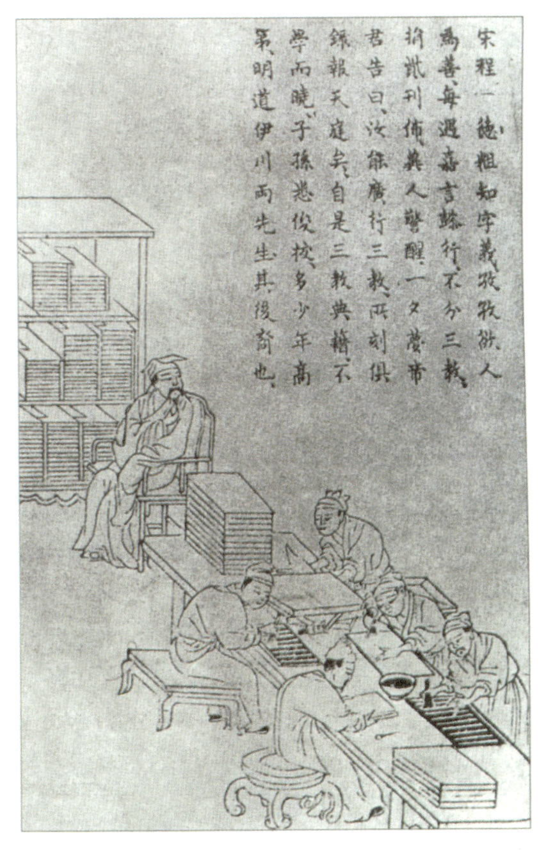

宋代的印书作坊。

正医书局等。其中国子监刻印的书最多、最有名，后世称为“监本”。宋太宗年间雕刻的佛教《大藏经》，是世界上最早雕印的卷幅浩大的佛经。北宋官刻书籍以中央为主，南宋则以地方为主，各路盐茶司、漕司、转运司、计台司、提刑司等都有刻书，各州学、县学和书院也都有刻书。

私人刻本是指私人资助刻印书籍，不以营利为目的，包括私宅、私塾、书坊、书棚、书肆等。如寺院、道观、祠堂等用集体出资或募捐得款雕刻之书，都称为民间刻本。宋代的私刻本极为普遍，主要集中于经史、诸子、文集，医书和科技方面的著作比较少。我国现存最早最完整的法医学专著《洗冤集录》，是南宋时宋慈自撰自刻本。他根据自己任法官时的办案经验和前人办案资料，于宋理宗淳祐七年（1247）编成此书，并出资刻印。

民间书商刻书，后世称为“坊本”。书坊古称书肆，是卖书兼刻书的店铺。宋代书坊刻书特别盛行，几乎遍及全国，有记载的南宋刻书地点就有170多处，尤其是开封、杭州、衢州、建宁、漳州、长沙、成都、眉山等地，书坊林立。仅南宋临安有铺名可考的书铺就有20家。“这些书铺刊刻的书籍五花八门，经史子集，无所不有，其雕版、印刷、校勘、装帧等，在全国居于最高水平。”①

我国现存的最早的古籍，不少是宋代雕印流传至今的。唐代名医孙思邈的《备急千金方》，即是北宋时期刻版印刷的；《周髀算经》和《九章算术》都是金哀宗正大八年（1231）刻成的。此外传世的宋刻本还有《说文解字》《尔雅》《文选》《资治通鉴》等。

明代刻书业和图书市场十分发达。明政府一贯重视书籍的刊刻印行，“丙午五月庚寅，命有司博求古今书籍”。洪武元年（1368）八月，诏除书籍税。永乐皇帝也称：“置书不难，须常览阅乃有益。凡人积金玉欲遗子孙，朕积书亦欲遗子孙。金玉之利有限，书籍之利岂有穷也？”到了仁宣时期，“秘阁贮书约二万余部，近百万卷，刻本十三，抄本十七”。在政府的长期支持和倡导下，明代社会藏书、刻书风潮涌动。

明代图书的出版分为官刻、家刻与坊刻三种。隆庆、万历以后，随着商品经济的发展，在一些商业比较繁荣的江南城镇，出现

① 龚书铎总主编，王育济等著：《中国文化发展史》宋元卷，山东教育出版社2013年版，第54页。

了很多大大小小的书坊。其中仅南京一地就有150余家书坊。商业出版因此空前繁荣，图书开始大规模地进入商品流通领域。

从嘉靖年间开始，很多书坊开始刊行白话小说，如《西游记》就是在嘉靖时成书并刊行的，《水浒传》和《三国演义》虽然成书于元末明初，但其广泛刊行也是始于嘉靖年间。到万历年间，白话小说的出版达至鼎盛并持续至明末，《三国演义》《水浒传》《西游记》依然被各大书坊争相刊刻。《三国演义》《西游记》刊刻后，一大批历史演义小说、神魔小说创作出来并很快得以刊行，兴起了一个高潮。一些书坊还组织编纂和刊刻了三大名著的续本，如《西游补》《续编三国志后传》《后水浒传》等。晚明反映普通市民阶层生存状态和价值观念的世情小说的刊刻更是异常繁荣，其中长篇以《金瓶梅》为代表，短篇小说集则以“三言”“二拍”为代表。为了与大众流行出版物相区别，文人雅士则积极设计刊刻将诗、书、画、印等艺术形式结合起来的书籍。

刻书业的发达与图书市场的发展密切相关。大都市书肆都比较集中，形成了作为图书交易中心的书市。明人胡应麟在《少室山房笔丛·经籍会通》中对当时国内四大书籍交易中心作了详尽记述：“今海内书，凡聚之地有四，燕市也、金陵也、阊阖也、临安也。”“凡燕中书肆，多在大明门之右及礼部门之外及拱宸门之西，每会试举子则书肆列于场前，每花朝后三日则移于灯市，每朔望并下澣五日则徙于城隍庙中。灯市极东、城隍庙极西，皆日中贸易所也，灯市岁三日、城隍庙月三日，至期百货萃焉，书其一也。”“凡金陵书肆多在三山街及太学前，凡姑苏书肆多在阊门内外及吴县前，书多精整，然率其地梓也。”

国家藏书事业

历代王朝都十分重视历史典籍和文献的收集、整理和保存。魏晋南北朝时期，图书用纸制作技术改善和使用，纸逐渐代替木简策成为图书的主要形态，给图书的抄写和编纂带来了廉价和轻便，促进了公私藏书的发展。

北朝周武帝时，积累书籍已满1万卷，灭齐得新书5000卷。隋朝建立时，所收书籍仅1.5万余卷，“部帙之间，仍有殊缺”，“至于阴阳河洛之篇，医方图谱之说，弥复为少”。隋灭陈后，又得一批江南图书。分散的书籍集中在朝廷，今存共有3.7万余卷，含重复本

北齐杨子华《校书图》（局部），美国波士顿美术馆藏。

达8万卷。

隋朝两帝曾大规模组织抄书，国家藏书至30万卷。隋朝建立后，隋文帝采纳牛弘建议，广泛征集儒学经典。每书一卷，赏绢一匹，校写完毕，原书归还本主，由此搜得不少异书。隋文帝又使人总集编次，称为“古书”。“选工书之士，补续残缺，写出副本”，与正本同藏宫中。隋炀帝时，又将儒学经典加以整理分类，分为甲、乙、丙、丁四组，分统于经、史、子、集四类，成为后来史籍分类的正统方法。炀帝将所有书藏于东都观文殿东西厢。东厢藏甲乙，西厢藏丙丁。殿后起二台，东为妙楷台，藏魏以来书家手迹；西为宝迹台，藏古画。

隋末动乱，典籍和文献遭到严重破坏。唐初，京师长安的皇家藏书“典章湮散”，“先代之旧章，往圣之遗训，扫地尽矣”。高祖武德四年（621），秦王李世民攻占洛阳。隋朝在东都的藏书和目录，都完整无损地保存下来。遗憾的是，在水运赴长安时，经黄河砥柱覆舟，图书损失十之八九，目录亦被河水“渐濡，时有残缺”。这时，在长安嘉则殿的隋朝藏书有8万多卷，加上从东都水运残存的8000多卷，就是唐朝所得隋皇室藏书的总数。

隋唐时期藏书之盛，反映了当时文化发达的盛况，也促进了学术文化的发展。

唐太宗采取了很多措施，组织力量收集整理和研究古籍，其中见诸史籍记载的较大规模的组织工作共有4次：

第一次武德九年（626），“于弘文殿聚四部书二十余万卷，置弘文馆于殿侧，精选天下文学之士，以本官兼学士”（《资治通鉴》）。弘文馆学士掌“详正图籍”，实际上就是研究和整理古籍。弘文馆中还有“校书郎掌校理典籍，刊正错谬”。第二次是贞观二年（628），充实加强秘书省。第三次是贞观四年（630），太宗命颜师古、孔颖达等组织整理五经。第四次是贞观十三年（639），太子“东宫置崇文馆”，馆内有校书二人，掌校整理宫中四库书籍。在东宫还设有司经局，也是专门整理东宫经籍的机关。

秘书省是国家“掌邦国经籍图书之事”的常设机构。唐太宗授“通贯书术”的魏徵为秘书监，“命秘书监魏徵写四部群书”，并批准“魏徵奏引学者校定四部书”（《旧唐书·魏徵传》）。又“别置雠校二十人，书手一百人”（《旧唐书·儒学》），协助整理。在魏徵主持下，数年之间，“秘府图籍，粲然毕备”。经过系统整理，形成颇具影响的《隋经籍志》4卷，高宗时，录入《五代史志》，后编入《隋书》，始称《隋书·经籍志》。

《隋书·经籍志》依隋朝《大业正御书目录》为底本，“其旧录所取，文义浅俗、无益教理者，并删去之。其旧录所遗，辞义可采，有所弘益者，咸附入之”。至于隋朝已亡而南北朝尚存之书，则以“梁有……今亡”的小注标明，可以了解隋朝以前图书的情况。在编排上，采取“离其疏远，合其近密，约文绪义”的办法，“各列本条之下”，也即按类编制。内容“疏远”者则“离”为不同的类别，内容“近密”者则“合”编在一起，然后对同一内容或同一体例的图书进行简要概括，叙其沿革、变化，指出每个部类与学术史的关系。在分类上，将全部图书划分为经、史、子、集四大部类，每一部类之下又分若干类。这一分类法，基本上被沿袭了千年之久，迄今仍为我们编排古籍所遵循。魏徵改职之后，李世民又“令虞世南、颜师古等续其事”，让他们“购天下书，选五品以上子孙工书者为书手，缮写藏于内库，以宫人掌之”。（《新唐书·艺文志序》）

经过几次大规模的整理，到玄宗时期，于大明宫光顺门外、东都明福门外皆创集贤书院，两者各聚书四部，以甲乙丙丁为次，列经、史、子、集四库，共有8万多卷。

集贤殿书院的主要职能是为政府修书。开元五年（717），收集天下典籍，在乾元殿整理，设各种专职整理和管理人员。六年（718），乾元殿更号丽正修书院，改修书官为丽正殿直学士，并于光顺门外亦设一丽正修书院。十三年（725），大明宫光顺门外，东都明福门外两所丽正修书院均改为集贤殿书院。集贤殿书院职责分明，有学士、直学士、侍讲学士、修撰官、校理官、知书官等。

集贤殿书院主要是一个刊辑编定经典，帮助帝王了解经典史籍的官方学术机构。袁枚《随园随笔》说：“书院之名起于唐玄宗时，丽正书院、集贤书院，皆建于朝省，为修书之地，非士子肄业之所也。”唐代集贤殿书院除了具有收藏整理图书、荟萃才俊、纂辑著述、侍讲顾问等职能外，还兼有聚徒设教的职能，有其特定的教学内容和教学对象。

集贤殿书院藏书总数达八九万卷，这在当时是一个相当大的数字。它同时又是当时中央最庞大的文人贤才荟萃之所，兼有国家图书馆和研究院的性质，并编修著译了《唐六典》《开元大衍历》《初学记》《大唐开元礼》等20多种著作，内容涉及经学、史学、目录学、典章制度、音乐、历法、类书、佛道、文选学、文集等多种门类。其中有不少是卷帙浩繁的典籍，编纂、校刊、抄写的工作量非常大，单靠学士与直学士若干人和修撰、校理官数人是难以胜任的，因此又配有“书直”及“御书手”100人。由于“直书”和“御书手”抄写的是皇朝重要典籍，仅书法优美还不够，还须有一定的文化素养，掌握必备的文史知识，才不至于在校理抄写典籍的过程中出差错。

唐太宗还积极鼓励学官对经籍进行撰集和注释。太宗因“少尚威武，不精学业，先王之道，茫若涉海”，命魏徵与虞世南、褚遂良、萧德言等编选一部“务乎政术、存乎劝戒”的选本。贞观五年（631）九月，编辑完成，总共50卷，这就是《群书治要》。太宗称赞说：“览所撰书，博而且要，见所未见，闻所未闻。”同时，敕皇太子诸王各传一本。史家多称：“古籍之精华，略尽于此。”后来魏徵又撰成《类礼》50篇20卷。国子博士徐文远撰《左传义疏》60卷，国子博士陆德明撰《老子》15卷、《易疏》20卷、《经典通释》30卷，并行于世。许叔牙撰《毛诗纂义》10卷。

宋初崇尚文治，重视图书文化事业。建国初，因袭唐制，设立三馆（昭文馆、史馆、集贤院），收藏图书1.2万余卷。平息蜀国、江南等地的纷乱后，又得蜀书1.3万卷，江南书2万余卷。宋太祖乾德四年（966）八月，诏求亡书。凡献书者，经学士院考试吏理，凡堪任职官者，多委官任职，或赐以科名。得献书1228卷。

宋太宗时更重视图书的收编和收藏，把访求图书典籍，视为国家“致治之先，无以加此”。太平兴国三年（978）另建三馆书院，赐名崇文院，正副本藏书总数达8万余卷。淳化三年（992）建秘阁，专门收藏三馆正本及古画墨迹。秘阁建成后宋太宗亲书赐额，幸阁视察，并召武将观书，以使武臣知文儒之盛。

此后历朝皇帝对书籍的收集和整理也都十分用心。真宗晚年又建天章阁收藏太祖、太宗御集，并为两宋历朝皇帝因袭为例。

国子监是重要的图书印制、收藏场所。宋初国子监藏书，不过4000卷，到宋真宗景德二年（1005），阅书库中藏书已达10余万卷，45年间增加了25倍。图书文化事业的繁荣，为教育的发展普及

宋《景德四图》之《大清观书图》，台北故宫博物院藏。

创造了有利的条件。当时的国子祭酒邢昺指出：“臣少时业儒，每见学徒不能具经疏，盖传写不给。今版本大备，士庶家皆有之，斯乃儒者逢时之幸也。”（《宋史·邢昺传》）

宋代国家藏书事业出现前所未有的兴盛局面，并由此带动和影响了其他三大藏书系统（书院、寺观和私人藏书）的飞快发展。

金兵攻陷东京后，北宋历朝所收藏的书籍毁于一旦。南宋建立后，高宗即下诏搜集亡书。孝宗淳熙五年（1178）编的《中兴馆阁书目》，收书44486卷。宁宗嘉定十三年（1220）编的《中兴馆阁续目》，又得14943卷。南宋时期，由于刻书事业很发达，当代著述多，所以藏书比北宋尤丰。《宋史·艺文志》著录图书9919部，119972卷，在数量上大大超过以前各代。

明朝继承了历代王朝重视收藏图书的传统。早在明太祖时，就初步建立了明代官府藏书体制，尽藏宋、辽、金、元的国家藏书。明成祖派员访求，募购天下书籍。他还常到便殿阅览图书。他曾经说："士庶家稍有余资，尚欲积书，况朝廷乎！"明朝迁都北京后，建文渊阁，皇家藏书续有扩建。正统六年（1441），杨士奇等人清点文渊阁藏书，编《文渊阁书目》，收书7000余种4.32万册。

私人藏书的风景

我国私人藏书始于西周后期。春秋时期，私人讲学兴起并逐渐兴盛，因此也出现了公家和私人的藏书事业。在南北朝时期，有任昉、王曾孺、张缅等收藏万卷的藏书家，沈约、萧纶等人家藏2万卷，萧统、萧励有书3万卷，梁元帝萧绎"聚书四十年，得书八万卷"（《金楼子·聚书篇》）。但在汉到宋的一千多年间，每有战乱，例如魏晋南北朝割据、隋末起义、安史之乱等，或京城都邑的朝迁，官府的藏书大多散佚，有的几乎焚毁殆尽。私人藏书却可避战乱而迁移，故损失较小。

唐代的私人藏书很发达，不少都在万卷以上。唐代出现了私人藏书楼的建筑，如李泌"构筑书楼，积至三万余卷"（《困学纪闻》）。田弘正"于府舍起书楼，聚书万余卷"（《旧唐书·田弘正传》）。还有李沈在江夏建万卷书楼。徐寅在莆田建万卷楼，白居易作池北书库，孙长儒为楼以储书。藏书室有命名，大概也是从唐代开始的。

宋代私人藏书有了空前的发展。宋代是我国官私藏书事业繁盛发展的时期，藏书数量超越了前代藏书量的总和。私家藏书远胜于唐，藏书家数量也空前庞大，这些藏书家或广建楼阁，或辟室设斋庋藏典籍。

宋代刻书业发达，书籍品种多，价格低廉，给私人藏书提供了方便。苏东坡在《李氏山房藏书记》中写道："余犹及见老儒先生，自言其少时，欲求《史记》《汉书》而不可得，幸而得之，皆手自书……近岁市人转相摹刻诸子百家之书，日传万纸，学者之于书，多且易致如此。"上自宗室公卿，下至四方士民，私家藏书蔚然成风。当时仕宦"稍显者"，家必有书数千卷。据周密《齐东野语》记载，藏书2万卷以上者有数十家，仅浙江湖州一地，拥书数万卷的藏书家就有七八家。

宋代出现了许多著名的私人藏书家。宋真宗朝的儒臣钱惟演，家储文籍侔于秘府。赵安仁所得禄赐，多以购书，家藏书籍，有许多是三馆书库所缺的版本。宋绶、宋敏求父子是著名的藏书家，父子两代藏书积至3万卷。宋敏求不仅藏书，也经常校勘书籍，其家藏书大多校三五遍，故当时人藏书都以他的书为善本。北宋藏书家楼钥，人称其"自六经至百家传记，无所不读"，家中藏书万余卷，藏书楼名"东楼"。苏颂是宋代有名的学者及私藏家。苏颂之孙苏象先称："传写秘阁书籍，每二千言，归即书于六册。家中藏书数万卷，秘阁所传者居多。"眉山孙氏书楼自唐代移来四川即有藏书，一直到

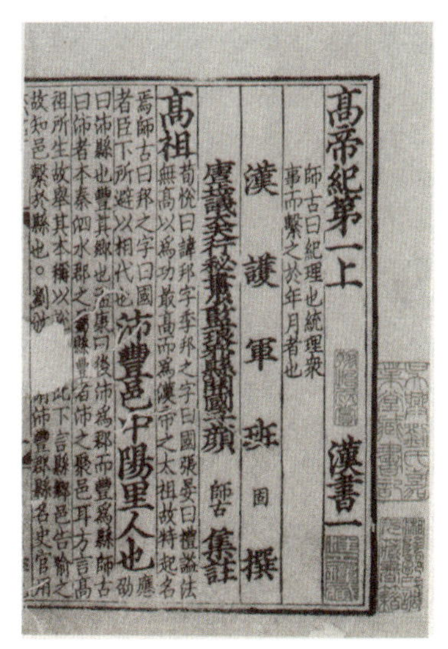
高帝紀第一上 漢書一
師古曰紀理也統理衆事而繫之於年月者也
漢 護軍 班 固 撰
唐正議大夫行秘書少監琅邪縣開國子顏 師古 集註
高祖 沛豐邑中陽里人也

《汉书》书影，宋嘉定十七年（1224）白鹭洲书院刻本。

宋末，藏书楼尚在，足可见藏书之富。

宋代私人藏书家大多是大学问家或大文学家，他们藏书丰富，据南宋末周密《齐东野语》卷一二所列举的宋代藏书丰富的20多家中多者5万多卷，超过了秘府。据台湾潘美月《宋代藏书家考》一书所载，宋代全国有藏书家128人。两宋时期，全国私人藏书家中藏书超过4万卷的有8人，其中浙江就有4人，占了一半，分别是：贺铸藏书至10万卷，叶梦得藏书10万卷，陈振孙藏书5.1万余卷，周密藏书4.2万卷。

宋代浙江还涌现了沿袭三世的藏书世家：山阴陆宰、陆游、陆子遹三世藏书累积达数万卷，绍兴十三年（1143）诏求天下遗书，陆宰献呈的就有1.3万余卷。陆游在一首诗中说："我生学语即耽书，万卷纵横眼欲枯。"他晚年归隐山阴，书斋名"老学庵"。明州史浩、史弥大、史守之三世藏书，史家与楼钥都是当时浙东藏书大家，并称为"南楼北史"，历来为人们所称颂。湖州周珌、周晋、周密三世藏书，冥搜极讨，不惮劳费，藏书达4.2万余卷。

古代藏书家向来推崇一种好的传统，就是把藏书作为"传薪"的手段，并以亲自为传递知识出力而自豪。苏轼在《李氏书房藏书记》中记载北宋早期私人藏书家李常"藏书凡九千余卷"。为了使藏书发挥较大的作用，提供后来者"无穷之求，而各足其才分之所当得"，他把所有私人藏书献出，置于公共场所，供人阅读。南宋南阳公将一生收藏2万余卷，不传亲子，而转交他人托管。南阳公说："某老且死，有平生所藏书，甚秘惜之。顾子孙稚弱，不自树立。若其心爱名，则为贵者所夺，若其心好利，则为富者所售，恐不能保也。今举以付子，他日其间有好学者归焉。不然，则子自取之。"（《郡斋读书志自序》）书是珍爱之物，是财富，但这笔财富不必私人独占，也未必传亲子。藏书传学授业，赠予同好，物尽所能，胜于亲子之情。

有些藏书家不但善于藏书，还开始编纂图书目录，对藏书进行记载，这有利于藏书的保管和流传。南宋著名藏书家晁公武出身书香世家，少承家学，浸耽群书。他在为南阳井度属官期间，曾帮助井度编书、刻书，结下了深厚友谊。井度罢官后，将藏书50箧赠予晁氏。他以井度赠书为基础，结合自己原来的收藏，“除其重复，得二万四千五百卷有奇”。绍兴二十一年（1151），又在任官闲暇，“日夕躬以朱黄，雠校舛误，终篇辄撮其大旨论之”，完成了《郡斋读书志》20卷，是我国现存最早的、具有提要内容的私藏书目，对于后世目录学影响很大。其收入图书1492部，基本上包括了宋代以前各类重要的典籍，尤以搜罗唐代和北宋时期的典籍更为完备。

明代私人藏书大为盛行，藏书家辈出。明代藏书家有427人，仅浙江一省就有80多家。明代著名的藏书家有宋濂、杨士奇、叶盛、杨循吉、李开先、王世贞、赵琦美、毛晋、祁承㸁等人，皆藏书数万卷，有的达10万卷以上。

明人藏书，特别重视古籍的收藏，尤其喜爱宋版书。他们给予宋版书很高的评价。高濂在《遵生八笺》中称：“宋之刻书，雕镂不苟，校阅不讹。书写肥细有则，印刷清朗。”文震亨在《长物志》中说：“藏书贵宋刻，大都书写肥瘦有则，佳者有欧、柳笔法，纸质匀洁，墨色清润。”万历十八年（1590）的端午节，罗文瑞在友人处看到了宋代周密所著《草窗韵语》，他提笔在护叶上赞道：“有此宋版佳刻，世所罕见，当为法帖中求也。”以书籍为法帖，反映了晚明文人开始用一种全新的艺术眼光看待书籍，除了内容之外，书的视觉形式和美学价值也得到重视。

收藏古籍的风盛，出版业和图书市场的发达，催生了一大批藏书家和藏书楼，成为明代一道文化景观。

在晚明的藏书家中，祁承㸁很有名，号称藏书“富甲江左”。祁承㸁乐于汲古，藏书极富，建藏书楼名“澹生堂”。嘉兴人自古“好读书，虽三家之村必储经籍”“田野小民皆教子孙读书”。明代是嘉兴私家藏书的鼎盛时期，藏书家、藏书楼遍布广阔的城镇乡村，同时出现了一大批声震全国、誉满中华的藏书大家和藏书名楼。嘉兴藏书家身份涉及官员、商人、学者、布衣等社会各个阶层，著名的藏书家有沈启原、项元汴、项笃寿、高承埏、周履靖、冯梦祯等。

在明代藏书楼中，最著名的是宁波的天一阁。天一阁是中国现存最早的私家藏书楼，也是亚洲现有最古老的图书馆和世界最早的三大家族图书馆之一。①

天一阁是明朝嘉靖年间兵部右侍郎范钦所建的私家藏书楼。范钦是嘉靖十一年（1532）进士，酷爱典籍，为官多年，每至一地，广搜图书。平生所藏各类图书典籍达7万余卷，尤以方志、政书、科举录、诗文集为特色。范钦同邑另有位藏书家丰坊，范钦与之交往甚善，并常去丰坊的万卷楼借阅抄录。后万卷楼不幸遭受火灾，丰家无意续藏，劫余之书多让归范钦。范钦最早的藏书楼名为“东明草堂”。面对数万卷藏书，致仕后的范钦亟须改进藏书楼的设施，于是便兴建了一栋藏书楼。范钦将新藏书楼命名为“天一阁”。

范钦藏书中以明代人著述或者编纂刻印的图书为主，反映了范

① 另外两个分别是意大利贵族马拉特斯塔1452年在意大利北部的切泽纳设立的马拉特斯塔图书馆、15世纪意大利佛罗伦萨的统治者柯西莫·美第奇与其孙洛伦佐·美第奇建立的美第奇家族图书馆。

钦偏好“时人之作”“下邑陋志”“三式之书”的志趣。在天一阁藏书中，明代地方志和科举录因为多系孤本，且收藏量丰富，故被视作天一阁的镇阁之宝，备受学术界推崇。如《军令》《营规》《大阅览》《国子监监规》《武定侯郭勋招供》等官书，属当时的“内部资料”，一般藏书家即便有意收藏，也绝非轻易可以觅得。范钦还依托天一阁丰富的典藏资源，进行一些著述、编书和刻书等活动，编辑了自选集《天一阁集》以及《范氏奇书》等书籍。

据有关文献记载，范钦去世前，将家产分为藏书和其他家产两部分。长子范大冲自愿放弃其他家产，而继承了父亲收藏的7万余卷藏书。范大冲制定诸条保管法则及入阁观书规定，约同有子孙共同管理，凡阁门及书橱钥匙分各房兄弟掌管，非各房钥匙齐集，不得开锁；并以“借人为不孝”之条律加以约束，管理甚严。在阁前立碑铭刻禁令：“子孙无故开门入阁者罚不与祭三次；私领亲友入阁及擅开书橱者罚不与祭一年；擅将藏书借出外房及他姓者罚不与祭三年，因而典押事故者除追罚外，永行摈逐不得与祭。”至此，“代不分书，书不出阁”的条律，使“天一阁”藏书保存达数百年。到清康熙年间，是天一阁藏书最为丰富的时期，达到5000余部7万余卷。清代乾嘉时期的学者阮元说：“范氏天一阁，自明至今数百年，海内藏书家，唯此岿然独存。”（《定香亭笔谈》）

历代“百科全书”

类书是古代文献资料的汇编，它辑录各门类或某一门类的资料，按照一定的方法编排，是便于寻检、征引的一种工具书。类书类似于百科全书，有人称其为“古代的百科全书”。我国第一部类书是魏文帝时王象、刘邵等人奉敕编纂的《皇览》。唐代的类书有虞世南的《北堂书钞》，欧阳询的《艺文类聚》，徐坚的《初学记》。

宋代是我国类书史上的黄金时期，《太平广记》《太平御览》《文苑英华》《册府元龟》，都是北宋时编写的百科全书性质的大书，后世合称为宋朝四大部书，或“宋四大书”。

北宋初年，宋太宗赵光义于太平兴国二年（977）命李昉等编撰《太平御览》，至太平兴国八年（984）十二月书成，用时共6年。《太平御览》凡1000卷，为宋代最大的类书之一，所引图书凡1690余种，全书分55门，各部下又分类，类下又有子目，大小类目共计约5474类。虽多转引类书，不能一一出自原本，而搜罗浩博，足资考证古籍轶文。

同时编纂的类书，还有《太平广记》，也是李昉、扈蒙、李穆等人集体编纂。全书500卷，目录10卷，共分92类，专收野史以及小说杂著。全书所记神怪故事所占比重最大，卷数多的如神仙55卷、女仙15卷、报应33卷、神25卷、鬼40卷。书中绝大部分小说是唐代及以前的作品，如六朝志怪、唐人传奇等，有些篇幅较小的书几乎全书收录，其中许多原书如《旌异记》《启颜录》等已失传，靠本书而得以流传。书里最值得重视的是第484至492卷，所收的《李娃传》《东城老父传》《柳氏传》《长恨传》《无双传》《霍小玉传》《莺莺传》等，都是唐人传奇的名篇，最早见于此书。

《文苑英华》是宋太宗时李昉、扈蒙、宋白、徐铉等20余人共同编纂的文学总集，于太平兴国七年（982）开始编辑，后来宋太宗又命苏易简、王祐等人参修，雍熙三年（986）完成，篇幅多达1000卷。选材范围与《文选》相衔接，上自南朝梁代，下至五代，按文体分赋、诗、歌行、杂文，还收录了诏诰、书判、表疏、碑志等，可用来考订史实。其中唐人作品占十分之九。南宋宋孝宗时周必大、胡柯、彭叔夏校订后刊行。

在“宋四大书”中，《册府元龟》规模最大，几概括十七史，是其他的数倍，所以被称为“宋四大书”之首。

《册府元龟》初名《历代君臣事迹》，北宋真宗景德二年（1005）九月二十二日，下诏王钦若、杨亿修历代君臣事迹，前后8年，至大中祥符六年（1013）八月十三日书成。《册府元龟》广泛取材于正史、实录，但不取笔记杂史，成书多达1000卷，是宋代存世最大的著作，其中唐朝、五代实录史料极其丰富。《册府元龟》编纂的特点是所采资料不改旧文，每部前有总序，每门前有小序。

明清时代中国传统文化发展到最后一个高峰，其突出表现在当时对古代文化的系统化总结，是自觉总结前古文化历史的时代。实际上，当时的文化人对古典文化的高度成熟已有一定的感受和体认。例如清代学者纪昀说道：“自校理秘书，纵观古今著作，知作者固已大备，后之人竭尽其心思才力，不出古人之范围。”（《纪文达公遗集序》）纪昀在主持几次乡试和会试时，将回溯经学史、史学史、文学史，评判各派学术宗旨与研究方法，讨论各类体裁的得失，作为策问内容，亦显示了总结古典文化的意向。

对古典文化这种大总结的趋势突出表现在文学和学术领域。清代学者曾编纂了几部总集性质的大著作，其中最先编成的是《全唐诗》，共900卷，共得诗4.8万余首，诗人2.2万余人。后又编《全唐文》1000卷，收录唐五代十国时期的文章18484篇，作者3042人。后又编《唐文拾遗》72卷和《续拾遗》16卷，以补《全唐文》之不足。与之相媲美的还有《全上古三代秦汉三国六朝文》，共得3497家，747卷。而更体现这样大规模总结气势的，则是《永乐大典》

《古今图书集成》《四库全书》等空前的大百科全书的编辑和整理工作，从而形成了明清时代盛大的图书事业。

明成祖即位后，欲借修纂类书以炫耀文治，命翰林侍读学士解缙等人负责编纂类书，熔天下古今典籍于一书之中。编撰宗旨是："凡书契以来经、史、子、集百家之书，至于天文、地志、阴阳、医卜、僧道、技艺之言，备辑为一书，毋厌浩繁。"（《明太宗实录》）永乐五年（1407）书成，即《永乐大典》，明成祖亲自制序，称赞其"上自古初，讫于当世，旁搜博采，汇聚群书，著为奥典"。《永乐大典》共22937卷，目录60卷，分装成11095册，达3.7亿字，广收了上自先秦下至明初的经史子集百家之言以及天文地理、阴阳医卜、僧道技艺等8000余种典籍，数量是前代《艺文类聚》《太平御览》《册府元龟》等书的五六倍。它保存了14世纪以前中国历史地理、文学艺术、哲学宗教和其他百科文献，比法国狄德罗编纂的《百科全书》和英国的《大英百科全书》要早300多年，堪称世界文化遗产的珍品。

《古今图书集成》是现存最大的类书，清康熙年间陈梦雷奉敕纂修。自康熙四十年（1701）十月起，陈梦雷根据诚亲王允祉的"协一堂"藏书和家藏图书共1.5万余卷，开始分类编辑，历经四年，终于编成大型类书《古今图书集成》。这是中国现存最大、搜集最博的大型类书。全书总约1.6亿字，分订5020册，装520函。其内容庞博，被后人称为"康熙百科全书"。

《四库全书》是历史上最大的一部官修丛书，可以称为中华传统文化最丰富最完备的集成之作，共收书3503种、79337卷、36000多册，分为经、史、子、集四部，故名《四库全书》，它对清以前的历代典籍进行了系统的整理和全面总结，对我国古典文献的保存

《钦定四库全书》封面。

与流传起到了积极的作用。《四库全书》书成之后，乾隆皇帝下旨抄录七份，分贮于北京紫禁城文渊阁、圆明园文源阁、盛京皇宫文溯阁、热河行宫文津阁、扬州大观堂文汇阁、镇江金山寺文宗阁和杭州圣因寺文澜阁。文渊、文源、文津、文溯阁被称为“北四阁”或“内廷四阁”，文汇、文宗、文澜阁被称为“南三阁”或“江南三阁”。

从“宋四大书”到《四库全书》，都是以国家的力量组织编纂的大型类书和丛书，是所处时代的知识总汇，在中华文明史上占有重要地位，对保存、传承和发展中华文明，具有特别重要的价值和作用。

明仇英《圣迹图》（局部），美国圣路易斯美术馆藏。

第八章　中国古代的“知识分子”

巫史：中国最早的知识群体

文字、图书在中华文明的传承发展中的作用是非常重要的，实际上我们现在所知的古代文明、我们继承下来的古代文明遗产，主要还是靠文字的力量，靠世代积累下来文献材料。书写、记录、保存这些文献材料的是各个时代的知识群体，他们是文化传承发展的骨干力量。他们是中华文明传承发展的生命载体。

和世界上许多国家一样，中国最早的知识群体是“巫”。正如历史学家吕振宇说的，从原始的图腾崇拜和万物有灵论，经过氏族制后期的祖先崇拜，到殷朝奴隶所有者时代，便发展为具有一神教之本质的巫教。

中国传统宗教以天神崇拜和祖先崇拜为核心，以社稷、日月、山川等自然崇拜为羽翼，以其他鬼神崇拜为补充，形成了相对固定的郊社、宗庙及祭祀制度，成为维系古代社会秩序和宗法家族体制的重要力量。夏、商、周三代是中国传统宗教发展的鼎盛时期，和世界上许多古老民族一样，当时的中国也是全民信教的。宗教成为占统治地位的意识形态，垄断了社会精神文明的一切领域。

祭祀礼典是国家政治生活的一项重要内容。夏、商、周三代的宗法祀典具有一定的继承性，当时人们的祖先崇拜，主要是崇拜有功劳的人。祭祀不仅可以寄托对祖先和神灵的敬慕之情，同时也是对后世臣民的道德示范仪式。通过祭祀，人们可以回顾那些在历史上作出杰出贡献的伟人的英雄事迹，教育并激励部众。因此，宗教祭典活动，更多的是人们追思前辈英烈征服大自然、为人类创造幸福、推动文明进步的历程。

商代的宗教组织日益完备，并充分体现了它的国家宗教的特色，由国家任命的职业神职人员垄断了宗教活动，古代宗教的组织系统成了国家政权的一个分支。当时的神职人员称为“巫”。巫在原始社会中就存在，随着原始宗教向古代宗教的转化，原来自愿业余为部落民众服务的巫便成了职业神职人员。

巫的宗教活动有一套与之相配合的仪式与制度。巫的一项基本职责是组织指挥祭祀活动。祭天祀祖在中国有着悠久的历史，考古中曾一再发现史前时期的相关遗存。商周时代，祭祀是社会生活的重要内容。祭祀的对象非常广泛，天神地祇人鬼均在祭祀之列。商人祭祖虔诚、隆重、频繁，用五种祀典，对祖先轮番地、周而复始地进行祭祀。“殷商时代的巫史文化，已经为注重等级规范的礼乐文化打下了基础。或者说，殷商巫史文化，乃是礼乐文化的雏形。”①

周代将商代的宗教仪式发展得更加程式化、规范化，突出了祭天、祭祖、祭社活动。在所有这些祭祀活动中，巫都是权威的组织指挥者。通过这些活动，人们的愿望、祈求、心愿与自然神、祖先神的旨意得以交通，而巫则是这种交通的桥梁。

巫的另一项重要职责是从事占卜。占卜起源于原始宗教中的前兆迷信，古人经常把自然或社会生活中的某些怪异现象当成吉凶的征兆，用以指导自己的行为。商代人们进行占卜的主要形式是骨卜。骨卜就是将龟腹骨或牛肩胛骨放在火上烤，甲骨烧灼后的裂纹是很不规则的，巫便依据被称为“卜”的裂纹形状断定人事的吉凶。从夏到商周，占卜巫祝越来越兴盛。《尚书》就说：“汝则有大疑，谋及乃心，谋及卿士，谋及庶人，谋及卜筮。”占卜成为重要的生活内容，事无巨细，都要先卜而后行，几乎无事不卜，无日不卜。迄今发现的十万多片甲骨，几乎都是祭祀和占卜的记录。

巫在商周社会精神生活中的重要作用，除了直接承担宗教职能，从事祭祀、占卜活动外，还承担着多种文化职能，从事卜筮、祭祀、书史、星历、教育、医药等多种文化活动。在商代和西周时期，史与巫通常是集二任于一身，所以后世也称其为“巫史”。中国最早的历史记载，以商代的甲骨文记载和西周的金文记载为标志。甲骨文的记载反映了盘庚迁殷以后自武丁时期直至殷商灭亡王家的一些活动，内容涉及国家制度、农业畜牧、年成丰歉、天文历法、战争畋猎、神祖祭祀、王朝世系等。这些都是占卜的某种结果

① 张立文主编，陆玉林著：《中国学术通史》先秦卷，人民出版社2004年版，第24页。

和极简单的记事相结合。

在商周时期，宗教是占主导地位的意识形态，专职神职人员巫的出现，使国家宗教发展到成熟的阶段。“司马迁言‘文史星历近乎卜祝之间’，正因为它们五百年前本是一家。”[①]巫不仅构成了商代的宗教神职人员集团，承担着国家宗教的职责，而且还作为中国最早的知识分子群体，承担起记史、医疗、教育等广泛的文化职能，为文化积累和传承做了很多工作。

学在官府的贵族之学

文化的传承发展是要通过教育来实现的。西周时，教育体制已初具规模。西周学校制度是典型的官师合一类型，体现着“学在官府”这一基本特征。“当时的教育有两个特点：一是官师合一。当时所有的典籍，皆藏于官府，只有掌握某种典籍的官，才能熟知相关知识而以之教人。例如太史掌有关礼的典籍，而礼又是当时最重要的教育科目之一，因此太史便是以官兼师的。二是受教育者只有贵族而无平民。”[②]

周代国家机构设官分职，在政治、经济、军事、宗教、文化等方面都有专设机构和专设人员来从事管理。为了管理的需要，制定法纪规章，有文字记录，汇集成专书，由当官者来掌握，这种现象，历史上称之为“学术官守”，并由此而造成“学在官府”。

由于只有官府有学，民间私家无学，所以要学习专门知识只有到官府之中才有可能。西周的教育制度决定师者必为官或退仕。西

---

① 吴小如主编：《中国文化史纲要》，北京大学出版社2001年版，第25页。

② 傅乐成：《中国通史》上册，中信出版社2014年版，第201页。

周宫廷之中的重臣太师、太保、太傅，既是国君的辅宰，又是国君的老师。吕思勉把他们称作太学中之“三老”。太师，导之教训；太傅，傅其德义；太保，保其身体。三公既有分工，又紧密合作。

国学、乡学和宫廷教育的情况基本相同，也是亦官亦师。国学由大司乐（大乐正）主持，他是国家的礼官，负责宗教祭祀与国家典礼之事。大司乐下面还有许多官员分掌其职。他们既是国家的正式官员，又是国学的教师，承担国家的教育工作。乡学的教师，也都由国家及地方各级行政官员兼任，由大司徒主持。除大司徒外，还有乡师、乡大夫、州长、党正，等等，他们都是地方乡学的主持者和教师。还有退休的大夫与士，也直接担任乡学的教师，称之为“父师”“少师”。

西周时，天子控制着文化教育大权，也垄断着学术。宗室京畿，是各国贵族子弟游学的地方，集中了大量图籍和人才，不但是全国最高学府的所在地，也是全国文化教育的中心。西周的学问是贵族之学，贵族是西周的主要知识群体。但自进入春秋以后，人才四散，图籍流失，最高学府徒负其名，全国的文化教育中心也转移到别的地方。

周平王东迁后，周王室的势力大为削弱，国库匮乏，无力支撑庞大的政府机构，不少人因此而丧失官职，只得离开王室分散到各诸侯国去谋生。天子因此失官，周官外流。《晏子春秋·内篇·问下》记载，柏常骞离开周室到了齐国，问晏子：“敢问正道直行则不容于世，隐道危行则不忍，道亦无灭，身亦无废者，何若？”柏常骞说自己是“周室之贱史”，为守学术之王官，于今则沦落。再如司马迁在《史记·太史公自序》中说，他的祖先司马氏，原是世代掌管国史的。为了逃避京城内的动乱，太史司马氏便离开周都到了晋国，并将有关的周史资料、编史的经验以及天文、地理等知识传授给晋人。司马氏的子弟又再分散到卫国、赵国和秦国。

周王室的内讧，是失官的一个原因。周景王二十五年（前520），周景王死，周敬王立，景王的长庶子王子朝起兵争夺王位。4年后，即周敬王四年（前516），王子朝失败。《左传·昭公二十六年》记载，王子朝一批人“奉周之典籍以奔楚”，将周王室所藏的图书文献洗劫一空，带着召氏、毛氏、尹氏、南宫氏和一批丧失官职的人逃到了楚国，同时还带走不少有专门知识技能的王官百工。这次迁移史称“典籍南迁”，是东周文化规模最大的一次迁移，对楚国学术文化的发展起到了很大的促进作用，使楚国从此成为文化中心之一。

春秋中期，郯国的国君到鲁国访问。孔子曾向郯子请教郯国的历史，即为什么郯国的祖先称作“少昊氏”？郯子回答得头头是道。事后，孔子对别人不胜感慨：古代官名的沿革，本只有王室的史官才清楚，如今连远方的小国郯国都知道自己祖上受封官名的历史，这使我确实相信“天子失官，学在四夷”这句话，一点都不假了。

钱穆说：“史官随着周天子之封建与王室之衰微，而逐渐分布流散于列国，即为古代王家学术逐渐广布之第一事。”[①] 冯友兰概括当时“天子失官”的情形说：“在社会政治瓦解过程之中，各种知识的官方代表散落民间。这些人可能自己就是贵族，或者是以一技之长服侍君王诸侯、获得世袭官职的官吏。……先前的贵族官吏，散落民间后，凭他们的专门知识或技能，开馆招收生徒，以维持生计。这些传授知识、发挥议论的私人教师，就成为‘师’。这

① 钱穆：《国史大纲》上册，商务印书馆1994年版，第94页。

五代周文矩《文苑图》，故宫博物院藏。

是'师'与'吏'分离的开始。"[①]

天子失官，文化学术随之下移，包括官学中所传授的知识和技能也逐渐向民间传播，从而使很多的人掌握了知识和技艺。从周室逃离到各诸侯国的官员，以文官居多，其中多数是有知识、有技能的。管仲曾建议齐桓公利用民间通晓一些技艺的人，即所谓掌握"五官技"的人，请他们帮助齐国在治政和理财上出谋划策。这说明周代官学中的某些课程内容，已经在春秋初期散传到民间了。

余英时指出，春秋时期，"两周的礼乐秩序进入逐步解体的阶段。维系着这一秩序的精神资源则来自诗、书、礼、乐，即后来所说的'王官之学'。'突破'后的思想家不但各自'裂道而议'，凿开'王官之学'的'浑沌'，而且对礼乐秩序本身也进行深层的反思。"[②]这样看来，"天子失官，学在四夷"，并不是文化的颠

① 冯友兰：《中国哲学简史》，生活·读书·新知三联书店2009年版，第40—42页。

② 余英时：《中国文化史通释》，生活·读书·新知三联书店2011年版，第7页。

覆，而是文化的扩散。就是说，西周时期由王室控制和垄断的各种文化形式，在春秋时期，被解放出来，走进了民间社会，有了更大的发展空间，因而有了更多的传承方式。这一点认识，对于了解春秋时期的文化变革的性质十分重要。

作为新知识群体的士

“天子失官”，就是贵族失去了在社会知识上的主导地位，由士取而代之。士是春秋战国之后的主要知识群体。

“士”是中国古代广泛使用的概念，具有多种涵义。许慎《说文解字》说：“士，事也。数始于一，终于十，从一，从十。孔子曰：‘推十合一为士。’”许慎认为“士”由“一”和“十”会意而成，“一”为万物之始，“十”为万物之终。因而“士”即知识分子。

西周时期，士是指在宗法制度下贵族阶级中最低的一个社会阶层，主要由分封而来。《孟子·万章下》记载周室班爵之制如下：“君一位，卿一位，大夫一位，上士一位，中士一位，下士一位，凡六等。”《礼记·王制》记载：“诸侯之上大夫卿，下大夫，上士，中士、下士，凡五等。”士依附于卿大夫，享有受教育的权利，掌握礼、乐、射、御、书、数等文化知识，也能受封得到土地，有一定职务，地位比较稳固，平时做卿大夫的家臣，战时任下级军官。他们文武兼备，为后世士人文化的继承和发展奠定了基础。

到春秋后期，随着社会各个领域的深刻变革，宗法制动摇，私学兴起，士人的成分、地位和作用发生了很大变化。传统士人逐渐分裂，新兴的士阶层开始崛起。庶民中的优秀者上升为士的机会增多，除了原先的士之外，出现了一批新士，他们不受宗法支配，与其主人形成了一种新的君臣之间的隶属关系。社会的动乱同样改变了大批王公贵族的命运，大批文化职官流落四方，沦落到士的行列。这样，士不再是“有职之人”或“有爵之称”。《穀梁传》成公元年条说：“上古者有四民：有士民、有商民、有农民、有工民。”士民已经是一个独立的社会阶层了，并为“四民”之首。春秋前期之士文武双修，到了春秋后期，文武开始分离，文士谓之“儒”，武士谓之“侠”，儒重名，侠重义。战国时期的士主要从事各种文化、精神活动。随着社会的发展与变化，文士成为士阶层的主要组成部分。后来对于学习文化知识和掌握某种技能的人无论有无公职或职位高低，都称作士。范围极其广泛的“士”，也逐渐成为对知识分子的统称。

士阶层的崛起是春秋战国时期最引人注目的情势，士的崛起又为学术的繁荣与自由奠定了客观基础。在当时社会生活的各个领域，士作为一个新崛起的独立阶层，发挥了特别重大的作用。从春秋到战国，他们驰骋于群雄纷争的历史舞台，在政治、经济、军事、外交、科学、艺术等领域都充分展示了他们的才能。在那个激荡的时代，有的士上升至与君主坐而论道，有的士则游走四方，以自由身份讲学，这也使劳动者中的一部分人接受文化教育，加入士的行列。在当时社会生活的各个领域，他们发挥了特别重大的作用。春秋战国时期由于私人著述的发展，士人成了文化创造、传承的主角，这对后世文化的繁荣，起到巨大的推动作用。

战国时期，列国兼并，彼此攻伐，人才是克敌制胜的核心要素，所以彼此争夺激烈。有一句成语叫“楚才晋用”，楚国人才虽多，可都被晋国吸引去了。一些有权势者以养士笼络人才，各诸侯国争相以官养士、以学养士。战国“四公子”，即齐国的孟尝君田文、赵国的平原君赵胜、魏国的信陵君魏无忌和楚国的春申君黄歇，各自养士皆达数千人。还有战国后期秦国的吕不韦，有“食客三千”。这些食客都是有一技之长的士。

随着这一时期士的开放性和流动性的增强，士形成一个数量庞大的阶层，士人的社会地位也发生了改变，变为士大夫阶层，从而形成了中国历史上第一批封建官僚集团，成为统治者依赖的社会政治力量。

“春秋战国是一个需要巨人而且产生巨人的时代。士人群体，应运而生，才俊辈出。……群星璀璨，彪炳于中国文化史册。就学术文化人才出现的密集度和影响而论，在世界文化史上，恐怕也只有古希腊的群哲可与比肩。”[①] 在他们当中，涌现出一大批立功当代、辉耀后世的杰出人物，有思想家老子、孔子、庄子、墨子、驺衍、孟子、荀况，有政治家管仲、晏婴、子产、商鞅，军事家吴起、白起、孙武、孙膑，外交家苏秦、张仪、蔺相如，教育家少正卯、邓析，史学家左丘明，文学家屈原、宋玉，论辩家惠施、公孙龙，医学家扁鹊，农学家许行，水利学家李冰、郑国，天文学家甘德、石申，等等。

这些在社会动荡中成长起来的士，在积极参与社会政治变革、从事文化创造的同时，也形成了开放的心态、强烈的政治参与意识、以先知觉后知的社会责任感等新的群体品格，成为后世中国知识分子的精神传统。

① 吴小如主编：《中国文化史纲要》，北京大学出版社2001年版，第53页。

春秋战国时期的文化突破和繁荣发展，是与士阶层的崛起密切相关的。士的崛起和发展是文化突破的重要标志，同时也正是因为他们在思想文化领域的重大作为，才使得这一时代的文化实现了重大飞跃。

从士到士大夫

在不同的历史时代，士是以不同的面貌出现的。士的特征，各朝各代的表述侧重点有所不同，但其共同的特征是：具有理想抱负、有学识、有才智、有谋略的个人或群体。

春秋以前，士作为一个等级，具有相对的稳定性。鲁哀公向孔子问政，孔子说，分辨了“五仪”（庸人、士人、君子、贤人、圣人）则治国之道就完备了，他还是把士人作为一种等级身份来说的。秦汉以后，特别是汉朝的官员选拔制度，把养士育才和职官制度统一起来，学而优则仕，学儒学成为进入官场的主要途径。知识阶层与官僚阶层相结合，成为士大夫阶层，制订和遵从规则，参与国家和社会公共治理，构成中国独有的皇权“家天下”与“士大夫政治”相结合的治理模式。在理想图景中，士大夫阶层秉持“求仁”传统的超越精神，承担道统、教化天下；兼具读书人、官僚、士绅、族（家）长等多重身份，是中国传统社会的中流砥柱和黏合剂，对整个社会运行起到引导和支撑作用。士大夫阶层的存在被认为是传统中国能长期维持中央集权制度最重要的因素之一。

尤其是唐朝开始，科举制成为国家主要的选人用人的制度，被科举制选中的士人，就进入国家各级官僚管理体制中，士的主体成了为官从政的官宦之士。这样就奠定了中国文官制度的基础，也实现了知识群体由士向士大夫的身份转变。他们不再是春秋战国时期的自由知识分子，或游侠，可以仗剑走天涯，而是国家体制中的一员，是国家官僚机器的组成部分。

士大夫既有文人学者的身份，又是朝廷的官员，是官僚。他们遵循的是修身齐家治国平天下的人生理念，追求的是“为天地立心，为生民立命，为往圣继绝学，为万世开太平”的目标，肩负着传承道统的使命，承担着教化天下的任务。士大夫精神是中国古代读书人，在修身齐家治国平天下的人生之路上，长期涵养而成的高贵品质。士大夫精神强调的是自己应该承担对家国天下的社会责任和文化责任。

士大夫精神是文以载道，这个“道”是包括文化理想和社会理想的一套价值体系，士大夫是这个“道”的价值承担者。士大夫精神传统，一直贯穿中国两千多年的历史过程，对整个中华文明的创造、延续和发展，对当时社会秩序的建设，均起到非常重要的作用。钱穆说，宋代的士大夫有“自觉精神”。他说，所谓“自觉精神”者，正是那辈读书人渐渐自己从内心深处涌现出一种感觉，觉得他们应该起来担负着天下的重任。范仲淹的“先天下之忧而忧，后天下之乐而乐”正是那时士大夫社会中一种自觉精神之体现。

在历史上的某些时刻，士大夫精神还会以与当局的“不合作”的形式表现。东汉末年，士人中间“清议”之风盛行，所标榜的是“风节名士”，“名士”往往通过“匹夫抗愤，处士横议”的行为，“品核公卿，裁量执政”“上议朝政，下讥卿士”，体现了古代知识分子积极参与政治的责任感，表现出一种积极入世、敢于与黑暗政治势力抗争的精神。然而由于党锢之祸，很多名士被杀害。以后又因军阀混战，政权频繁更迭，造成“魏晋之际天下多故，名

明陈洪授《摘梅高士图》，天津博物馆藏。

士少有全者”的恐怖局面。他们面对祸福难卜的政治现实，对功名利禄避之唯恐不远，对高官宠爵逃之只怕不速。他们认为躲避政治迫害的最好办法就是少讲话，不讲话，或者讲一些无关痛痒的废话和模棱两可的“玄言”。于是，名士们由“清议”转向“言及玄远”的“清谈”玄学。这些名士言词高妙，精神超俗，喜好饮酒，不务世事，以隐逸为高。

魏晋时期的士大夫更多的是发现、寻找个体自我的价值。魏晋风度在中国历史上一直是文人士大夫津津乐道的话题和追崇的典范。魏晋名士以建安七子、正始名士、竹林七贤为代表，尤以竹林七贤最为著名，魏晋名士风度指的就是以竹林七贤为代表的名士的社会形象。在这一时期的正史和笔记野史中，人们往往以“儒玄并综”“好论儒道”来评价人物，推崇“傲然独得，任性不羁”或“喜怒不形于色”的气质。这种魏晋风度是那个时代的特殊产物，他们的言谈与仪表以及由此反映的文化素养与精神状态，从一个侧面表现了那个时代的文化面貌。社会动荡迷茫，名士思治而不得，苟全性命于乱世。于是，摆脱名教而自命通达，成为当时的流行风尚。

所以，入世与出世，达或退，追求建功立业与隐逸自得，是古代士大夫们面对现实生活的两种选择，而归根结底都是出于同样的士大夫的价值理想。

孔子像。

第九章　孔子与中华民族精神世界

孔子和儒家思想

孔子创立的儒家思想一直占据主导地位，成为中华民族传统文化精神的核心和象征。孔子身上承载了上古三代的历史文化，凝结着孔子以前中国先人的智慧创造，更奠定了中国文化的基本精神，影响后世既深且远。

孔子，名丘，字仲尼，是春秋时鲁国人。在当时的各诸侯国中，鲁国是保存周朝礼仪文化最完整的国家，有所谓“周礼尽在鲁”之说。“孔子居文献之邦，故得大成其学。”[①]

① 钱穆：《国史大纲》上册，商务印书馆1994年版，第97页。

孔子出身于没落贵族家庭，少年时代“贫且贱”，青年时代曾做过管理仓库和看管牛羊的小吏。因为孔子努力求学，又懂得周礼，所以鲁昭公曾派他到周王室史官老子那里去学礼。鲁定公在位时，孔子先后任中都宰、司空、大司寇，后因与鲁国执政者季氏不和而弃官，离开鲁国，率弟子周游列国。这一年他已56岁。孔子周游列国14年，先后到了卫、陈、曹、宋、郑、蔡等国，但都没有实现他的政治主张。晚年回到鲁国，致力于古文献整理工作，相传他整理《诗经》《尚书》等文献，并把鲁史官所记《春秋》加以删修，成为中国第一部编年体的历史著作。

孔子开私人讲学之风，对当时和后世都有很大影响。孔子的学派称为“儒家”。在孔子之前，“儒”的名称早已有之。关于“儒”的含义，东汉郑玄注释《周礼》“儒以道德民”时指出：“儒，诸侯保氏有六艺以教民者。”可见，儒是用“六艺”来教育贵族子弟的王官。春秋时代，“官学”变而为私学，人们把从事教育的先生也称为儒。冯友兰曾经指出，“儒家”与“儒”并不是一个意思。“儒”指的是以教书相礼等为职业的一种人，“儒家”指先秦诸子中的一个学派。孔子不是“儒”的创始者，而是“儒家”的创始者。

周公“制礼作乐”，制定了周朝的基本制度。“礼”是周朝政治社会制度的核心。进入春秋以后，礼崩乐坏，周朝的统治基础遭到极大破坏。孔子对此痛心疾首。他认为当时“礼乐征伐”由诸侯控制，就是“天下无道”的社会。孔子对诸侯大夫、家臣僭越礼制的活动持坚决反对的态度。孔子认为，如果人人遵守贵贱、尊卑、长幼、亲疏等社会秩序，家国便可长治久安了。反之，社会秩序违反了礼仪，不合规矩，家国就可能动荡不安。孔子还提出了“正

先師孔子行教像

德侔天地 道冠古今

刪述六經 垂憲萬世

唐吳道子筆

孔子行教像拓本，山东曲阜孔庙石刻。

名”的主张。所谓“正名”，就是用周礼的等级名分，把被破坏了的“名”“实”关系匡正过来，即建立所谓“君君、臣臣、父父、子子”的社会秩序，就能“名正言顺”，天下太平了。

儒家思想的核心是关于“仁”的学说。儒家主张的“仁”是什么？按照当代哲学家张岱年的解释，“己欲立而立人，己欲达而达人”，是“仁”的中心意思。它包含四个方面的涵义：（1）“仁”是一方自强不息，一方助人有成，是人己兼顾的；（2）“仁”可以说包含对别人的尊重；（3）“仁”是由己及人，仍以自己为起点；（4）“仁”固然包含情感上的爱，及物质上的扶助，而更注意道德上的励导，“仁”不仅注意别人生活的维持，而且更注意别人道德的提高。仁者对于别人的爱助，目的在于使其成为有德行有成就的人。①

有弟子问孔子：“仁是什么？”孔子回答“仁”就是要爱人。作为君子时刻要有一颗仁爱之心，要有一颗爱人之心。君子以仁爱之心爱人，长久地受到被爱对象的爱戴。君子因为学习了仁义之道，所以能够爱人；君子的爱没有差等，不论所爱对象的贫富贵贱，内心中已没有自我和他人的区别。爱与被爱是相互的，是互动的，君子通过仁爱赢得众人的爱戴。

孔子把“仁”看作是人的本性的最高表现，是人的美德的最高概括。他以把自己培养成为仁人君子看作是人生最有价值和意义的事，并认为只有这种修身行仁的人，才能体味人生的乐趣。孔子提倡志士仁人“无求生以害仁，有杀身以成仁”，并把“天下为公”的“大同”世界看作是彻底实现了“仁”的美好社会。孔子把政

① 张岱年：《中国哲学大纲》，中国社会科学出版社1982年版，第256—261页。

治、经济等社会关系归结为君臣、父子等的伦常关系，以人伦作为人的本质，把人的伦理道德视作解决社会一切问题的关键。因而他提出了以“仁”为首的一系列的道德规范，认为“仁”不仅是处理人与人关系的道德准则，而且是个人修身立命的根本。他还提出了“为仁由己”“笃实躬行”的道德修养方法，论述了“爱人”的道德原则和“忠恕”之道的道德素养，论述了孝、悌、智、勇、恭、惠、信、敏等德目，创立了我国历史上第一个完整的伦理学说。

孔子重视知识学问，强调学习、思考和实践。虽然孔子称赞过“生而知之者上也”，但却从未肯定任何人是“生而知之者”，反之，他更关注“学而知之”，把学习看做是获得知识的途径。他说自己的知识并不是生来就有的，而是勤奋好学得来的：“我非生而知之者，好古，敏以求之者也。”他除了重视学习书本知识外，还重视闻、见、行在认识中的作用。他重视理性思考的作用，提倡学思并重，学与思必须结合起来：“学而不思则罔，思而不学则殆。”孔子同时强调学的目的在于应用。例如他让学生“诵诗三百”的目的，是能够将来“使于四方”，用学到的知识来应对政事，否则，“虽多，亦奚以为”。

孔子梦寐以求达到“立德、立功、立言”的人生“三不朽”的境界，提倡学以致用，由此开创了儒学的经世传统。

孔子去世后，其弟子及再传弟子把孔子及其弟子的言行语录和思想记录下来，整理编成《论语》。《论语》包含的思想内容极为丰富。除了集中表现孔子的仁学理想之外，还对人的品德修养、生活志趣、人际交往，乃至饮食文化作了精辟论述，其中不少成为后世的格言。不研究《论语》，就不能真正把握中国几千年的传统文化，也不能深刻理解古代中国人的内在的心境。

孔子创立的儒学思想，在两千多年的历史中，也有一个不断创新和发展的过程。汉代有古文经学与今文经学之争，实际上是对如何解释儒学的讨论。到了宋代，又有理学。在元明时期，理学又有新的发展和新的表述。一代一代的儒家学者都对儒家思想的发展创新，作出了自己的贡献。而在这个过程中，一方面，孔子儒家思想的正统地位进一步加强和巩固，另一方面，儒家学说的内容不断增添了新的内容。这种变化，既反映了时代的变化，也反映了人们认识水平和思辨能力的提高。正是因为不断地讨论、争辩，突破旧的思维模式，实现思想观念上的创新，才使得儒家思想生生不息，保持着强大的生命力，儒家思想才得以延续发展，发扬光大。

赓续者的脚步

儒家学者非常强调儒家道统的传承关系。

《中庸》说："仲尼祖述尧舜，宪章文武，上律天时，下袭水土，辟如天地之无不持载，无不覆帱。辟如四时之错行，如日月之代明。万物并育而不相害，道并行而不相悖。小德川流，大德敦化。此天地之所以为大也。"这一段论述强调的是，孔子儒学思想的来源是中国最古老的先祖尧舜和周朝的文武先王，是最正宗的中华传统文化的传人。孔子思想继承光大了尧舜文武之道，具有包容天地博大而和谐的境界，是中华传统文化的根本。

孔子死后，及至战国，儒家分为八派。据韩非说，他们是子张、子思、颜氏、孟氏、漆雕氏、仲良氏、孙氏、乐正氏为首的八派。他们对孔子创建的儒家学说各自从不同角度，并从不同方面作了继承和发展。其中比较重要的是"孟氏之儒"和"孙氏之儒"，代表人物分别是孟子和荀子。

孟子是继孔子之后儒家学派最负盛名的大师，后世尊为“亚圣”，与孔子并称“孔孟”。后世对儒家又有“孔孟学派”的称谓。

孟子，名轲，邹国（今山东省邹城市）人，他学成后曾在家乡广收门徒，从事教学。大约在齐威王七年（前350），孟子约40岁时来到齐国，当时稷下学宫刚建不久，孟子在那20多年，取得了客卿的地位。齐威王晚年稷下学宫一度衰落，孟子离开齐国，到了宋国，向宋王偃推行他的“仁政”主张，但没有成功。孟子于是离开宋国，途经薛国而回到故乡邹国。不久，他到滕国，打算推行其“仁政”主张。孟子在滕两年多，但终因滕国太小，难于得志。齐宣王二年（前318），稷下学宫复盛，孟子再次来到齐国，但因他在齐伐燕战争问题上与齐宣王意见不合，便于齐宣王九年（前311）离开齐国归邹，与公孙丑、万章等弟子一起著《孟子》一书。

孟子继承孔子的学说，把孔子的“仁”用于政治上，发展为“仁政”。他提出“民为贵，社稷次之，君为轻”的论点，这是“仁政”的中心。他认为君主治国，如果不照顾到老百姓的利益，就很难维持自己的统治。他说：“得乎丘民而为天子，得乎天子而为诸侯。”意思是：取得百姓们信任的才能享有天下，而取得天子信任的不过做个诸侯。因此，国君对民众必须施行“仁政”，“与民同乐”“同忧”。对不行“仁政”的暴君，可以流放，甚至可以诛杀，如周武王讨伐残暴的殷纣王。

孟子还提出了“尚贤”的主张，他认为必须用贤人来实行“仁政”，国君应当尊重贤人。尚贤的最高形式是禅让，即把君位让给贤人。但是，孟子认为只有具备特殊才能的人，才可以不论亲疏贵贱破格任用。而一般情况下，用人还是不能逾越等级。

《孟子》思想内容的一个重要方面是关于人的品格修养。“鱼，我所欲也；熊掌，亦我所欲也。二者不可得兼，舍鱼而取熊掌者也。生，亦我所欲也；义，亦我所欲也。二者不可得兼，舍生而取义者也。”“富贵不能淫，贫贱不能移，威武不能屈。此之谓大丈夫。”孟子关于“舍生取义”和“大丈夫”的论述，对后世的影响尤其深远。在这里孟子深刻地讲出人生在世应该有崇高的人格和明确的世界观，为了人生的理想可以舍生取义，而不可在邪恶面前屈服。

冯友兰说：“在儒家思想中，孟子代表了其中理想主义的一派，稍后的荀子则是儒家的现实主义一派。”①

荀子，名况，字卿，战国末期赵国人。荀子一生活动范围广泛，曾到过赵、燕、楚、秦、齐等国，其中有很长时间在齐国稷下学宫活动。在齐国时，荀子很受尊崇，地位很高。后来，荀子去齐适楚，在楚国当过春申君的兰陵令。晚年在兰陵与其门徒从事著书，有《荀子》一书传世。

荀子所在的战国末期是“百家争鸣”逐渐走向总结的阶段。荀子的思想正是这一历史阶段开始的标志。荀子因长期活动在学术思想十分活跃的齐国的稷下学宫，他的思想受稷下先生们的影响很大。从学派上说，他是战国后期儒家的一位大师，但他的思想与孔、孟有许多不同。他从儒家的观点出发，而对于春秋战国时期各家学派的思想也都有批判的吸收，所以他的思想已经体现出春秋战国思想的大融合。

冯友兰认为：“荀子的理论可以称之为一种文化哲学。他的理

① 冯友兰：《中国哲学简史》，生活·读书·新知三联书店2009年版，第75页。

论主旨是认为，一切良善和有价值的事物都是人所创造的。价值来自文化，而文化则是人的创造性成就。”①

荀子是封建专制主义思想的首倡者。他认为，“礼”是封建统治者统治的标准。君主掌握了“礼”，就有了无比的权威。《荀子·王制》说：“以善至者待之以礼；以不善至者待之以刑。”即符合统治标准的就是善，则应以礼相待，否则就是不善，应用刑罚来处置。荀子的学生韩非、李斯发展了这种专制主义思想，并一直为后世历代帝王所沿用。“韩非为中央集权制的大一统封建帝国的建立奠定了理论基础，而李斯则在统一六国的实践中把韩非的理论变为现实。他的两位弟子都在中国文化史上占有举足轻重的地位。”②

孟子侧重发挥孔子的仁爱学说，荀子更着重孔子的礼制思想。经过他们的总结和发挥，以及后世学者不断发挥引申，孔子创立的儒家学说成为中国传统思想文化的重要组成部分，对中华民族文化和民族精神的形成起到了巨大的作用。

圣人气象与君子之风

孔子的人生理想是君子之风，是圣人气象。这是把中国文化设计的理想人格分出了两个层次，一个是最高理想的层次，是圣人人格；一个是现实的属于典范的层次，是君子人格。无论是圣人还是君子，都是我们中华民族的文化理想，是我们中华民族对于人的生

① 冯友兰：《中国哲学简史》，生活·读书·新知三联书店2009年版，第159页。

② 吕文郁：《春秋战国文化史》，东方出版中心2007年版，第123页。

活和人生境界的美好想象。

在代表中华传统文化主体的历代儒学的典籍中，都把“圣人先王”作为理想中的伟大人物。例如一本《论语》，就有多处以崇敬思慕的情感谈到古代先王。它所构想的理想人格就是圣人的人格境界，这种圣人境界表达了中国传统文化的超越意识。

这种“与天地合德”的境界是一种极高的境界。在儒学的典籍中，这种圣人如尧舜禹等，都被赋予了高尚的道德品质，成为人们景仰的圣人气象或圣人范式。儒家把这种圣人范式的实质归结为“仁”。在儒家那里，“仁”不仅仅是一种社会政治理想和最高的道德规范，也是理想人格的核心内容，是人格美德的最高境界。孔子提出这是本于天理的至理、至德、至善。所谓圣人，就是仁者。

圣人是达到了人生最高境界的人，都是“仁”的道德理想的体现者。他们爱仁以德，立人达人，忠孝信义，宽信敏惠，智勇刚朴，心胸坦荡，有浩然之气，这些都是非凡人物的品质。这种以“仁”为核心的理想人格设计，强调了个体对道德秩序的社会关怀，强调自我与他人的伦理关系以及个人对社会的责任，集中体现了人格的道德力量。

但是，这种圣人人格太高了，是可望不可即的。《论语·述而》说：“圣人，吾不得而见之矣；得见君子者，斯可矣。”孔子的这句话有两层意思，一是把君子的境界规定得比较高，仅次于可望而不可即的内圣外王式的圣人。二是君子就在我们的生活中，就在我们身边，是可以“得见君子”的。

“君子”是先秦文献中出现的概念。如《易经》《诗经》《尚书》等，都广泛使用“君子”一词。《周易·乾》说：“君子终日乾乾，夕惕若，厉无咎。”《诗经·周南·关雎》说：“窈窕淑女，君子好逑。”及至春秋以后，“君子”更是各派学者文献中言必提及的。

西周以来的君子与小人是凝固的等级阶层的区分，是两种截然不同的社会身份。到了春秋时期，这种泾渭分明的身份界限不断变得模糊和淡化，“君子”一词开始具有道德品质的属性，具有德性上的意义，并逐渐开始以道德品性的高下来区分君子与小人，如“君子成人之美，不成人之恶，小人反是”，等等。这样一来，君子的身份性特征逐渐泯灭，而在君子的内涵中融入道德品性的成分，使“君子”这个概念发展转向一个新的方向，更多指“立德、立功、立言”的杰出人士，即指称那些才德出众和有特异节操之人。

看一个人是否是君子，主要是看他是否具备君子的道德品格。“君子”概念的这种变化，也是因时代之变。春秋时期的社会文化大变动中，人们开始探索与追求人的新品格和新的人生观，新的价值观念不断涌现并逐渐流行。社会关系的丰富需要人们“信以为本，循而行之”，这种新品格的细目不断增多，如“仁德正直”“敬、忠、信、仁、义、知、勇、教、孝、惠、让”等。这些品格逐渐被确立为人的基本品格。先秦思想家们在此基础上，从理论上完成了新价值观的建树，创立了新的君子人格。

论述“君子”最多的是孔子及其儒家学派。有人做过统计，在《论语》中“君子”一词出现107次，其中有12处指执政者，其余主要指向道德人格。君子作为一种理想的道德人格，在言行举止、为人处世等方面都有具体要求与体现。孔子在《论语》中为我们展现了无忧无惧、修己安人、忧道不忧贫的君子形象。做到这些，就内心充盈饱满、胸怀坦荡宽广、目光睿智机敏、待人谦虚有礼，言必忠信，行则笃敬，所以千百年来一直受到人们的推崇。孔子塑造的君子人格，儒家学派的诸多后继者竭力张扬申说，在道家、墨家、法家那里，也颇为认同和肯定。

君子文化在我国传统文化中具有极其重要的地位和影响。儒家学说乃至整个中华传统文化中，很重要的内容是阐扬仁、义、礼、智、信，以及忠、孝、廉、悌等众多为人处世的伦理规范。这些伦理规范最终都聚集、沉淀、融入和升华到一个理想人格即君子身上。君子是人格养成的目标。在社会责任与担当的意义上理解时，君子被赋予了社会引领者、示范者的意涵，有时则成为社会精英的代名词。

董仲舒对儒学的再创造

汉元光元年（前134），儒家学者董仲舒向汉武帝提出三大文教政策，即“罢黜百家，独尊儒术”“兴太学，置明师”“重选举，广取士”，号称“天人三策”。

董仲舒是西汉前、中期之间的最著名的儒学大师。他认为，为了适应汉王朝一统天下的政治需要，必须有统一的思想，方可“统纪可一，而法度可明，民知所从矣”。如若“师异道，人异论，百家殊方，指意不同”，就会破坏中央集权的大一统形势。他建议汉武帝尊儒兴学，“立大学以教于国，设庠序以化于邑，渐民以仁，摩民以谊，节民以礼”。“用儒家思想统一教育，教化民风。用思想大一统来巩固政治上的大一统，是董仲舒独尊儒术，以儒家经学统一整个社会指导思想的现实理由。董仲舒的想法是，思想统一必须统一于六经，而六经最权威、正确的解释权属于以孔子为祖师的儒家学派。董仲舒的大一统论，政治上要统一于受天命的新王，在当时自然是指雄才大略的汉武帝，思想上则要统一于儒家经学，而当时最著名的儒家经师自然非董仲舒本人莫属，这是政治家和思想家的契合。”①

董仲舒提出“独尊儒术”，儒家思想取代“黄老之学”，一跃成为汉王朝的统治思想，儒家的地位发生了根本的变化。正因为董仲舒立下了这样的不世之功，实现了两汉社会思潮的根本性转变，因而被汉儒尊之为“儒者宗”，推崇备至：“董仲舒有王佐之才，虽伊、吕亡以加；管、晏之属，伯者之佐，殆不及也。”“仲舒遭汉承秦灭学之后，六经离析，下帷发愤，潜心大业，令后学者有所统一，为群儒首。”（《汉书·董仲舒传》）

董仲舒提倡的儒学，已经不是先秦儒学的本来面貌，而是经过一番改造，以适应汉王朝统治需要的儒家学说。

董仲舒不仅在政治上通过阐释儒家经典《公羊春秋》中的“微言大义”，为汉武帝建立专制主义中央集权的大一统的汉帝国提供了理论依据，实现了儒学与君权的结合，而且高举“崇儒更化”的旗帜，以孔孟儒家思想为主，兼采各家有利于巩固封建统治的思想，构建了一个庞大的、较为严密的思想体系，完成了汉初以来对儒学思想体系的重构。他“既要坚持先秦儒学的核心精神，又要顺应时代变化与时俱进，这需要综合前代思想成果，考察现实社会问题，在学术与现实生活的互动中创造出新的儒学思想体系”，“坚持先秦儒学以仁义为中心的学说体系，但他又积极参与现实，广泛

① 张立文主编，周桂钿、李祥俊著：《中国学术通史》秦汉卷，人民出版社2004年版，第84页。

吸收诸子学说的精华”。[①] 这就使得董仲舒儒学无论在理论框架的构建方面，还是在具体的政治思想设计方面，都呈现出宏大开阔、兼容并收的重要特色。所以，“董仲舒所谓的‘独尊儒术’，是汲取了众家之长基础上的‘独尊’；而所谓‘罢黜百家’，也是百家之长被汲取前提下的‘罢黜’”[②]。董仲舒学说的具体内容，是根据先秦儒家的“天人合一”思想、法家的集权思想和阴阳家的“五德终始”说，重新解释儒家经典，建立了一套以“天人感应”说为基础，以“三纲五常”为核心的儒学思想体系。因此，董仲舒提倡“独尊儒术”，本质上是对先秦儒学理论的再创造。

董仲舒的“天人合一”说把“天”说成是有意志、有赏罚、有绝对权威的至上神，是上天和人世的最高主宰。“天”不仅创造了人类，还为人类安排了君主。帝王受命于天，是秉承“天意”统治天下的。他在《春秋繁露》中说：“唯天子受命于“天”，天下受命于天子，一国则受命于君。君命顺，则民有顺命；君命逆，则民有逆命。故曰一人有庆，万民赖之，此之谓也。”君王的权位受命于“天”，则代表和体现“天”的意志和权力主宰人世、统治百姓。

董仲舒还提出“天人感应”说，主张“天”能干预人事，人的行为也能感应上天，自然界的灾异和祥瑞表示着对人们的谴责和嘉奖，还表示对君主为政得失的意见。当君主受“天命”或有“功德”时，就会出现麒麟、凤凰、灵芝、甘露以表示喜庆和褒奖，这

① 张立文主编，周桂钿、李祥俊著：《中国学术通史》秦汉卷，人民出版社2004年版，第87页。

② 龚书铎总主编，黄朴民等著：《中国文化发展史》秦汉卷，山东教育出版社2013年版，第46页。

就是“祥瑞”；反之，如果君主政事不修或者国家衰亡之时，就会出现山崩、地裂、灾荒和日、月食等灾异现象，以示“谴告”。灾异谴告，是出于“天”对君主的爱护，是要求君主按“天意”行事，否则就要受到“天”的惩罚。而“天意”的主旨是任德不任刑，所以董仲舒要求君主要顺“天”而行仁政，不可逆“天”而行暴政。如，汉武帝对匈奴频繁征伐，平时又奢侈无度，四处巡幸封禅，导致国库空虚，加之天灾不断，颁布了著名的《轮台罪己诏》，其中说道：“朕郊见上帝，退于北边，见群鹤留业，以不罗罔，靡所获献。荐于秦时，光景并见。其赦天下。”

董仲舒还提出“天道不变”说。他认为，帝王的统治秩序和伦理道德，是从“天”那里来的，“天”是不变的，所以帝王的统治秩序和伦理道德也不会变化。“道之大原出于天，天不变，道亦不变。”朝代的更替，制度的改变，都是周而复始，其本质如故。国都的搬迁，称号、正朔、服色、年号的更改，不过是新帝王即位，重新受命于“天”的表现。

在伦理道德方面，董仲舒用阴阳五行说论证儒家仁义道德、纲常名教，明确提出了君为臣纲、父为子纲、夫为妻纲的“三纲”思想，并把它归之于“天意”。他认为：“君臣父子夫妇之义，皆取诸阴阳之道。君为阳，臣为阴；父为阳，子为阴；夫为阳，妻为阴。……是故仁义制度之数，尽取之天。天为君而覆露之，地为臣而持载之；阳为夫而生之，阴为妇而助之；春为父而生之，夏为子而养之，秋为死而棺之，冬为痛而丧之。王道之三纲，可求于天。”（《春秋繁露·基义》）在他看来，“阳尊阴卑”，所以臣、子、妻必须服从于君、父、夫。董仲舒还把先秦时期已提出的仁、义、礼、智、信五个道德范畴，概括为伦理学上的“五常”。

董仲舒的“三纲五常”的伦理道德学说，将中国封建社会的伦理规范系统化。“这一体系，不仅从主体修养的角度，解决了日常行为规范的价值准则问题，而且以家国一体的宗法伦理解决了社会政治秩序与家庭伦理亲情的融合问题。从价值行为准则的层面，强调人们恪守自己的社会位置，使整个社会处于有序状态中。”[①]因此，“三纲五常”具有很大的道德教化功能，对于中国封建社会道德传统的发展传承发挥了很大作用，仁、义、礼、智、信以及孝道等儒家观点逐渐成为中华民族所特有的道德伦理观念。不仅如此，“三纲五常”还对封建文化的建设起到了整合的作用。

董仲舒向汉武帝提出“独尊儒术”的建议，适应加强专制主义中央集权的需要，因而得到了汉武帝的赞赏。

“‘独尊儒术’是一个系列的文化工程”，包括“孔子地位的升格与神化，儒学与经学的汇合，创立适应时代要求的汉代新儒学，儒家学说的意识形态化和制度化”。[②]此后，汉武帝大力提倡儒学，使察举贤良制度化，为之以官爵，奉之以利禄，询之以议论；设立“五经博士”，同时罢废其他诸子博士；设立太学，以儒家经典教育生员，“以养天下之士”。这些措施对于树立儒学的独尊地位具有重要意义。汉武帝还实行了一系列神化皇权的措施，如行封禅之礼、太初改制、建立年号等，还将儒家的理论渗透到政治、法律、文化等各个领域，使之成为制定各项政策的理论根据。

经过朝廷的提倡，儒学成为官学，不仅体现在学术上的独尊地

① 郑师渠总主编，许殿才主编：《中国文化通史》秦汉卷，北京师范大学出版社2017年版，第269页。

② 张立文主编，周桂钿、李祥俊著：《中国学术通史》秦汉卷，人民出版社2004年版，第85页。

位，更重要的是它成为现实政治的指导思想，渗透到当时的礼乐制度建设之中，特别是博士官制度和太学的建立，更使儒家经学垄断了教育和官僚选任的途径，牢牢巩固了儒家经学独尊的社会政治基础。一方面，儒家经学由于官学的地位而得到广泛的传承发展，形成系统的知识体系和专门的学者队伍；另一方面，儒家经学的实质精神开始进入社会政治生活的方方面面，在皇族教养、官员选任、礼法建设上都发挥着指导作用。

汉武帝制定“罢黜百家，独尊儒术”的文教政策，是中国历史上和文化史上的划时代历史事件，是“儒家思想引导中华民族文化走向”的开端。冯友兰指出：“汉武帝和秦始皇都致力于从思想上统一中国，但武帝所采纳董仲舒的建议比秦始皇所采纳李斯的建议要温和得多。秦朝对各种哲学思想流派的方针是一律禁绝，造成思想界的真空。汉武帝则是在百家中扶植儒家，使它成为正统。”[①] 自此，儒家思想一跃上升到学术思想文化的主流地位，成为社会的统治思想。

这一政策几乎为以后各代统治者所遵奉，而至整个中国封建社会的历史，儒家始终道统不绝，占据着中国思想文化舞台的中心，为历代王朝提供理论基础，并对我国文化教育事业的发展，对中华民族的民族心理性格形成，产生重大影响。

在此以后，儒家思想凭借封建国家机器的权威力量，而被广泛融化渗透到社会生活之各个层次、各个方面，从而成为社会各阶层普遍的心理认同，主宰或影响着一般人的思维模式和行为方式。从某种意义上说，它规范并决定了秦汉时代整个文化发展的主导特征

① 冯友兰：《中国哲学简史》，生活·读书·新知三联书店2009年版，第226页。

与价值体系。而在儒家统领文化的格局确立后，哲学、史学、文学、教育、科学技术以至社会风俗等各个文化领域都越来越多地体现出儒家思想的影响。

我们看到，在汉代，儒家文化精神全面渗透到当时社会生活各个方面。这表现在具体的日常活动中，一举一动都严格遵循儒学的原理或广泛借用儒学的名目。当时，举凡朝廷的奏章或诏书，都大量引用“六经”或孔子之语，以证明其所作所为的合理性、必要性。这种情况代代传承，一直持续到明清时期，贯穿着整个中国古代社会，成为中华传统文化最有影响力和最有代表性的现象。

儒家何以独尊

本是先秦诸子百家中的一家的儒家，为什么会在中国传统文化中取得这样特殊的文化地位呢？这当然与官方的有意扶植、推崇和宣传有关。从汉代董仲舒提出“罢黜百家、独尊儒术”开始，历代王朝几乎都自觉地把儒家学说作为一种官方文化，不断通过对孔子本人及其门徒、传人和后裔加封等手段来强化儒学的文化地位，把“尊孔读经”作为主要的教育内容来强化儒家思想的传播。

儒学本身并不是一个完全封闭的思想体系，它以自己的同化能力和开放性把中国文化中各种有价值的思想学说纳入自己的观念框架中，变成儒家学说的一部分。历史上有所谓儒、道、释“三教合流”之说，实际上这种“合流”的本质是道与释汇合到儒的河流之中，是按照儒家的文化精神和观念框架剪裁和解释道与释，是以儒家思想为主体的“合流”。

但是，对于确立儒学的文化地位来说，最根本或最重要的，是儒学的精神蕴涵体现了中国传统文化的内在规定性，集中表达了中国传统社会的文化主题。所以，中国传统文化的主体或代表，就“应当是”儒家思想，而不能是其他别的学说。官方的强化作用，儒学对其他思想学说的同化和吸收能力，也都是由儒学自身的这种属性所决定的。

儒家思想的基本精神蕴涵和文化意义，主要表现在以下几个方面：

（1）儒家思想集中表达了一种农业文明的世界观。中国传统社会是一个农业社会。农业社会中的人们满足于维持简单再生产，缺乏扩大社会再生产的动力，因而社会运行缓慢迟滞，大体呈现静止、稳定、和谐的特点。儒学的文化意义首先在于，它以哲学运思的方式，把中国传统农民的世界观理论化系统化，建立起中国人“看”世界的思想观念体系。例如儒家主张“天人合一”的自然主义精神，提倡顺应自然、服从自然，并且用自然现象论证社会秩序，强调人与自然的和谐。在儒家哲学中，人们感受到的不是改造和征服自然的宏大气势，而是一种田园诗般的宁静和安详。人与自然处于同一有机整体之中，人与自然的对话是宇宙有机整体的内部交流。儒家提倡的人生的最高境界是“知天命”，顺应“天命”，从而达到与宇宙的交融与“合一”。这种自然主义的世界观表达的正是在农耕经济形态下生活的人们对宇宙的基本感受。

（2）建立起一套完整的伦理道德规范体系。中国传统社会是以家族为本位的宗法社会，血缘人伦关系是宗法社会中最基本的人际关系。在宗法社会里，道德的威力始终被看得比法律更有效。这种情况决定了中国传统文化是一种以家族伦理为中心价值取向的伦理型文化。儒家对中国宗法制度下的人际关系进行了理论上的概括与总结，形成了一套完整的伦理道德观念和理论体系，构成中华文化意识形态系统的核心。儒家的伦理道德体系以孝、仁、忠、义为基本范畴，详细和明确地规定了宗法社会的人伦秩序，即“父子有亲，君臣有义，夫妇有别，长幼有序，朋友有信”。其中“仁”是儒家文化的最高的普遍原则，“仁”被作为协调人际关系和个人与社会关系的出发点和尺度。历代儒家学者为论证和完善这套伦理道德体系做了大量的工作，不仅使宗法制度的“礼治秩序”合法化和伦理化，而且通过它的教化功能，使人们把对“礼治秩序”的外在遵从内化为自觉的道德意识和行为准则。

（3）强化了中国传统文化的“大一统”意识。在中国的文化观念中，历来认为只有天下归于大一统，才会安宁下来。实际上，中国自商代开始，就有了一个形式上的“中央”。到秦汉时期，建立了统一的中央政府，实行封建专制主义的政治统治，同时也要求在思想、意识形态上实行统一。在这方面，儒家学说发挥了极为重要的作用。一方面，儒学被历代政府奉为官方的意识形态，为统一思想提供了一个可以普遍接受的基础。另一方面，在历代儒学中贯穿着一个基本精神，即“道统”观念。这种观念主张中国文化在性质上的“一本性”，强调“大一统为常道”。例如董仲舒说：“《春秋》大一统者，天地之常经，古今之通谊也。”（《汉书·董仲舒传》）许多儒家学者都自觉地把承续“道统”作为自己的使命和责任。中国文化传承久远，儒家思想历久不竭，固然有多种原因，但与儒家对“道统”观念的自觉与强化不无关系。

儒家思想以农民世界观、伦理精神和“道统”观念为基调，精辟地总结了中国人的生活方式，概括了中国传统文化的基本价值取向和精神内涵，成为这一文化系统的无可替代的主体和代表。虽然历史上曾多次出现过反儒或与之抗衡的思想，虽然历经几千年的历史筛选和沉积，后来的“儒家”已与“原始儒学”有许多不同，虽然我们今天的研究揭示出许多中国文化多元聚合的例证，但是，只要我们讲到传统文化，甚至只要我们讲到中华文化，便离不开儒家和儒学，离不开对儒家思想的判断、评说和估价。儒家思想作为中国传统文化的主体和代表的文化地位，是我们无法回避的一个历史事实。

经学成为学术文化的源头

汉武帝“独尊儒术”文化政策的推行，使儒学成为汉代文化思潮的主流，被儒家奉为经典的“六经”的研究也成为一门专门学问——经学。作为由统治者所“法定”的典籍“六经”，被赋予神圣不可改变的性质，奉为指导一切的常法。因此，“六经”“不仅是官方颁布的教科书，更主要的是已经成为官方意识形态的体现者，即由皇帝钦定的国家与社会的指导思想，控制社会、维系统治的重要工具和行为规范准则”[①]。每个民族、每个文明都会有自己的“经学”。经学蕴含的价值对国家统一、民族融合产生了重要的影响。

这种国家经典的确立对于汉代及其以后学术思想文化意义重大。美国汉学家陆威仪指出：“这种国家经典，不但使皇帝成为帝国价值体系的倡导者与捍卫者，还使他成为践行这些价值的人所仿效的楷模，以及为人们所共享的教育和文化生活的基础。最后，共

① 龚书铎总主编，黄朴民等著：《中国文化发展史》秦汉卷，山东教育出版社2013年版，第48页。

同的文化体系把所有从事帝国事务以及渴望为帝国服务的人都连接起来。在后来的若干世纪里，通过传统戏曲、大众文学以及启蒙读本等方式，文化开始渗透到社会底层。”[①]

经学是汉代官方之学。所谓经学，乃是指历代专门训解和阐发儒家经典文义与理论之学。两汉经学的本质“是汉代统治者有意识提倡、发扬的儒学经典化、教条化和范物化”[②]。

“独尊儒术”虽然结束了“百家殊方”的局面，但是并未结束学术思想的争鸣。在汉代，儒学内部的学术争鸣，始终十分活跃，并且形成了不同的流派，笼统地说可分为今文经学和古文经学之争。不过，今文经学和古文经学，“在推崇孔子、推崇‘五经’上它们没有什么区别，在信奉大一统论、天人感应论、纲常名教上它们也没有什么区别”[③]。

汉代时历经战乱兵燹，先秦儒家的典籍，原本多佚，只是在民间通过师徒父子口授相传。如田何传《易经》，伏生传《书经》，申培传《诗经》，高堂生传《礼经》，公羊、穀梁两家传《春秋》。这些儒家经典皆是用当时流行的文字隶书记录整理而成，故称为“今文经”。当时盛行一时的经学也称为“今文经学”。所谓“古文经”，即经各种途径发现的前代儒家经书，这些经书用古籀文写成。

经学的“今古文之争”，不仅表现在文字、版本、篇目有别，

① [美] 陆威仪著，王兴亮译：《早期中华帝国：秦与汉》，中信出版社2016年版，第4页。

② 龚书铎总主编，黄朴民等著：《中国文化发展史》秦汉卷，山东教育出版社2013年版，第133页。

③ 张立文主编，周桂钿、李祥俊著：《中国学术通史》秦汉卷，人民出版社2004年版，第5页。

而且有真伪之辨，更主要的是学术观点和方法上有重大分歧。“通经致用”是汉代经学的一条重要原则，它包括两方面的内容：一是“通经”，要求学通经书；二是“致用”，要求以经学用世。从总体上说，今文经学的视角是政治的，讲阴阳灾异，着重发掘经文背后的微言大义，目的在于利用经说为现实的政治服务，表现了崇尚功利的学风。古文经学的视角是历史的，讲文字训诂，究明典章制度，着重探讨经文本义，不凭空臆说。前者学风活泼，又往往流于空疏荒诞；后者学风朴实，却常常失之烦琐。

从汉武帝至西汉末，今文经学居官学正统地位，《春秋公羊传》为其代表经书。汉武帝时的“儒学独尊”，实质上是今文经学独尊，是以董仲舒为代表的“春秋公羊学”的独尊。董仲舒正是据《春秋公羊传》构建起天人一统图式，对中华传统思想文化产生了至远至深的影响。王莽摄政后，开始推崇古文经，古文经学盛极一时，到东汉时又获得了更大发展，尤其是东汉后期，出了马融、许慎、郑玄等几位著名的古文经学大师，他们深究经义，兼采今文之说，在学术上占有了压倒的优势。

东汉末年的郑玄，不拘泥于师承门户和学派壁垒，遍注古、今文群经，成为集两汉经学之大成的总结性人物。郑玄的“注解成为此后一千多年儒家经典的权威解释”[①]。后来经过西晋末年的永嘉之乱，今文经典丧失殆尽，而古文经学却流传不绝。事隔一千年之后，在清末时今文经学才重新出现。

汉武帝“独尊儒术”，重点就是推崇“五经”。魏晋南北朝玄学兴起后，削弱了“五经”作为儒家思想的核心作用。至隋唐开始，经学出现了新的局面。儒家经文是儒家全部政治、哲学、道德

① 吴小如主编：《中国文化史纲要》，北京大学出版社2001年版，第63页。

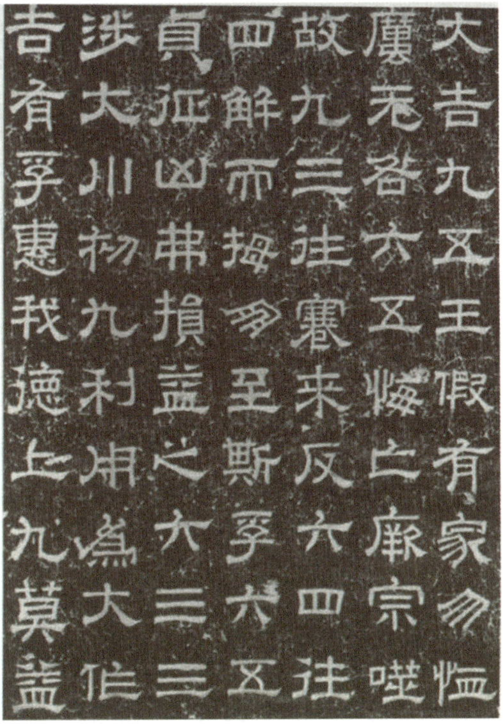

东汉《熹平石经》拓片，《熹平石经》是中国历史上最早的官定儒家经典刻石，洛阳金石文字博物馆藏。

思想的集中体现。唐太宗认为儒学多门、章句繁杂、异说纷纭，给学校教育和科举考试带来了一系列的困难，同时也大大削弱了儒学的权威性。因此必须重振儒术，对儒经加以整理和统一。贞观四年（630），唐太宗命国子祭酒颜师古“于秘书省考定五经文字”。颜师古用了约三年的时间，将“五经”文字校定完毕。唐初国子博士、经学家陆德明撰《经典释文》30卷，是关于儒家经典之源流、版本、音韵的重要著作，注儒家经典12种，为经学统一作出重要贡献。

唐太宗还以“文学多门，章句繁杂”，诏国子祭酒孔颖达等诸儒，撰定“五经”疏义180卷，名曰《五经正义》。《五经正义》之正义，就是正前人之义疏。对于前人关于儒经的种种繁杂的注疏，来一番彻底的清理。《五经正义》结束了汉魏以来经学纷绘驳杂的局面，表现了唐代儒学的开放性和多元化特征以及融合各家学术的趋向。唐太宗对孔颖达这一工作十分赞赏，说："卿等博综古今，义理该洽，考前儒之异说，符圣人之幽旨，实为不朽。"（《旧唐书·孔颖达传》）

《五经正义》撰定后，即于贞观九年（635）付国子监施行。这个"五经"定本颁行以后，使"五经"有了标准本，诸经文字完全统一，克服了以往因文字不同而理释各异的弊病。后又于贞观十六年（642）和永徽四年（653）颁行天下，令士子诵读，不仅作为学校教育的官定教材，而且科举考试也以之为依据。

《五经正义》的撰定与颁布标志着儒家经典的统一和正统地位的确立。撰定《五经正义》对于教育和选士也有着重大的影响，由此，教育思想、教育内容又趋于统一。科举取士以儒经为准，有了准确、标准的统一要求。

经过这些统一经学的重大措施，南北朝时期形成的经学分南学、北学的局面而终归于统一。这是唐朝在经学方面的重要贡献。

儒家经典，被秦始皇焚书后，除《易经》外，大都成断简残篇，缺佚散乱。经汉代的收集、发掘、整理，又把儒学提到独尊地位，才使这一思想传统得以保持。在整理、注释、传授儒经的过程中，汉文字学、训诂学得到了充分发展，使保存文化典籍，总结历史经验，成为延续至今的民族传统。隋唐时期，虽然学术界曾有人试图完成以儒为主，调和释、道的思想工程，但是，儒学尚无力兼容思辨程度高于自己的佛学，佛教心性义理之学和万物生成思想达到了高度抽象的理论水平，成为唐代思想界的主流。

理学对儒学的革新

到了宋代，出现了儒学发展的新形式——理学。理学又被称为“新儒学”。近年来从海外学术界传来的“新儒学”与我们所讲的“新儒学”不是一回事。现今所说的“新儒学”往往还要加上“现代”的限制词，称“现代新儒学”。现代新儒学家们自认为是儒学发展的第三期，而推宋代理学为儒学发展的第二期。

北宋初，学术界仍沿用唐代钦定的《五经正义》。庆历以后，风气渐变，疑经、改经、删经成学界时尚。宋代一些儒生、学者一方面“舍传求经”，直接面向儒家经典，一方面疑经改经之风盛行，不再专注于经典文本和语句的字面，而是根据自己的思想观点去取舍儒经和解说经书，着重发挥经文“义理”。他们认为经典本身的作用只不过是“载道之具”，而其中所包含的成贤成圣、修齐治平的道理才是更根本的，将章句训诂改造成阐发义理，促使儒学从章句注疏之学向义理之学发生转变。

这种自由解经的方法，充满了革新精神，影响了一代学风。这种思想潮流，在一定程度上打破了儒家经典和注疏的权威地位，是对传统经学的某种否定和批判，也是当时学术界的一次思想解放。

义理之学的主要形式是理学。“理学是以儒学思想为主，汇通、熔铸了释道思想精华而形成的一个纳自然、社会、人生为一体的博大的思想文化体系，是宋元时期思想文化的主流，是学术史上具有划时代意义的标志。”①

宋代学术思想非常活跃，各种学派纷纷设帐讲学，著书立说，

① 王育济等著：《中国文化发展史》宋元卷，山东教育出版社2013年版，第130页。

各抒己见。其著述之丰，人才之盛，学派之多，远远超出先秦“百家争鸣”时期的诸子之学。仅就理学而论，宋代有四个主要学派，一般称为“濂、洛、关、闽”四派。“濂”指原居濂溪的周敦颐；“洛”指洛阳的程颢、程颐兄弟；“关”指陕西的张载；“闽”指南宋时讲学于福建的朱熹。

关于这四个学派之间的传承关系，后世学人黄百家在《宋元学案·濂溪学案》的按语中认为，自孔孟之后，汉氏儒家只有传经之学，“性道微言之绝，久矣。元公（周敦颐）崛起，二程嗣之，又复横渠（张载）诸大儒辈出，圣学大昌”。又说：“若论阐发心性义理之精微，端数元公之破暗也。”就是说，宋儒的“心性义理”之学，是由周敦颐首先阐发，而后才由于二程、张载诸儒辈出，方出现“圣学大昌”的局面，之后则又有朱熹集其大成。这便是后来所称“濂、洛、关、闽”的理学流派。

周敦颐是理学的开山祖师和理学思想体系的奠基人。周敦颐的主要著作有《太极图说》、《易通》（又名《通书》）、《爱莲说》、《拙赋》等。周敦颐认为“太极”是最原初的、绝对的实体，太极肇分阴阳，阴阳派生五行，五行再派生四时、万物，万物又生生不已，遂成世界。世界是物候变化的体系，它们自有派生和化生的规律，这种规律的往来反复就是“道”。由此，他构造了一个纳自然、社会、人生为统一体系的宇宙生成模式，并且从宇宙本体论的高度对人性和道德伦理作了论述。这是以往儒学所不及的。他的《太极图说》和《易通》后来成为理学家的必读书籍。他所使用的范畴，如无极、太极、阴阳、五行、动静、性命、善恶、主静、礼乐、无欲、顺化等，也都为后来的理学家反复引用和发挥，有的则构成理学范畴体系的重要内容。

程颢、程颐二兄弟从周敦颐读书，便开启了他们探究道学（即理学）的生涯。二程的学术理论，虽各有千秋，如程颢重内心体验而治理学，程颐重宇宙、社会而言理学，但是理本论思想则是一致的。二程留下的著作有《遗书》《外书》《文集》《易传》《经说》《粹言》等，后人把以上六书合辑为《二程全书》。

二程“洛学”，上承周敦颐“濂学”，中融于张载“关学”，下启于朱熹“闽学”，具有一以贯之的特征。二程“洛学”的主要特色，在于把“天理”作为宇宙本体和理学体系的最高范畴，这在宋代理学中具有开创性的意义。他们认为“天即是理”，“天理”是宇宙万物的本原，是最高实体。“天理”既超越万物之上而永恒存在，却又产生和支配着万物。并且，“天理”还是社会伦理道德规范和社会等级制度的总和，把后者看做是“天理”的重要内容，是“天理”在人间社会的具体表现形态。因此，忠君、孝亲、爱兄、尊祖等都是“天理”所赋予人的本性。他们还把“天理”与“天命”联系起来，“言天之自然者，谓之天道。言天之付与万物者，谓之天命”。相信“天命”就是服从“天理”。二程认为人性是与“天理”等同的，是“天理”在人身上的体现。因而，道德修养的核心就是“存天理，灭人欲”，克制自己的“私欲”，通过自觉恪守礼仪而达到对“天理”的体认，达到仁的最高道德境界。

张载所创的“关学”也是理学开创阶段的一个重要学派。张载“关学”气象博大，旨在“为天地立心，为生民立命，为往圣继绝学，为万世开太平”。“关学”的主要特点，一是提倡“学贵致用”，反对空谈，主张学术要与政治、经济、军事等社会现实问题联系起来，力图使学术服务于现实。二是重视古礼，株守儒学。他非常重视恢复古代礼仪制度，对当时流行的不合古礼的礼仪竭力予以纠正。张载哲学思想的核心是“气本论”学说。他把以“气”为本体的世界看作是一个充满生气的、有机的宇宙整体，处在永恒的变化之中。张载还进一步从“气本论”出发，探讨了人性和道德问题，提出“天地之性”与“气质之性”的区分，人要善于反省，变化气质，以体现“天地之性”，就会自然合乎道德标准而成为君子。气质不好也可以通过学习和提高道德修养来改变。

张载的“关学”和二程的“洛学”在北宋时皆为显学，各有传人，一时颇具声势。及至南宋，朱熹在继承发展二程“洛学”的基础上，又博采周敦颐“濂学”、张载“关学”等理学学派的部分思想，集北宋理学之大成，并吸取了佛、道的某些思想资料，从而建立了“闽学”学派和丰富而完整的“朱子学”思想体系。

朱熹是中国思想史上最有建树者之一，在经学、史学、文学、考释古籍以至自然科学等方面，均有成就，后人称朱熹为中国古代最伟大的学问家和思想家之一。

朱熹理学思想体系的核心是“天理论”，认为“理”或“天理”是宇宙之本体、天地万物的根源。“理”或“天理”还是社会道德规范的源泉，一切道德和礼仪的准则，都是“理”或“天理”的体现。他认为，作为道德规范与准则的“理”，是先于各种社会道德关系而存在的，“未有君臣，已先有君臣之理；未有父子，已先有父子之理”。朱熹对“天理”绝对性和实在性的论证，正是给“三纲”“五常”的道德规范和准则寻求形而上的根源。朱熹的“格物穷理”说，在于把握“天理”“要在明善”，从而把仁义礼智信的“五常之德”赋予“天理”的哲学高度，以提高自身道德的自觉性。主张“格物穷理”要讲究先后缓急之序，首先应明人伦、讲圣言、求世故，进行道德践履与体验。

朱熹总结了北宋以来理学的成就，为理学集大成者，其理学体系更为严密、丰富。朱熹思想学说不仅是理学的成熟形态，也是中国儒学发展的一个新阶段。朱熹理学思想在当时和后世，都产生了很大影响。南宋理宗宝庆元年（1227）下诏赠朱熹为太师，追封信国公，并认为朱熹注“四书”，“发挥圣贤蕴奥，有补治道”，提倡习读朱熹著作。从此，以朱熹为代表的理学就成为正统思想，在学术思想领域中确立了统治地位。宋代理学体系的形成，标志着中国古代学术思想领域发生了一次新的变革，儒学进入了新的历史阶段，演化为哲学化、抽象化的新儒学，形成了一个内容包罗万象、形式严密完整的理论体系，是继先秦百家、两汉经学、魏晋玄学、隋唐佛学之后，于11—12世纪崛起在中国古代思想史上的又一座高峰。

宋儒吸收了汉经学、唐佛学的精髓，扬弃了经学专事注疏的僵化和佛学追求虚幻的消极成分，把佛学养神修行、涅槃寂静、祈求来世的出世，引入到儒学“齐家治国平天下”的入世，又把儒学简单的伦理纲常上升到“存天理，去人欲”的理论高度，完成了以儒学为主干，包容佛、老及诸子的理论创造。由于这一思潮将孔孟之道重铸成博大精深的学说，又使其贴近现实、易于实践，因而自宋起被历代立为正统思想，统领学术，规范人伦，指导社会，在当时和以后产生了广泛而深远的影响，被视为影响中华文明700年的正宗道统之学。

宋儒学的成就，达到了对汉、唐学术的超越，为此而被称作“新儒学”。宋以后的元明两代，虽各有杰出的思想家、学问家立世，其学术成就对中国思想史各有不可磨灭的贡献。但是，就学术界整体而言，其水平远未超过宋儒学，也没有形成新的思想体系。在这个意义上，元、明学术是宋儒学的延续。

汉画像石《授业图》。

第十章　儒家文化传承的制度建构

孔庙祭祀制度的诞生

自汉武帝提倡“独尊儒术”以后，孔子就从一个民间私学的教师，开始逐步走上神坛，成为崇拜和祭祀的对象。他的封号也不断加码，成为“至圣先师”。建孔庙，祭祀孔子，是中国古代重大的礼仪活动，是儒家文化代代相传的一项重要的制度性安排。绵延两千余年的孔庙祭祀，是中国文化史上非常独特的一种文化现象。顾炎武在《日知录》中说：“古人每事必祭其始之人，耕之祭先农也，桑之祭先蚕也，学之祭先师也，一也。”

孔子去世后，孔子的弟子将孔子所居旧宅改造为庙，即阙里孔庙，成为后世孔庙的雏形，开启了孔庙祭祀的历史。最初的立庙是为了追慕悼念孔子，将孔子生前穿过的衣物、乘过的车、用过的琴等遗物收集于孔子生前故居内，以作纪念。但在孔门师生之间的这种祭祀活动，尚属于民间的祭祀活动。司马迁说，汉代之前，鲁国人已经有了对于孔庙的持续祭祀。《礼记》说："凡始立学者，必释奠于先圣先师。"

我国古代非常重视祭祀，有所谓"国之大事，在祀与戎"之说。汉武帝实行"独尊儒术"文化政策之后，就有了对孔子的祭祀活动。此后一直延续到清末，绵延不绝。汉高祖十二年（前195）十一月，高祖刘邦自淮南还京，经过阙里，以太牢祭祀孔子，开皇帝亲祭孔子之先。汉代祀孔都是在阙里孔庙。东汉以后，已在太学举行对孔子的释奠之礼，但尚无庙宇的建筑。元始元年（1），汉平帝追谥孔子为"褒成宣尼公"，孔子后人孔均为褒成侯，奉其祀。自此，孔庙愈受重视。东汉建武五年（29），光武帝过阙里，命祭孔子。明帝、章帝、安帝均曾到曲阜祭祀。永兴元年（153），汉桓帝下诏重修孔庙，任命孔和为守庙官，并立碑以记。

汉代以后的魏晋南北朝时期，历朝都推崇儒学，把儒学列为官方教育的主要内容。这一点在十六国时期的五胡政权也是一样。北魏王朝的统治者不但主动吸收儒学，自觉儒化，而且积极推行儒家礼仪制度，多次祭奠孔子，公开举起儒家的旗帜。北魏建国后，道武帝告令天下，收集经书，作为治国的方略。又立太学，置五经博士，以儒学作为他立国的理论根据。北魏崇儒之风，在孝文帝拓跋宏时达到了高峰。中央官学之内建置孔庙，始于孝文帝之际，是推崇儒学的重要举措。

到了隋代，隋文帝一面崇儒，一面兴学，自京都至州县均设学校。文帝还亲至国子学参加释奠礼，奖励国子生，考选国子生为官。唐朝建立后，明确提出“守成以文”的文教政策，推崇儒学，整理儒家经典，进一步提高儒家学者的社会地位。有唐一代，孔子的地位不断提高，荣衔、封号接踵而来。唐朝诸帝都很重视弘扬儒学，从高祖到昭宗，皆亲临国子监释奠，皇太子释奠则更为经常。唐高祖于武德二年（619）下诏兴仕崇儒，以周公为先圣，孔子为先师，于国子监各立庙一所，四时致祭。又于武德七年（624）亲自到国子学参加释奠礼。唐太宗贞观元年（627），下令取消周公祠，专立孔子庙，升孔子为先圣，以颜回配享。这是中国历史上国家教育机构第一次专祭孔子之始，以后成为一项制度。自此，全国学校遍设孔子牌位，官学祭孔沿袭成习。唐玄宗开元二十七年（739），追谥孔子为“文宣王”。孔庙称为“文宣王庙”。

唐朝对曲阜孔庙进行了大规模整修和扩建。贞观十一年（637），唐太宗诏兖州建阙里孔子庙。唐高宗乾封元年（666），因旧庙简陋，高宗令兖州都督霍王李元轨“改制神宇”，对孔庙进行史上第一次的大规模改建。这次扩建，扩大了孔庙原先的范围，虽仍以“庙屋三间”为制，但庭院及外观大有改观。建筑采用多层斗栱，墙壁开窗，环以步廊于其四周。孔庙殿堂建于灵光殿旧址。唐玄宗开元七年（719），又“树缭垣以设防”。孔子塑像居中坐北朝南，着王者服，外罩儒者衣。唐代宗大历八年（773）新建庙门。唐代的孔庙已初具规模。唐代以后，历代都对曲阜孔庙进行过扩建和维修，千年以来，孔庙总共经历大修15次，中修31次，小修数百次，终于达到现如今九进庭院的宏大规模。

贞观四年（630），诏各州县学皆立孔子庙。从此后，除曲阜孔庙以外，孔庙不但成为学校不可分割的一部分，而且是学校的中

心地。学校孔庙的建筑属于宫殿式，庙宇朝南，基本上仿自曲阜孔庙，可分为南北两类：南方式建筑，以木材为主，装饰复杂，屋脊两端翘起；北方式建筑较为朴素，水平式屋脊，斗栱变化少。主要的建筑物，包括大成殿、崇圣祠、东西庑、明伦堂、棂星门、泮池等。

唐太宗时开始，在孔庙建立从祀制。在此之前，若以孔子为先圣，只以颜渊为先师配享。贞观二十一年（647），诏以历史上著名的儒家、经学家左丘明、卜子夏、公羊高、穀梁赤、伏胜、高堂生、戴德、戴胜、毛苌、孔安国、刘向、郑众、杜子春、马融、卢植、郑玄、服虔、何休、王肃、王弼、杜预、范宁22人配享孔子庙庭。玄宗时从祀者增为十哲、七十二子、二十一贤。宋以后到明清，从祀制定为配位（有四配）、哲位、先贤、先儒；哲位以下的人数，随时代而递增，分列在东西两庑。从祀的标准，依清代的规定是："阐明圣学，传授道统。"明代儒家学者王世贞说："太庙之有从祀者，谓能佐其主，衍斯世之治统也，以报功也。文庙之有从祀者，谓能佐其师，衍斯世之道统也。"孔庙祭祀孔子，乃为尊祀其教、尊祀其道。孔庙以后儒配享、从祀，乃为衍续儒学道统。自唐以后，从祀孔庙之制，遂成为文人学者最高的荣誉。

孔庙的祭祀仪式，唐宋以后逐渐形成一套专用于孔庙的祭礼"释奠礼"。"释奠"又称"丁祭"，这种祭仪规定在每季度的仲月（二月、五月、八月、十一月）上丁日举行，届时孔庙供奉的历代圣贤大儒都会与孔子一起受到祭祀。

各地各级的孔庙分为礼制性庙宇和非礼制性庙宇，但凡列入国家祭典的孔庙都是礼制性庙宇，孔子后代的家庙、孔子活动过的地方所建的纪念性庙宇，以及书院内的祭祀庙宇等是非礼制性庙宇。

礼制性庙宇是由国家倡导和推行的，它的建筑模式、体量、色调以及祭祀的内容、等级等，都必须遵循国家认可的规范和准则。在孔庙系列中，太学国庙和曲阜祖庙处于最高等级，府之庙学高于县之庙学，但无论级别高低，其精神如一，在建筑构成和祭祀活动上大体都依循一套共同遵守的原则。

宋初各地的孔庙，经唐末五代长期战乱的破坏，大多毁为废墟，就连一向被奉为圣地的曲阜孔庙，也只残剩一副“触目荒凉，荆榛勿剪；阶序有妨于函丈，屋壁不可以藏书”的景况（《金石萃编》）。宋太祖即位的当年（960），即诏令增葺开封文宣王庙祠宇，塑绘先圣亚圣、十哲、七十二贤及先儒二十一人的像，又亲自撰写孔子、颜回真赞。京兆长安孔庙的重修也开始进行。王彦起任京兆府尹时，主持整修文宣王庙，自出俸银，修饰、扩建庙内讲学黉舍及安置《开成石经》与藏书的库府、堂宇，并刊石《重修文宣王庙记》，以昭示天下与后世。

太平兴国八年（983），太宗诏谕大臣，自谓嗣位以来，虽遍修群祀，而以鲁国夫子庙堂未加修葺为憾，命令大臣着手重修曲阜孔庙，并指出，若孔庙无大壮之观，则民无所观化。宰相吕蒙正亲撰碑铭，盛称：“夫子无位立教，化人以文行忠信，敦俗以冠婚丧祭，为民立防，与世垂范；用之则昌，不用则亡。”（《金石萃编》）

重建东京开封、京兆长安及兖州曲阜的文宣王庙，对于全国各地孔庙的修复工作和文教活动，具有政策导向和示范性的作用，为恢复儒学的正宗统治，进一步实施尊孔崇儒的文教政策，奠定了象征性的物质基础。太宗还打破科举常例，诏赐孔子后裔孔士基同本科出身，以此作为褒奖先圣后裔的象征。又正式赐封孔子后裔孔宜袭文宣公爵位，官拜右赞善大夫。恢复以前历朝优待孔氏的惯例，免除孔宜家族租税。

大中祥符元年（1008），宋真宗泰山封禅归途，又前往曲阜，亲临孔庙祭奠，诏封孔子为“至圣文宣王”，孔子以下七十二贤也列次封谥公侯伯爵。同时，赐孔子第四十六代孙同学究出身。宋真宗御制《至圣文宣王赞》，表达了崇儒尊道，志在易俗化民，仰师彝训的意图，称孔子为“亿载之师表”：“立言不朽，垂教无疆……人伦之表，帝道之纲。”不久，赐曲阜元圣文宣庙九经三史，诏令兖州选儒生讲说，以此重振孔庙庙学。宋末学者熊鉌说：“尊道有祠，为道统设也。”

在元朝建立之前，元太宗窝阔台占领燕京，即接受宣抚王檝的建议，将全国的枢密院改成宣圣（孔子）庙；后又诏令各路、州、府、县复修孔庙；并诏以孔子第五十一世孙孔元措袭封衍圣公，付以林、庙地。元世祖中统二年（1261）元月，诏令各地：“宣圣庙，国家岁时致祭，诸儒月朔释奠，常令洒扫修洁。今后禁约诸员使臣军马，无得庙宇内安下，或聚集理问词讼及亵渎饮宴，工匠于其中营造，违者严加治罪。”并对在孔庙中孔子及先哲的位置排列和祭祀的礼仪作出明确的规定。同年八月，“命开平守臣释奠于宣圣庙”，至元四年（1267）正月，“敕修曲阜宣圣庙”，五月，“敕上都重建孔子庙”。在祭孔时，孔子与三皇、社稷、风雨雷师的祭祀相同，春秋两祭，享受最高的礼遇。元成宗即位之初（1294），尚未改元，即诏令“中外百司官吏人等，孔子之道，垂宪万世，有国家者，所当崇奉。曲阜林庙，上都、大都，诣路、府、州、县、邑庙学、书院，依照世祖皇帝圣旨……施行”。到了元武宗即位后，进而加封孔子为“大成至圣文宣王”，为立碑碣，颂扬“先孔子而圣者，非孔子无以明；后孔子而圣者，非孔子无以法”。

明清两代继承了传统的统治经验，大力提倡儒学，极力尊崇孔子，规定诸生必须学习儒家经典，同时坚持祭孔活动。清代开国之初，就在京师国子监立文庙，内有大成殿，专门举行一年一度的祭孔大典，并尊孔子为“大成至圣文宣先师”。祀礼规格又进化为上祀、奠帛、读祝文、三献、行三拜九叩大礼。

至明清时期，遍布全国的孔庙已有1560余座，尚不计海外为数众多的孔庙。孔庙又被称作文庙、夫子庙、文宣王庙等，尤以文庙之名更为普遍。其中南京夫子庙、曲阜孔庙、北京孔庙和吉林文庙并称为中国四大文庙。孔庙数量之多、规制之高，建筑技术与艺术之精美，在我国古代建筑类型中，堪称是最为突出的一种，是我国古代文化遗产中极其重要的组成部分。

孔庙祭祀制度存在并延续了两千多年，是古代中国尊崇孔子最为直接的方式。历代王朝对于孔子的褒封和祭祀，起到了引导士子、推动文化、弘扬教化等方面的作用。

官学教育体系

自汉武帝提倡“独尊儒术”以后，一直到清代末期，两千多年，无论是官学还是私学，无论是书院还是乡学，都把儒家经典作为主要的课程，作为选官制度的科举制，也是把儒学作为主要的考试科目。这是儒家思想得以传承的一项非常重要的制度性安排。儒学的“独尊”，首先是在教育领域获得了独尊的地位，历代读书人也就都成为儒生。

教育活动与人类的出现、发展是同时的。有了人类的生产生活，就有了最初的教育和文化传承。在原始社会已经出现了教育的最初形式。西周时，教育体制已初具规模。西周已经出现了相对独立的学校教育机构，并有了从王室到诸侯列国大体连贯的学校教育网络。在此基础上，西周还形成了以礼乐为核心的教育内容。这种内容逐步扩展深化，最终形成了较完整的“六艺”教育的课程体制，奠定了中国古代教育的底蕴，其后又经孔子为代表的先秦儒家学派的继承和发展，对中国几千年的古代社会教育产生了深远的影响。

汉代教育确立了中国封建教育的雏形，特别是汉代教育的宗旨、官学和私学的设施、教育的内容、组织形式和教学方法等，均为后世整个封建时代的教育奠定了坚实的基础。中国封建教育的一些主要特点，如教育为封建政治服务——培养官吏和实行教化，道德教育的支配与主宰地位，以儒家经典为主要的教学内容，多种形式的办学途径，学校教育作为整个社会的组成部分，养士与取士相结合，“学而优则仕”的制度化，贵诵记、精读专攻的教学方法等，在汉代教育中都已显见端倪。

汉代提倡“独尊儒术”，专以儒家经术和儒家倡导的伦理道德作为选拔人才的主要标准。董仲舒向汉武帝建议的三大文教政策，即“罢黜百家，独尊儒术”“兴太学，置明师”“重选举，广取士”，建构出一个“教育—选士—尊儒”的利用学校教育来为官方正统的意识形态服务的有效模式。这一教育政策起到了借儒术独尊来保证政治法纪、思想意识的大一统的作用。“教育—选士—尊儒”，一方面，它使先秦儒家“学而优则仕”的思想有了制度化的保证，另一方面，学校成了儒学传播的专门场所，士人也都变成了儒生。

在西汉时期形成了我国封建官学制度基本格局：分中央官学与地方官学两类；有初等教育（庠、序），中等教育（学、校），高等教育（太学）三级；以儒学为主体，官立学校为主干，兼有其他专业教育和职官教育。

汉武帝元朔五年（前124），创建太学，标志着我国封建官立太学制度的确立。汉代太学初建时规模很小，只有几个经学博士和50个博士弟子。至汉代中期昭帝、宣帝时，太学得到一定的发展。东汉质帝时，太学生多至3万人，这种情况一直延续到东汉末年。“相距不到三百年，学员增加至六百倍，那种惊人的发展，可以想到这一个制度在当时所发生的影响。”①

汉代太学创立了我国古代传统的教学形式和管理方式，即以经师讲学为主，学生互教为辅，注重考试和自学。太学的教授称博士，其主要职责是“掌教弟子”、以教学为主，学生称“博士弟子”。博士必须德才兼备，要有“明于古今”“通达国体”的广博学识，具有温故知新的治学能力，应当为人师表，使学者有所“述”，又可以尊为道德的风范。太学博士多为一代名儒，对儒经都有专门研究，他们说经，具有讲学性质，致使太学在其初创阶段就有了学术性。两汉以来，凡国家所设立的学校都是以学习儒家经典为主。汉代中央官学除鸿都门学外，太学、宫邸学以及地方官学，其中包括郡县道邑所设立的学、校、庠、序都是以学习儒家经书为主的经学学校。

汉代的地方官学与行政区划是相一致的，分别称为学、校、庠、序。由课程设置可知，学与校程度相当，有经师之设；庠与序

① 钱穆：《中国文化史导论》，商务印书馆1994年版，第103页。

程度相当，有《孝经》师之设，比学、校低一级。汉元帝时，由于郡国学有所发展，朝廷颁布“郡国置‘五经’”。东汉时期，郡国学设置比较普遍，边陲僻壤都建了学校，例如西北的武威、东北的辽东、西南的九真等地都设立了郡国学。

汉代之后，官学的教育体制得以延续和发展。十六国时期，各个政权也都建立了自己的官学教育。如前赵“立太学于长乐宫东，小学于未央西……选朝贤宿儒明经笃学以教之”。太学的教师为“宿儒”。后赵立太学于襄国，“简明经善书吏，署为文学掾，选将佐子弟三百人教之”。前秦的苻坚于即位之初即大兴学校，创办太学，并召郡国学生通一经者和公卿以下子孙入校学习。苻坚的教育思想是进行正统的儒家经典教育，玄学和佛学一概被视为“非正道”，禁止讲授。汉代部分教育选举措施在前秦也得到恢复。前秦学校教育是十六国时期北方教育发展的一个高峰。“永嘉之乱，庠序无闻，及坚之僭，颇留心儒学，王猛整齐风俗，政理称举，学校渐兴。关陇清晏，百姓丰乐。”（《晋书·苻坚载记》）整个十六国时期，学校教育的持续性被打乱，各国的教育状况参差不齐，但是以儒学为核心的传统教育并未断绝，无论各少数民族国家或汉人建立的国家，均视儒学为教化的重心，并且都是继承两汉以来的办学传统，以儒家思想，特别是经学为主要教学内容。北方诸族所创立的政权，坚持以中华传统文化的核心内容儒家文化为教育的主要内容，是这一时期中华传统文化得以传承的一个重要原因。

北魏建立以后，学校教育从体制上可分为中央国学（太学）和地方乡学。太学置五经博士生员千有余人，并征北方名流范阳卢玄、博陵崔绰、赵郡李灵、河间邢颖、勃海高允、广平游雅、太原张伟等为博士，令各州郡荐举才学之士，儒学由此而兴旺起来。北魏中央官学的课程以儒家经学为主，给予经学以高度重视。

在南方，东晋时，王导在晋元帝即位后不久即上书主张“建明学业”“以训后生”“择朝之子弟并入于学，选明博修礼之士而为之师”。稍后不久，散骑常侍戴邈也上书兴学。王导和戴邈均从儒家思想来匡正时俗，笃道崇儒，反映了中国传统教育的核心始终未离开经学。建武元年（317），元帝“置史官，立太学”。大兴二年（319）又置博士员5人，并使皇太子于太学讲经行释奠礼。东晋太学或国子学的教学仍采取设博士教学的方法。博士不复分掌“五经”，而总称为太学博士，在博士下设助教以教生徒，课程设置为古文经学。

南朝的历代政权，都以儒学教育为核心。宋文帝元嘉十九年（442），下诏“大启庠序”“广训胄子”，并要求鲁郡修学舍，采召生徒，重新整修孔子坟墓，蠲墓侧数户以供洒扫，种松柏600株。次年国子学正式开学。著名儒家学者何承天“以本官领国子博士”，太子于国子学讲《孝经》。元嘉兴学如沈约所评“亦一代之盛也”。齐朝建元四年（482）诏具体规定国学“置学生百五十人”。永明三年（485）正月又下诏立学。齐武帝对国子学十分关注，永明四年（486）三月，他亲临国子学讲《孝经》。通过君臣努力，南齐“由是衣冠翕然，并尚经学，儒教由此大兴”。

至隋唐时期，学校教育得到了较快的发展。特别是到了唐代，从中央到地方设立了各级各类的官学，已形成一个较完整的学校教育体系。

国子学、太学、四门学、书学、算学、律学，统称“六学”，直属国子监领导。在这“六学”中，主体是以国子学、太学、四门学为核心的儒家经学教育的学校。所谓经学学校，就是以研习儒家经典为主要教育内容的学校。儒学在唐代整个教育体系中占主导地位。古代官学从一产生便是专门研究经学的学校。这种经学教育到了唐代，由于统治者确立了尊崇儒术的文教政策，选拔各级官吏均以精通儒术作为取舍升降的标准，士子亦皆以钻研经书为入仕的途径，所以便更加发展。

国子监中的国子学、太学、四门学，以及地方府、州、县的经学，其课程设置体现在教学计划中，分为必修课、选修课和专业课三类。据《唐令拾遗》《大唐六典》等记载，必修课为《孝经》和《论语》；选修课有《史记》《汉书》《后汉书》《三国志》《国语》《说文解字》《字林》《仪礼》《周易》《尚书》《春秋公羊传》《春秋穀梁传》共九经，修习时间各为3年。《毛诗》《周礼》《仪礼》，称为“中经”，修习时间各为两年。《周易》《公羊传》《穀梁传》和《尚书》，称为“小经”，《周易》修习二年，《公羊传》修习一年半，《穀梁传》修习一年半，《尚书》修习一年半。

由于唐朝采取各种措施设馆兴学，推动了学校迅速增加。唐朝教育的发达程度在当时世界上无以媲美，开创了中华民族古代学校教育史的新局面。

北宋在继承唐代教育体制的基础上，开展了三次兴学运动，宋代的官学教育体制逐步定型。太学一直是中央官学实际的最高学府，教学内容大体以儒经为主，兼习诗赋及策论。熙宁兴学之前，朝廷虽未明确规定太学的经学教材，但官定的《九经义疏》为较权威的经学读本。端拱年间，宋太宗诏令国子监刻印唐代孔颖达《五经正义》，颁行天下。宋真宗尤其重视经学教育，曾自称在东京讲《尚书》七遍，《论语》《孝经》各四遍，并强调：“宗室诸王所习，唯在经籍。”咸平三年至四年（1000—1001），又诏令国子监祭酒邢昺等校定《周礼》《仪礼》《公羊传》《穀梁传》正义，加以《礼记》《孝经》《论语》《尔雅》，及孙奭《孟子正义》，合唐人经注，为《十三经正义》，颁行天下，成为法定教材。同年，诏州县学校及聚徒讲诵之所，并赐“九经”。熙宁兴学至北宋末年，大多数时间都以王安石的《三经新义》及《字说》为主要经学课本。宋代州县官学形成了遍布全国各地的学校网络，其规模之广、数量之多，远远超过汉唐诸朝。州县学校的教学内容大体与太学相同，内容的取舍及侧重概随科举或太学舍试的内容而定。

宋代以后的元明清历代，官学教育都有所发展，并且在机构设置上有所变动增减，但以儒学为核心的教育内容一直没有改变，历代的各级学校教育都是以儒家学说为主要内容。从汉代一直到清末，儒学都是官学教育的基础。但不同时期对儒家经典的解释也有所不同。例如明永乐时表彰程朱理学，程、朱等宋儒对儒家经典的解释成为学校教育的法定内容。这些规定，奠定了明代学校教育内容的基本格局。

私学与书院

春秋战国时期，随着剧烈的社会变动，贵族对文化教育的垄断被打破了，出现学术、文化下移的趋势。官学逐渐解体，私学取而代之，出现了“学在四夷”的局面。“私学的兴起是中国文化史、教育史上开天辟地的大事件”[①]，是中国古代教育史上的一次划时代的革命。

① 吕文郁：《春秋战国文化史》，东方出版中心2007年版，第49页。

战国时期私学大为发展，成为百家争鸣的基础。秦始皇采取了禁私学、焚书坑儒等措施，但私学并未被禁绝，一批儒生学者隐匿民间，继续以私学教育私相传授，尤其是齐鲁一带仍保留着私人讲学的传统。在秦末战乱之时，私人教学仍然在继续。汉初，统治者尚无暇顾及兴学设教，文化教育事业更依赖私人教学维持。汉初在文教事业的恢复和建设中作出重要贡献的许多名儒学者，有不少就是秦朝以来隐匿民间的私人讲学大师及其弟子门徒。这时的私学教育承担了几乎全部的教育任务，使中国古代教育从未中断，而且有相当的发展，古代的文化典籍、科学知识主要通过私学教育得以保存和传播。参与汉代政治、经济、文化建设的人才，也大都是私人教学锻炼和培养出来的。私学师生成为汉初朝廷中官吏的重要来源之一。

汉武帝时期，开始兴办和发展官学。但私学并未因此而停顿，反而在官学发展的影响下得到进一步繁荣，成为官学教育的重要补充和汉代教育制度的有机组成部分。官学和私学相互补充，相互促进。武帝之后，私人教学相当发达，一些硕学名儒在未从政或任博士之前一直从事私人教学。未立为博士的经学大师，仍坚持私人传授，逐渐发展成今古文经学的长期激烈论争，从而更促进了私学的发展。有些人一面做官，一面收徒讲学，罢官后仍然继续从事私人讲学。

汉代教育的基本内容是经学教育。私人讲学大师都是精一经或数经的学者，他们以自己的专长传授弟子，吸收大批生徒于门下。东汉时专经讲授更盛，名师众多，收徒甚夥。东汉专经阶段的私人教学，逐渐确立了稳定的组织形式，建立了治学、讲学的基地，多取名为“精舍”“精庐”。精舍的建立，或在大师家乡，或选山水胜地，均带有避世隐居的性质。精舍讲学已初具学术讨论与研究性质，经师边讲边说，边著述。极似后世的书院，有人直接把“精舍”“精庐”视为最早的学院。

南北朝时期，私学呈现出较为繁荣的局面。私学的内容十分丰富，从总体上来看，经学在私学教育中仍占据重要地位，但已不拘于烦琐章句。儒学在社会上的影响仍然是最大的，博通五经者在社会上享有较高的地位。但是经学并没有沿两汉的老路走下去，在经学传授上重思考，重创新。南朝的诸多私学家既通经典，又习玄风，甚至集佛、道于一身。

唐初曾对私学有所限制，但开元中以后，则不作任何限制，而且鼓励私学发展，官学与私学教材相对一致，官私学学生学成后均可经过考试予以承认，使得私学成为一种重要的教育形式。办私学的有在职官吏和无意仕宦的及政治上失意的儒士，也有借此换取斗筲之资的知识分子。他们精于经学，通晓文史，在地方上被奉为名师大儒，自行在民间聚徒讲学。有些名流学者，涉猎经史，不交世务，创立了儒宫，开设学馆，从事著述和讲学活动。唐代不少名儒显宦幼时就是在这种学校接受启蒙教育的。

在中国教育史上，唐代另一项突出的贡献是书院的出现。“书院”之名始于唐代，最早的是集贤殿书院。它是官立书院，主要职能是为政府修书。作为真正教育机构的书院，起源于私人的著书讲学。起初，多将个人读书治学之所称为书院，后来逐步发展成聚书建屋，授徒讲学的书院。《全唐诗》中提到书院有11处，如李宽中秀才书院、沈彬进士书院和杜中丞书院等。宋初的著名书院大都是由唐末五代的私人读书讲学之地发展而成。

宋代的文人书院十分兴盛，这是与理学的蓬勃发展相适应的。

宋代书院创制了中国书院的基本模式，其中著名的当推白鹿洞书院、岳麓书院、嵩阳书院、睢阳书院，号称“天下四大书院”，都有过聚书数千卷、学徒逾千的盛况，尤其以白鹿洞书院、岳麓书院影响最大。四大书院在当时声名颇旺，皇帝均赐有匾额，以肯定其以仁义纲常育化人才的功绩。它们对发展宋代文化教育起了重要作用。

书院的兴起，使讲学之风盛行，促进了学术的发展。宋代许多大儒，都自设书院，主持讲学，广收弟子，形成派别。理学家们为了专研学术、讲明义理之学、广泛传播自己的思想，都积极发展书院教育，创办书院，宣讲性理，并以书院为论坛，争鸣学术，指论朝政。朱熹、陆九渊、陈亮、叶适、吕祖谦、真德秀、魏了翁、胡宏、张栻等理学家，都是积极创办和推进书院教育的代表人物。理学的一些重要著作，如《朱子语类》、陆九渊《书堂讲义》等，都是在他们的讲学活动中孕育出来的。

科举制与儒家文化传承

作为官方的制度性安排，儒家文化的世代传承，除了历代教育都是以儒家经典为核心内容外，还有一项制度也特别重要，就是选官任官制度。在隋唐以后发展起来的并且实现了上千年的科举制，使得儒家文化的传承获得了强大的社会心理动力。科举制成了一种“指挥棒”，指引千百文人学习儒学、争取“学而优则仕”的道路。

在汉代，太学实行了养士与选才相结合的办法，与此同时又改革了文官的补官与晋级规定，使之与太学的选才原则一致起来。

“文学礼义”“通一艺以上”都被列为补官、晋级的条件，而且优先使用“诵多者”。官吏的文化程度，儒学的修养水平受到高度的重视，造成汉代“公卿大夫士吏彬彬多文学之士”（《汉书·儒林传》）的局面，即从皇帝丞相一直到地方官，都会讲经学。儒学和仕途完全结合起来，读书人都变成了儒生。

养士育才和职官制度的一致性，是汉代政治思想统一的重要原因，也是贯彻“独尊儒术”文教政策的关键一环。“汉武帝时期建立太学、博士官制度，使儒家学说制度化，把人才的教育、考察、任用结合起来，实践了孔子所提倡的‘学而优则仕’主张，奠定了中国古代文官制度的基础。”①正是因为国家提倡儒学，太学教育又以五经博士为教授，而“学而优则仕”。学儒学成为进入官场的主要途径，所以，驱使文人学士都走向了这一条道路。

科举制是中国古代社会最具独创性的通过分科考试选拔官吏的制度。这一制度在隋唐时期正式形成并完备起来。

科举制开始于隋朝。开皇七年（587），隋文帝设立了诸州岁贡三人的常贡，有秀才、明经等科。隋炀帝大业二年（606）设立了进士科，这是科举制度的正式创立。秀才试方略，进士试时务策，明经试经术。这样，就形成了一个层次不同、要求各异、有一套完整体系的国家按才学标准选拔文人担任官吏的分科考试制度。

唐代继续实行隋代创立的科举制，并使之更加完善。科举制度就是按照不同的科目来选举人才。考试的科目，分为常科与制科两类。常科每年举行，科目有秀才、明经、进士、明法、明书、明算六科。应试者以明经、进士二科最多，高宗以后，进士科尤为时人

① 张立文主编，周桂钿、李祥俊著：《中国学术通史》秦汉卷，人民出版社2004年版，第89页。

所重视。制科是皇帝临时诏令设置的科目，名目很多，随时不同，不是每年都考，有一定的随意性。唐代对科举考试内容、评价标准及多种形式的考试方法都有明确规定，并且十分完备。

科举制的推行，对隋唐教育事业的发展有很大的推动作用。唐朝很注重加强学校教育与科举制的联系，到唐玄宗时期，学校被完全纳入科举制的轨道。科举对学校教育的培养目标、教学内容、教学方法有很明显的影响。学校的培养目标就是准备参加科举，科举考试的内容和方法，也就成为学校的教学内容和检查学生学习成绩所经常采用的方法。唐代的国子学、太学和四门学的教学计划，都是按照科举九经取士的要求安排的，把经书分为大、中、小三类，并规定通二经必须大小经各一或中经二，通三经必须大中小经各一，通五经必须大经并通，而《论语》《孝经》则为必修课。在科举制的影响下，唐代的私学、村学逐渐兴盛。

科举考试主要以儒家经典为内容，这对于结束魏晋以来学校教育所流行的清谈学风和玄虚思想，对于学校教育教学内容的统一和标准的一致，形成读书风气，都有着积极的意义。

宋初因袭唐制，科举也以诗赋取士为主。但与此同时，朝廷十分重视经学教育，并在科举制度的一系列改革调整措施中，逐步加强了经学的比重。真宗诏令群臣子弟荫补京官或京官出身者，并试读一经，精熟方为合格，从而加重了经学在仕途中的作用，为宋初儒家经学教育的普及和振兴，发挥了重要的促进作用。

宋初科举考试，除诗赋之外，经义占有重要的比重。宋太宗曾明确强调：科举取士，“须通经义，遵周孔之礼”。科举诸科考试中，除进士科外，九经科也最为士人重视。宋太祖乾德元年（963），为了拓宽经学之士的仕进之途，又废除九经“一举不第而止”的旧制，允许依诸科例再试，这对诸生慕心于经学无疑起到奖励的作用。在这一政策的保障下，许多优秀的学者通过九经科跻入仕途，并成为著名的经学大师，主持宋初国子监的教学与研究，如先后担任太宗、真宗二朝国子监祭酒的邢昺、孙奭、孔维，均为九经及第，其经学文章与人品，也堪为后进师表。

宋仁宗庆历年间，在儒学复兴思潮的推动下，科举改为试策、试论和试诗赋三场，不再考帖经、墨义，重点转向对经典的策论和大义。熙宁年间，义理思潮兴起，在王安石主持下，科举内容进一步改革，罢试诗赋、帖经和墨义，专考策论和大义。考生须在《周易》《诗经》《尚书》《周礼》《礼记》中选治一经，兼治《论语》《孟子》。共考四场，全是经义，答卷要求通晓经义，有文采。司马光执政后，虽然废除王安石新法，但在科举内容上仅恢复了诗赋，策论仍是主要内容。宋哲宗亲政后，又全改回去，“进士罢诗赋，专习经义”。

科举以义理之学取士，引导学界重义理的倾向，也推进了政界的新儒学化，影响着整个宋代的政治决策。

以后元明清历代，科举考试制度始终不变。明代的科学考试，以“四书”“五经”为出题范围，尤其重视“四书”，以程朱理学为答卷标准。明朝成化、弘治以后，文章已形成了定格，即“八股文”。这时的科举考试，出题范围既窄，所作之文又只能代古人语气陈说经义。这样，科举制度逐步完全支配了学校教育，而儒家文化在科举“指挥棒”的指挥下，又完全支配了学子们的价值取向。

明仇英《观榜图》（局部），表现参加科举考试的举子们观榜的盛况，台北故宫博物院藏。

隋展子虔《授经图》，台北故宫博物院藏。

第十一章　学术争鸣与思想的兼容

诸子百家与“元典时代”

汉代董仲舒提倡“罢黜百家，独尊儒术”，确立了儒家思想在思想文化领域的统治地位。但这并不是禁绝各家的著作和思想；儒家的独尊，并非儒学的独存。董仲舒的意思，只是在强调和突出儒家在社会文化的主流地位，将其上升为统治阶级的统治思想。樊树志说：“董仲舒要‘罢黜’的不过是那些新来对策的专治杂学的人，并非禁绝儒家以外的各家；其用意只在于确立儒家在官学与朝廷政治中的地位，不许其他学派分沾，而不是禁止诸子百家在社会上流传；读书人若要研究，尽可自便，只是不能用来猎取功名富贵。”[①] 所以，在汉代，并没有取缔诸子之学，黄老、兵、刑、农、医和阴阳等家的学术都有所流传和发展，百端之学，存而不废，续而不绝。西汉末年刘向、刘歆总校群书，“讲六艺传记、诸子、诗赋、数术方技，无所不究”。

中华文明是博大的，博大本身就意味着丰富、多元与包容。在思想文化领域，汉代确立了儒家思想文化“独尊”的主导地位，与此同时，其他思想流派，其他学术文化在汉代及其以后，都有不同程度的丰富和发展。而儒家思想学说也大量地吸收了其他学派的思想成果，把它们纳入自己的思想体系中来。

董仲舒提出“罢黜百家”主要是针对战国时期的学术流派说的。在战国时期，随着社会生活的激烈动荡和变革，士阶层迅速崛起和私学广泛发展，以及各国争霸和变法对人才的迫切需求，创造了学术思想文化大发展的有利条件，于是有“诸子百家”之说。

所谓“诸子”，是指这一时期思想领域内反映各阶级、阶层利益的思想家及著作，也是先秦至汉各种政治学派的总称，属春秋后才产生的私学。“百家”表明当时思想家众多。这几百年，诸子并起，学派林立，他们从不同的角度摄取当时的文化知识，著书立说，广收门徒，四处游说，互相诘难论辩又互相影响吸收，出现了学术文化“百家争鸣”的空前繁荣的局面，是我国历史上思想文化最为辉煌灿烂、群星闪烁的时代，在我国思想发展史上占有重要的地位。

战国时期的诸子百家，《庄子》的《天下》篇将诸子分为6类，提到姓名的思想家有十五六位。《荀子·非十二子》把12位思想家

① 樊树志：《国史十六讲》，中华书局2006年版，第59页。

也分为6类来评论。《吕氏春秋·不二》论及老聃、孔子、墨子、关尹、列子、陈（田）骈、阳生（即杨朱）、孙膑、王廖、儿良等11位思想家。《史记》中分为六家："'天下一致而百虑，同归而殊途。'夫阴阳、儒、墨、名、法、道德，此务为治者也。"《汉书·艺文志》记载，西汉末年刘歆的《七略》，把诸子略分为十家：儒、道、阴阳、法、名、墨、纵横、杂、农、小说。除去小说家不谈，称"九流"，故有"九流十家"之说。

诸子百家各呈其说，互相争鸣，呈现出十分活跃的局面。"所谓百家争鸣，指的是两种社会现象：一种是各个学派独立地阐述自己的学说思想，学派之间相互问难，进行辩论；另一种是游说诸侯。战国的诸子百家主张学以致用，为了救世，必须以其所学去游说诸侯，推出自己的政策主张、治国方略，不可避免与诸侯及其官员发生争鸣。"[①] 在诸子百家的争鸣中，有儒、墨之争，儒、法之争，儒、道之争，等等。就是在一家之中，内部也有不同派别的争论。如在儒家内部有孟、荀之争；墨家在墨子死后分为三派，彼此攻击对方为"别墨"；在名家，则有惠施、公孙龙观点的对立。

诸子百家中，又以儒、墨、道三家影响为最大。儒、墨、道三家是先秦诸子之学的主流。其中儒、道两家的学说思想代代有传人，两千多年延绵不绝，长久作用于中华民族的文化心理，为中华文化的发展奠定了思想基石。

诸子百家都有建树，分别提出和发挥了涉及政治、经济、社会、军事、人生、哲学等多方面的思想，给后代留下了深刻的启示。《淮南子·要略》说："诸子之学皆出于救时之弊。"诸子各

① 樊树志：《国史大纲》第2版，复旦大学出版社2000年版，第61页。

家都从自己的立场出发，提出救世的主张，其基本宗旨大都是为国君提供政治方略。“诸子建言立说，皆有其现实之指向，而以重建政治、社会、道德与思想之秩序为要务。”“先秦诸子学术以建立政治、社会、道德与思想秩序为主题，一方面是因为礼乐崩坏之际，秩序重建乃是当务之急；另一方面乃是当时知识阶层自觉承担的使命所致。”“先秦诸子在重建政治、社会、道德与思想的秩序的主题下展开对宇宙自然、社会人生、政治经济等方面的探索。诸子学术的立足点不同，对如何重建以及重建的法则、根据等方面的理解也不同，因而呈现出各家异说、学派林立的局面。”①

《汉书·艺文志》说：“诸子十家，其可观者九家而已。皆起于王道既微，诸侯力政，时君世主，好恶殊方，是以九家之术蜂出并作，各引一端，崇其所善，以此驰说，取合诸侯。”《吕氏春秋·不二》说：“老聃贵柔，孔子贵仁，墨翟贵廉（兼），关尹贵清，子列子贵虚，陈骈贵齐，阳生（杨朱）贵己，孙膑贵势，王廖贵先，儿良贵后。”他们的主张各有不同，比如儒家主张以德化民，道家主张无为而治，法家主张信赏必罚，墨家主张兼爱尚同，名家主张去尊偃兵。各派纷争，十分活跃。

春秋战国的诸子百家，都对中国文化和思想史的发展产生了不同程度的影响。这一个时代，恰好也是希腊哲学的黄金时代，苏格拉底、柏拉图、亚里士多德诸人相继而起。而春秋战国时期的孔子、老子、孟子等思想家们，足以与希腊哲学界东西相辉映。许多学者都将春秋战国时期的诸子百家与古希腊哲学家们相提并论，比如冯友兰就说：“孔子在中国历史中之地位，如苏格拉底之在西洋

① 张立文主编，陆玉林著：《中国学术通史》先秦卷，人民出版社2004年版，第54、55、58页。

历史，孟子在中国历史中之地位，如柏拉图之在西洋历史，其气象之高明亢爽亦似之。荀子在中国历史之地位，如亚里士多德之在西洋历史，其气象之笃实沉博亦似之。”[①] 恩格斯曾经评论古希腊哲学说，在古希腊哲学中包含着西方各种哲学形式的胚胎和萌芽。对于春秋战国时期的学术文化，也可以作如是说，在那个时代的“百家争鸣”中，孕育了全部中国思想史上各种学说的胚胎和萌芽。春秋战国是博大精深的中国思想传统的智慧之源。

春秋战国时期的“百家争鸣”是中国思想史和文化史上光彩夺目的一章。梁启超曾说，春秋战国时期学术思想之勃兴，“如春雷一声，万绿齐茁于广野，如火山乍裂，热石竞飞于天外。壮哉盛哉！非特中华学界之大观，抑亦世界学史之伟绩也”[②]。

“百家争鸣”也是中华传统文化发展历史上一次伟大的精神运动。这是中华传统文化历史上第一次伟大的精神飞跃，并且在许多领域都取得了重大的突破。前面我们曾经提到，从大的历史来看，新石器时代最主要的是奠定了中华文化的物质文明基础，建立了以农业为中心的生产方式和生活方式；三代特别是西周，建立和完善了宗法社会的制度，奠定了几千年中国社会发展的制度基础。而到了春秋战国这一时期，则实现了精神的飞跃，建立了中华传统文化传承和发展的思维方式和观念形态基础。

“百家争鸣”意味着人类对自身及其处境思考的深入，精神的飞跃，也就是开始了“对以往的历史”的“理性的批判和反思”。这正是春秋战国时期思想文化的基本点。余英时指出：“先秦诸子

① 冯友兰：《中国哲学史》上册，商务印书馆1961年版，第140页。

② 梁启超：《论中国学术思想变迁之大势》，上海古籍出版社2001年版，第18页。

的‘哲学突破’是中国思想史的真正起点，支配了以后两千多年的思想格局及其流变。”[①]冯天瑜也说，这个时代为人类的思维提供了纵横驰骋的广阔天地，“这一历史时段因种种条件的聚会，为人类精神的自由发展创造一种千载难逢的‘和而不同’的环境，人类理性十分幸运地在这一时期首次赢得真正的觉醒，激发精神文明的一次伟大的突破”[②]。

而且，特别重要的是，正如冯天瑜指出的，在这个时期里，一个民族首次系统而非零碎地、深刻地而非肤浅地、辩证而非刻板地表达出对宇宙、社会、人生的观察与思考，并用典籍的形式将这种思考加以定型。[③]冯天瑜将之称为“元典”。他认为所谓中国的“元典”，包括儒家的“五经”——《诗经》《易经》《尚书》《春秋》《礼记》，还包括《论语》《老子》《墨子》《庄子》《孟子》《荀子》等诸子文章。这些“元典”产生在公元前6世纪前后，也就是春秋战国时期。春秋战国是中华“元典”产生的时代，所以也可以称之为“元典时代”。冯天瑜认为，中华元典是中华民族垂范久远的指针和取之不尽的精神源泉。他说：“这一时期涌现的文化元典凝结着该民族在以往历史进程中形成的集体经验，并将该民族的族类记忆和原始意象第一次上升到自觉意识和理性高度，从而规定着该民族的价值取向及思维方式；又通过该民族特有的象征符号（民族语言、民族文字及民族修辞体系）将这种民族的集体经验和文化心态物化成文字作品，通过特定的典籍形式使该民族的

① 余英时：《中国文化史通释》，生活·读书·新知三联书店2011年版，第10页。

② 冯天瑜：《中华元典精神》，上海人民出版社1994年版，第103页。

③ 冯天瑜：《中华元典精神》，上海人民出版社1994年版，第5页。

类型固定下来，并对其未来走向产生至远至深的影响。”①

“百家争鸣”局面的出现，中华元典的诞生，有其特殊的历史环境，是中华文明发展到一定的时段必然产生的结果。但在现实的层面上，特别是与当时各诸侯国宽容的学术政策有密切的关系。“思想的活跃和学术的繁荣离不开宽松的文化氛围”，“宽松的氛围是思想和学术繁荣发展所必备的基本条件”。②各诸侯国对士往往都采取宽容的政策，允许学术自由。无论在战国早期魏国的“西河之学”，或是战国中期齐国的稷下学宫，还是战国晚期吕不韦以三千门客编撰《吕氏春秋》，所实行的学术政策都是宽容的。各国对士都给以十分优厚的待遇，而其中以齐国威王、宣王时期的稷下学宫尤为突出。田齐政权虽然倡导黄老之学，但对各家各派的学者并不排挤打击，而是兼容并包，都给予礼遇。学者们可以自由讲学、著书立说和随意议论政事。比如儒家大师孟子与齐威王、宣王的政见是不同的，但在稷下学宫却受到重视，爵禄都是相当高的。齐宣王多次向孟子问政，甚至像齐伐燕这样的重大决策，也向孟子征求意见。后来终于因为彼此政见不合，孟子离开齐国。但齐宣王还尽量挽留他，“欲中国而授孟子室，养弟子以万钟”，即打算给孟子建造一座房屋和提供万钟的俸禄。

由于春秋战国诸侯对士的宽容政策，允许其“合者留，不合则去。”士可以“择木而栖”，从而促进了各国的人才流动。比如商鞅在魏没有得到重用，听说秦孝公“下令国中求贤者”，于是西入秦，求见秦孝公，终于委以重任。又比如驺衍本是齐国人，在稷下学宫位于上大夫之列，他不满齐湣王的暴政，而到了燕，成为燕昭

① 冯天瑜：《中华元典精神》，上海人民出版社1994年版，第5页。
② 吕文郁：《春秋战国文化史》，东方出版中心2007年版，第45—46页。

王之师。在齐襄王时，驺衍又回到稷下学宫，并在齐王建时作为齐国使者出使赵国，而从未受到非议。又如吴起一生中曾在鲁、魏、楚等国为官，每当遭到诬陷，便另投明主。如此等等。春秋战国这种特殊历史环境，为诸子百家的形成和“百家争鸣”局面的出现创建了良好的条件。

宽松的社会环境，统治者的文化宽容政策和礼贤下士的态度，为士著书立说、发表个人意见，创造了良好的条件，从而大大促进了战国时期的思想解放。“正是在这种思想相对自由、学术空气比较松动的条件下，人们才有可能进行独立的、富于创造性的精神劳作，洋溢着原创性活力的诸元典得此时代雨露的滋润方能应运而生。”[①] 后世学者把那个时代称为中国学术史上的“黄金时代”。陆玉林在《中国学术通史》先秦卷中写道：“先秦学术都可以说是我国学术之渊薮。这一时期的学术，无论各家各派各人之见解如何，都能自由发挥，而不受政治和学术权威左右。学者之认同或宗主某家某派或某人之说，不是因为官方所定而别无选择，乃是出于自愿自觉的选择。学者之主张某种观点，虽或有现实功利的考虑，但主要还是出于自身独立自主的思考。因而，这一时代不仅是学术自由的时代，更是自由学术的时代。”[②]

“百家争鸣”意味着思想的交锋与激荡，也意味着空前的文化交流。《汉书·艺文志》说：诸子百家“其言虽殊，辟犹水火，相灭亦相生也。仁之与义，敬之与和，相反皆相成也”。这是说，各家主张虽然各不一致，相互如水火一样不相容，但是并非毫无关

① 冯天瑜：《中华元典精神》，上海人民出版社1994年版，第103页。

② 张立文主编，陆玉林著：《中国学术通史》先秦卷，人民出版社2004年版，第542页。

系，往往是相灭又相生，相反又相成。诸子百家，各持己说，相互驳难。在“百家争鸣”的过程中，党同伐异在所难免，但更多的是相互吸收、借鉴，形成你中有我、我中有你的局面。在诸子百家的学术发展过程中，也往往有互相补充，而使学术思想水平不断提高。到战国末期，诸子百家进一步出现融合的趋势。各家“都在考虑吸收其他各家学术的精华，而创造出高于其他各家的理论”[①]。

荀子是儒、法合流的关键人物，也是总结诸子百家的第一人。荀子虽以儒学为宗，但也吸纳法家思想，批判诸子各派，礼法兼治，王霸并用，成为古代思想的综合者。《非十二子》《解蔽》《天论》等篇，正是他总结诸子百家的著作。除荀子以外，韩非师承荀子，对儒家、墨家、杨朱学派和道家进行了批判吸收，完成了法家理论的系统化，成为先秦法家集大成的人物。成书于战国末期的《庄子·天下》，则是站在道家的立场对诸子百家进行的批判性的总结。

吕不韦组织其门客编撰《吕氏春秋》一书，则是诸子百家融合的重要标志。吕不韦在任秦相国期间，“招致宾客游士，欲以并天下”。《史记·吕不韦列传》说，吕不韦聚集门客三千（其中有不少来自稷下学宫），要他们“人人著所闻”，“以为备天地万物古今之事”，编成了《吕氏春秋》一书。

《吕氏春秋》可以说是一部先秦诸子百家的史料汇编。它反映了战国末期各流派在学术上百川归海的历史趋势。此书能积极、客观地对待先秦时代的文化遗产，公开申明超越学派门户成见，采集诸家之长，显示了对诸子百家兼容并蓄的宽广胸怀。在中国文化

① 张立文主编，陆玉林著：《中国学术通史》先秦卷，人民出版社2004年版，第355页。

史上，这是第一部有统一体例、按预定的方案集体编纂完成的理论著作。

稷下学宫："最早的社会科学院"

春秋时期开始，士阶层崛起，成为一支重要的政治势力和文化力量。为了招贤纳士，壮大国家的力量，各国争相尊士纳贤。到了战国时期，养士之风更盛，不仅公室养士，私门也开始养士，以壮大自己的力量。受到礼遇的这些士人，在那个政治斗争激烈、社会动荡不安的环境中，为其主人建立了非常多的丰功伟绩。

随着社会政治经济的发展与变革，光靠四处网络招纳人才已经无法适应国家争霸的事业需求了，国家需要系统地、有规模地培养自己需要的士人，训练新一代的贤才士子。在战国中后期，齐国创办的稷下学宫，就是适应此种社会需要而专门培养士子的教育机构。

稷下学宫创立于齐桓公田午之际，至齐宣王、湣王时最盛，至秦并六国，齐国灭亡，学宫结束，共绵延发展了150年之久。当时的齐国都城临淄是首屈一指的大城市，城周50里，有13门，有居民7万户。稷下学宫位于临淄城的"稷门"附近，故称"稷下"。其规模宏大，"为开第康庄之衢，高门大屋"（《史记·赵世家》）。稷下学宫广招天下贤士，实行开放政策，各国学者云集于此，络绎不绝。齐宣王时，孟子等学术大师有数十百人会集于学宫，授徒讲学，以致稷下先生多达千有余人，而稷下学士有"数百千人"（《史记·田敬仲完世家》），可谓盛极一时。到湣王时，来学宫的求学者曾一度"多至数万人"。稷下学宫也可以说是"中国最早的社会科学院”，是当时中国学术繁荣的一个缩影和标志。[①]

稷下学宫是战国时期开办时间最长的一所官学。它吸取了私学的一些特点，改进自周代以来官学的一些传统，在组织管理和教学活动上有许多独到之处。

稷下学宫有一套比较严格的管理制度，使学宫“接近于比较完备、有组织、有领导的正规化学校”[②]。稷下学宫的组织管理，体现了当时的养士、用士和育士精神，既进行知识传授、学术研讨，又成为政府的咨询机构。学宫的稷下先生和稷下学士，人数众多，均由学校统一管理。著名的学者荀子曾在学宫三为祭酒。祭酒是学宫之长，当是学宫的主持人，是国家委派的学官。

稷下学宫对前来讲学的学者所给予的待遇非常优厚。那些有声望的著名学者，“自如驺衍、淳于髡、田骈、接子、慎到、环渊之徒七十六人，皆赐列第为上大夫，不治而议论”（《史记·田敬仲完世家》）。一般的稷下先生没有官位，学宫为他们安排住宿，从事教学和著述等活动。齐王对他们也非常尊重。到学宫来学习的学生，称为稷下学士，有两种情况，一种是跟随老师而来的。学者到各国讲学，往往带着一批弟子，这也是春秋时期聚徒讲学的遗风。另一种是自己来学宫投师学习的。稷下学士的食宿由政府供给，都住在学宫。

稷下学宫“百家争鸣”气氛很浓。在稷下学宫、几乎诸子百家都有，可以说是“百家争鸣”的缩影。司马光称赞说：“致千里之奇士，总百家之伟说。”（《稷下赋》）在稷下学宫中，黄老之学

---

① 李学勤、郭志坤：《中国古史寻证》，上海科技教育出版社2002年版，第250—252页。

② 吕文郁：《春秋战国文化史》，东方出版中心2007年版，第195页。

占了重要地位。除宋钘、尹文、田骈、慎到、环渊、接子等人外，还有儒家孟子、荀子等，阴阳家驺衍、驺奭，名家儿说、貌辩。其中慎到、田骈、尹文子等又属田齐法家；淳于髡学无所主，属杂家。各学派的学者有着相当的学术自由，自由地阐述自己的政治观点和学术思想，充分体现了学术思想独立的精神。

稷下学宫的稷下先生主要活动是“议”。《新序·杂事》说：“齐稷下先生喜议政事。”刘向说：“谈说之士期会于稷下。”他们尽管有列大夫的封号，那不过是政治上的待遇，并不实际治事。① 学宫中有“期会”制度，安排一定的时间召集全校师生就某一命题进行公开学术辩论，各派学者阐明自己的观点、相互辩论。在学术辩论时，没有上下之分，没有任何偏见，谁都可以自由发言。学生不同意教师的话，也可以参加驳难。大家从政治、经济、军事、哲学等方面发表自己的政见，力求被当局采纳。各学派尽管辩论十分激烈，但一方面阐发自己的学术见解，坚持自己观点，另一方面则是相得益彰，尊重真理，吸收别人的长处，大家愿意在争辩之中能与对方取得共识。在相互的争鸣和思想激荡中，各派学者也往往相互影响，吸收其他学派的一些思想因素。

孟子是齐威王创建稷下学宫以后最早的一批稷下先生之一，他在齐威王后期离开稷下学宫，到齐宣王二年（前318）又回到稷下，后因对伐燕战争的意见分歧，再离开稷下回故乡邹国。他在稷下学宫的时间相当长，在频繁的学术交往中，他的思想不能不接受稷下诸家的影响。其中受黄老之学的影响更为明显。郭沫若在《十批判书·稷下黄老学派的批判》中指出，孟子主张的“浩然之气”是

① 龚书铎总主编，廖名春主编：《中国文化发展史》先秦卷，山东教育出版社2013年版，第407页。

"袭取"了《管子·内业》的"浩然和平，以为气渊"，而"稍为改造了一下"。《孟子·尽心下》说的"养心莫善于寡欲"，也是受了稷下黄老之学的影响。

荀子大约在15岁就来稷下学宫学习，因齐湣王后期骄暴，不听稷下先生的意见，于是稷下先生各自分散，荀子也在此时离开稷下学宫到了楚国，齐襄王时又回到稷下。《史记》说："齐襄王时而荀卿最为老师。齐尚修列大夫之缺，而荀卿三为祭酒焉。"（《史记·孟子荀卿列传》）荀子老年时在稷下学宫是最有威望和影响的稷下先生。由于荀子长期受稷下学风的影响，他的思想在晚年趋于成熟，其天道观、认识论、逻辑学等都处于先秦思想的最高水平。荀子抨击孟子的思想，并加以改造，这是儒法合流的先声，而且他也是总结战国诸子百家的第一人。

在学术自由的环境中，稷下先生使冲破旧传统的思想束缚、敢于探求和创新的精神得到发扬，大大促进了学术的发展。因此，各家各派的著作如雨后春笋般涌现出来，从而使学宫成为战国时期非常重要的文化和学术中心。从当时学宫中的学者所著述的内容来看，涉及诸如天人、性理、物道、名实、义利、动静、乾坤、心性、义理、情欲、良知、精气、阴阳、五行等，涉及政治学、社会学、伦理学、经济学、军事学、哲学、自然观、认识论以及历史、文化、教育、心理、语言、逻辑、工程、技术等诸方面，可谓无所不包。各个学派都有自己的专著，这些著作在《汉书·艺文志》中著录的就有十余种。

成书于稷下学宫的《管子》，内容十分庞杂，更是稷下"百家争鸣"的反映。《管子》是推崇管仲的齐国学者假托管仲而写的著作的汇集。《管子》的作者，"可能亦是稷下学士，但只是稷下学者的一部分”[①]。《管子》中有黄老之学的《心术》《白心》《内业》《宙合》等篇；有阴阳家学说的《幼官》《四时》《五行》《轻重己》《侈靡》《水地》《地员》等篇；有属于兵家思想的《兵法》《七法》《参患》《制分》《地图》等篇；有属于儒家思想的《小称》等篇；有属于法家著作的《法禁》《法法》《霸言》《禁藏》等篇。在《霸言》《禁藏》两篇中有纵横家的纵横捭阖的权术思想；《立政·九败》有对包括墨家在内的诸家的评论。马王堆汉墓出土的《黄老帛书》，很可能是来自楚国的稷下先生的著作。冯友兰认为，《管子》一书“就是稷下学术中心的一部论文总集”[②]。

玄学兴起与儒玄兼修

两晋时期是中国思想文化极为活跃的时期。在这一时期，汉武帝以来“独尊儒术”的文化政策被冲破，思想文化领域获得了新的解放，不断开辟着学术新领域，不断创造着文化新观念。再现了“百家争鸣”的场面，进入了一个思想解放、学术自由的时代。在这个时代里，思想和学术的发展，最突出的就是道教和玄学的兴盛，以及佛教的传入。

魏晋时期兴起的玄学思潮，取经学而代之，成为学术文化的主流。玄学的出现也有现实生活中的原因。汤用彤在《魏晋玄学论稿》中指出：“自东汉党祸以还，曹氏与司马氏历世猜忌，名士少有全者。士大夫惧祸，乃不评论时事，臧否人物。此则由汉至晋，

① 张岱年：《齐学的历史价值》，《文史知识》1989年第3期。
② 冯友兰：《中国哲学史新编》第2册，人民出版社1984年版，第197—198页。

谈者由具体事实至抽象原理，由切近人事至玄远理则。”至南朝刘宋文帝元嘉十六年（439），开馆于南京鸡笼山，立玄、儒、文、史四科，教授学生，玄学便成了一门独立的学科。

所谓玄学，就是用道家的老庄思想糅合儒家经义而形成的一种哲学思潮，由《老子》《庄子》和《周易》这三部号称“三玄”的书而得名。南朝宋文帝元嘉十五年（438），于学宫立老、庄之学，称“玄学”。玄学即以研究《老子》《庄子》和《周易》这“三玄”为基本内容，一般通过清谈的方式，加以推究、发挥，从而探究宇宙和人生的本原与奥秘。玄学的基本特征是崇尚玄远，故玄学又称“玄远之学”。其体现于言语论辩，是玄言、玄谈、清谈、清言、微言；体现于著述文字，是玄论、玄注；体现于思想与见解，是清识、远识、高致、精解。

崇尚玄远，不仅是一种学术风尚，同时也是一种生活态度和生活志趣，不拘泥于名教礼法，不以世情俗物为怀，任情自然、率性而行。

玄学的学术内容，概括地说，是以“三玄”为经典，会通儒道、旁及名法诸家学说，采取思辨哲学的方法与形式，探讨有无、本末、体用、言意、动静以及自然与名教等范畴，并对天人关系等问题赋予了新的含义和论证。从根本上说，玄学的学术主题是名教与自然之辩；其终极的目标，是试图从理论的高度，重建名教与自然的关系。具体而言，其学术论题和试图加以解决的问题，一是穷究天人之际，寻找和论证宇宙间万事万物超越具体物象的形而上的本体；二是通过对宇宙事物本体论的探索，重新审定生命存在的意义和人生的价值，建立关于生命价值的本体论；三是通过本体论问题的探讨，为政治人伦寻找一种形而上学的根据。

对于玄学的盛行及其在中华文化史上的影响，闻一多在《古典新义》里说："一到魏晋之间，庄子的声势忽然浩大起来，崔譔首先给他作注，跟着向秀、郭象、司马彪、李颐都注《庄子》。像魔术似的，庄子忽然占据了那个时代的身心，他们的生活、思想、文艺——整个文明的核心是庄子。他们说：'三日不读《老》《庄》，则舌本间强。'尤其是《庄子》，竟是清谈家的灵感的泉源。从此以后，中国人的文化上永远留着庄子的烙印。他的书成了经典，他屡次荣膺帝王的尊封。至于历代文人学者对他的崇拜，更不用提。别的圣哲，我们也崇拜，但哪像对庄子那样倾倒、醉心、发狂？"[①]

魏晋玄学主要经历了三个不同的发展阶段：第一阶段是曹魏正始时期，史称"正始玄学"，以何晏、王弼为代表。其基本思想特征是贵无，主张"名教出于自然"。第二阶段是"竹林时期"，处于魏晋易代之际，基本思想特征是崇尚自然无为，主张"越名教而任自然"。第三阶段为晋元康、永康时期，以裴頠、郭象等人为代表，基本理论是崇有、独化，主张名教即是自然。

以何晏、王弼为代表的正始玄学，是通过"祖述老庄"、以道家思想为架构建立其思想学术体系的。王弼、何晏精研《老》《易》，通过对儒道两家经典的融会贯通，理解体会到两家思想中的互通互补之处，以自由创新的思维精神，在传统思想中引入新说，完善本体；思想方法上亦芟夷繁芜，廓清虚妄，使两汉旧学完成了向魏晋玄学自然本体论的过渡。

这一体系的理论基点，是天地万物皆"以无为本"的本体论，

① 闻一多：《古典新义》，上海古籍出版社2014年版，第192页。

即“贵无论”。在他们的带动下，社会上谈玄之风大为盛行，被后世称为“正始之音”。之前的学术思想基本上是治国平天下，经世致用之学，很少谈到什么是“本体”。自先秦至两汉无不如此。王弼等则致力于探讨万物产生及其变化的共同根据，力图从形形色色的现象世界之上和之后去探求其本质，从而提出了“以无为本”的观点，建立了以“无”为最高范畴的玄学本体论。这就在我国思想领域开辟了一个新的境界，即建立了一套系统的玄学世界观。王弼说：“天下之物，皆以有生；有之所始，以无为本。”他说的“有”，是指有形有象的现象世界，就是“末”。而“无”则是指有形有象的物质世界赖以存在的本体，作为共同的依据，它是“本”；一切有形的具体事物，都是“无”这个本体的体现。王弼还把本体“无”称为“道”，即把老子的“道”改造成了“无”，强调唯有“无形无名”，才能生成和主宰万物。“正始玄学”正从“以无为本”出发，探讨了本体世界与现象世界所构成的多重关系，讨论了有无、本末、体用、一多、众寡等一系列范畴的理论问题。王弼在《周易注》中，通过对贵贱尊卑之序、刚柔之性、中正之德、损益之则、动静之理以及有为无为之道的阐述，对贵贱尊卑秩序加以肯定，对名教的结构与功能加以解说，进一步发挥其名教本于自然的思想，将道家自然观念与儒家名教观念融会贯通，在名教与自然之间架设了一座理论桥梁。

但王、何并非真正尚玄远不过问人事者，在他们思想深处，还保留着和建安精神一脉相承的用世进取、建功立业的社会理想，“其形上学虽属道家，而其于立身行事，实仍赏儒家之风骨”[1]。故

① 汤用彤：《魏晋玄学论稿》，上海人民出版社2015年版，第84页。

他们这一派名士，始终希望对当时曹魏政治做一番革新，在现实中建立一套植根儒家理想，又顺乎道家自然的更为合理的统治秩序。

嵇康和阮籍为代表的"竹林玄学"，采用一种激烈的态度，公开抨击名教礼法、揭露礼法君子的虚伪性，主张"越名教而任自然"，在理论上走向了名教与自然的对立，把玄学发展成为一种新的形态。嵇、阮等人通过引《庄子》入清谈，突出强调黑暗之世里天道与人事的对立冲突，寄意山林，非议名教，以表达内心的愤郁不平。他们以愤世嫉俗的态度看待人生，在哲学上更多地倾向于庄子学说。在嵇、阮看来，天地万物皆生于自然，万事万物与自然本是一体的，原本处于一种合乎自然之道的和谐状态，"人生天地之间，体自然之形"，在本质上与自然并无不同。因此，人生应当"混乎与万物并行"，过着一种自由、恬静、飘逸而不受外在规范束缚的生活。理想的人生，应该是"恬于生而静于死。生恬则情不惑，死静则神不离。故能与阴阳化而不易，从天地变而不移。生究其寿，死循其宜"（《达庄论》）。理想的社会，是一个"天人交泰"的和谐社会，是一个没有"繁称是非，背质追文"的纲常名教的社会。"竹林玄学"把"正始玄学"主张的"名教本于自然"观点推向极端，将道家的"自然无为"与儒家的"纲常名教"对立起来，对名教进行了激烈的批判，主张将儒家典章礼仪"兼而弃之"，"越名教而任自然"，顺应人性的自然发展。

玄学的第三阶段是"中朝玄学"。因为西晋在中原主政，所以称"中朝"，这里指南渡前的一个时期。"中朝玄学"继续正始以来的玄学主题，进一步调和名教与自然，齐一儒道，解决士人心理上名教（行为上遵守礼法、出仕治事）与自然（精神上超然物外）的矛盾冲突。郭象提出"万物独化于玄冥"的理论，论证"名教即是自然”。他认为，万物世界既“非无之所化”，也无“真宰使之然”，而是“独化”，即是独自地、孤立地、无所依凭地生成变化的。万物的产生和存在，都是“块然自生”，“掘然自得而独化”，是偶然的、无任何条件和原因的。

以此为基础，他们进一步论证了儒家名教存在的合理性，调和儒家名教与道家自然的矛盾。郭象提出，万物生而具有各自的“天性”，所谓“物各有性，性各有极”，“天性所受，各有本分”。人们应该以各自的“性分”来作为判断其现实活动和社会生活是否合理的标准。如若人的现实活动充分体现人的“性分”，那么应该说这时人们的社会生活是最合理的，也是最自由的。他主张“大小之殊，各有定分”，人应该“各安其分”，“足性而止”。不同的人都只能各安其分，各守其位，才合乎自然。现实社会的一切等级秩序、典章制度、道德规范亦即名教，都是自然的、合理的，无须作任何的改变，人们也无须怀疑这一切，更不应该背弃这一切而到现实生活之外去寻找自然理想的世界。这样一来，既想仕而事事，又想追求自然逍遥生活、不为世事所困的士人，即可以如圣人那样“虽在庙堂之上，然其心无异于山林之中”，能够“常游外以冥内，无心以顺有”，“虽终日见形，而神气无变；俯仰万机，而淡然自若”。他们可以泰然自若地立命处世，既不违背名教，又可得纵情任性之乐。

至此，名教与自然的矛盾，最终从理论上得到了调和一致，长期困扰士人阶层的理想与现实的冲突也从理论上得到了解决，魏晋玄学也发展到了它的顶点，完成了它在思想理论上的历史使命。鲁迅在《魏晋风度及文章与药及酒之关系》一文中说：“刘勰说：‘嵇康师心以遣论，阮籍使气以命诗。’这‘师心’和‘使气’，便是魏末晋初的文章的特色。正始名士和竹林名士的精神灭后，敢于师心使气的作家也没有了。”鲁迅的这段话的意思是说，到了“中朝”这个阶段，玄学的性质和传播形式都发生变化了。

玄学本是超世的哲学，它强调人不仅在社会中存在，而且每一个人即每一个精神主体，都是直接面对宇宙存在的。因此人生的根本意义，也不在于世俗的荣辱毁誉、得失成败，而在于精神的超越升华，对世界对生命的彻底把握。宇宙的本体是玄虚的“道”，四时运转、万物兴衰是“道”的外现。从这种观念中引导出人对自然的体悟、追求，以及人与自然统一和谐的观念。

玄学是魏晋时期居于主流地位的理论学说。魏晋玄学以儒、道思想结合为特征，专注于辨析明理，以清新俊逸的论证来反对沉滞烦琐的注释，以注重义理分析和抽象思辨抛弃支离破碎的章句之学，较之汉代经学更为精致，更具有一种真正思辨的、理性的“纯”哲学味。魏晋玄学堪称中国古代学术史上的奇风异景，它将中国古代思想学术水平提升了一大步。有人曾评论玄学的论辩“取其清谈雅论，辞锋理窟，剖玄析微，妙得入神，宾主往复，娱心悦耳”（《颜氏家训·勉学第八》）。魏晋玄学家对于自然秩序、社会伦理和人生价值充满睿智的、缜密而深邃的理论探索和哲学思考，为中国学术文化积累了一份极为宝贵的思想财富。

玄学的兴起给儒学很大的冲击，使儒家学说在魏晋之际陷于困境。晋室东迁以后，玄学则向两极分化，一是与佛学开始合流，一是继续与儒学结合。表现在士大夫的身上，便是一种亦儒亦玄、儒玄双修的思想风貌。儒玄兼修是东晋士人的一大特色。这种新的学术风气也促进了儒学的复兴。

东晋儒家学者大都兼通玄（道）学，玄学之士亦兼综儒学。他们都在走着儒玄双修的道路，差别只是“以儒释道”或“以道释儒”。当时不少有见识的士人，走的都是儒玄兼综之路。他们认为儒学有通六艺、重教化、定人伦、齐风俗的积极意义，是个人修身、齐家乃至治国、平天下的张本。对于道家学说，他们也并不排斥，强调要得老庄之学的自然情越，主张要依礼而动，而不应疏狂肆纵。这些儒玄双修、儒本道末的人生哲学，在当时士大夫的思想风貌中得到充分的表现。

佛教东传的文化意义

在历史上，传入中国的外来文化，以佛教文化的规模最大、影响最大。以外来文化对中华文明的冲击而论，也是以佛教文化的规模最大、影响最大。

佛教是产生于古印度的一种宗教，与基督教、伊斯兰教并列为世界三大宗教。在世界三大宗教中，佛教是最早传入我国的。从东汉初期开始，在长达1000年多的历程中，佛教文化源源不断地向中国传播，并且广泛地渗入社会生活的各个方面，对中国的哲学、文学、艺术和民间风俗以及政治、经济等都产生了深刻的影响。同时，佛教文化与我国传统的儒学与道教等彼此融合，互为消长，经历了一个不断中国化的过程，逐渐发展成为中国的民族宗教，丰富了中国文化的内容，成为中国传统文化的组成部分，从而改变了中国乃至整个东方的文化结构和文化特性。可以说，佛教在中国的传播以及中国化，中国文化对佛教的接受与融合，是世界文化交流史上具有典型意义的范例。佛教在中国的传播，影响所及，不仅是在中国，而且在整个东亚社会，都是巨大的、前所未有的。

玄奘三藏像（局部），日本东京国立博物馆藏。

我们特别关注的是，作为一种外来文化，佛教是怎样适应中华文化的，是怎样融合到中华传统文化之中，并且成为中华传统文化的一个重要组成部分的；而对于佛教这样大规模的外来文化，中华传统文化是如何经受冲击和考验，继续沿着自己的文化轨迹传承和发展的。

可以说，在中国乃至东亚的文化结构中，佛教文化都占有极其重要的地位。季羡林曾经指出："佛教传入中国，是东方文化史上，甚至是世界文化史上的一件大事。其意义无论怎样评价，也是不会过高的。佛教不但影响了中国文化的发展，而且由中国传入朝鲜和日本，也影响了那里的文化发展以及社会风俗习惯。佛教至今还是东方千百万人所崇信的宗教。如果没有佛教的输入，东方以及东南亚、东亚国家今天的文化是什么样子，简直无法想象。”[①]

季羡林的这段论述很重要。不仅是季羡林，还有许多其他学者都论述过佛教东传的重大意义。

一般认为，佛教最初传入中国，大约是在东汉时期，而真正开始大规模传播，则是在两晋南北朝时期。在这个时期，中国文化经历了春秋战国时期的“文化突破”，实现了全面独立发展的态势，经历了秦汉时期的辉煌，进入到中华文化的成熟之境，同时也面临着新的选择、寻求新的发展的变革局面。在这样的情况下，佛教挟裹着巨大的“文化群”浩浩荡荡从西方传来，带给中国人一种全新的文化信息、文化内涵和文化体验，为中国文化的发展提供了新的刺激和发展的动力。正是由于佛教的进入，打开了中华文化向新的阶段发展的突破口。所以，在佛教进入之初，就造成了可能引起巨大反响和影响的态势。

佛教首先是一种宗教，佛教的传入首先是传入了一种新的宗教形态。在当时的中国，原始宗教还具有一定的影响，民间信仰还比较活跃，而作为中国本土上出现的土生土长的道教，还正在刚刚出现和成长的阶段，还不是很成熟、很发达。佛教则是一套已经发展成熟的宗教体系，它具有完备的经典、明确的信仰、严密的僧团组织，以及一整套佛事活动和仪轨，还提供了包括符号意义、信仰、叙事体的故事，给予修行者生命体验的宗教实践。这对于人们都具有巨大的吸引力和感召力。特别是它所提供的来世信仰，适应了当

① 季羡林：《中印文化交流史》，中国社会科学出版社2008年版，第18页。

北周石造菩萨立像，西安市文物保护考古研究所藏。

时中国人普遍的心理需要。按照上层建筑和经济基础两分法来分析社会，宗教出于上层建筑的顶端，属于社会的意识形态和形而上学的部分。它在给专注于现实社会生活的人们提供了一个彼岸的世界。人们需要这样一个彼岸世界，来关照身在其中的现实世界。佛教正好满足了当时的中国人的这种需要。所以，佛教的传来，为中华文化提供了一个彼岸世界的系统，丰富了人们的精神世界，而且这个彼岸世界是博大的、深邃的和光明的。

佛教传来的，不仅仅是宗教的僧团和仪轨、仪式，更是一套缜密的思维系统和形而上学，是一套完备的理论体系。许倬云指出："佛教进入中国引发的影响，不仅是一个信仰体系的传播，而是彻底地改变了中国的思想方式，既带来了另一种思维，也迫使中国固有的思想系统（儒家与道家）不断与佛教互动，终于融合为中国型的思想体系。"①

从最初的来华传教的西域高僧开始，就把翻译佛经作为传播佛教最为主要的事业之一，前后900多年，一共翻译了6000多卷佛教经典。这些汉译佛教经典成为现在世界上所存的最完备的佛教理论典藏。而且，在中国的历史典籍中，佛典也是占有举足轻重的一大部分。可以说，这么大数量的佛经，极大地丰富了中国古代的文献典籍，是一份极为宝贵的文化遗产。

不仅如此，中国的佛教学者对这些翻译过来的佛教典籍进行了大量的、深入的研究和探索，创作出大量的注疏和论辩性著作，极大地丰富了中国的思想史和哲学史。可以说，佛教及其思想的传入，不仅促进了中国思想史和哲学史的大发展，而且成为其中相当重要

① 许倬云：《历史大脉络》，广西师范大学出版社2009年版，第90页。

的内容。

佛教在中国的传播的成功，在于它同时兼顾了文化的大传统和小传统，既在上层社会精英阶层以其深奥的佛教义理受到欢迎，又以通俗的方式在民间传播信仰，受到下层社会普通民众的接受和理解。这样，佛教不仅以浩瀚的佛经和艰深的哲学，更以与中国民间信仰相适合的方式宣传普及，提供给人们一种新的生活方式、崇拜方式甚至是娱乐方式。这样，佛教的影响就深入到中国人的日常生活中，成为中国人日常生活的组成部分。而这才是它所具有的强大的生命力所在。

佛教本身除了信仰系统之外，还是一个巨大的文化群、文化丛，是一个包含着丰富内容、多种形式的文化集合体。这个文化群、文化丛或者说文化集合体，主要包含两个方面，一是佛教本身所要呈现、所要表达的艺术形式，如造型艺术、音乐艺术、文学艺术等，这些艺术形式本身就是传播佛教的手段或方式；另一方面是与佛教一起传播进来的印度文化和西域文化，如印度的天文历法、医药科学等。这样的区分并不具有严格的意义。它们本身都是一体的，都是在佛教的大系统下的小系统或支系。有外国学者指出："佛教是印度对中国的贡献。并且，这种贡献对接受国的宗教、哲学与艺术有着如此令人震惊并能导致大发展的效果，以至渗透到中国文化的整个结构。"①

这些随着佛教传入而紧随其来的各种文化要素、文化内容，都在中华文化中产生重大的影响，影响到中华文化各个方面的变化和发展，进而扩大了中国人的知识系统，改变或重塑了中国人的认知

① 引自［澳大利亚］巴沙姆主编，闵光沛等译，徐厚善校：《印度文化史》，商务印书馆1997年版，第669页。

方式，也大大开阔了中国人世界视野和文化眼光。伟大的中华文化是中华民族创造的宝贵财富，而创造这样财富的中国人，在这一阶段，接受了来自佛教文化成果的装备，从而扩大了自己、丰富了自己、壮大了自己，使之发挥出更大的文化创造力。

佛教在中国的传播是成功的，可以说是世界文化史上的一个跨文化交流的范例。佛教在中国传播的成功，主要的经验之一就在于它成功地实现了中国化。实现了中国化，就使得中国人在心理上认同它，把它当做自己民族的宗教，把佛教的信仰作为自己民族的信仰；同时也在文化上容纳了它，使它成为中华文化的一个组成部分。这样，佛教就不再是一种“外来的”宗教，不再是一种“外来的”文化了。

实现佛教中国化，是两个方面共同努力的结果。一方面，佛教以其开放的态度，主动与所进入的异域环境即中国文化环境相适应、相协调，努力使自己成为中国人能接受的、能理解的东西。可以说，自从佛教进入中国的一开始，就进行了这样的努力。与中国文化环境相适应、相协调，是佛教东传中国过程中贯穿始终的策略。可以说，这个适应性策略是成功的。

但是，在佛教适应中国的文化环境的过程中，并不是完全地去迎合中国的文化传统，而是在适应中尽量保持自己的思想特性和文化特性。这样，对于中国人来说，所看到、所理解的佛教又是新鲜的、有自己的独特文化内涵的。这样才能对中华文化起到刺激、激励和补充的作用。佛教进入中国，与中国的文化环境相适应，又保持自己的宗教和文化特性，这是它的中国化的成功的含义。

另一方面，中国的文化传统对于佛教，也是以其开放的态度，持有热烈欢迎的态度，主动地去迎接、接受佛教，并且按照中华文化的需要对其进行改造和剪裁，使其与中国的文化传统相契合、相融合。我们看到，在那些致力于传播佛教的中国僧侣中，在那些欣赏和接受佛教文化的上层知识分子中，都对佛教的中国化做出了很大的努力。他们翻译佛教经典，注疏佛教学说，与儒学和道教争辩切磋，高僧与名士交游论辩，都成为建设中国化佛教的重要活动。当然，作为一种外来文化，佛教在中国的传播，也受到本土文化的排斥和抗拒，也受到儒家知识分子的质疑和道教人士的诋毁，甚至也演变成“三武一宗”的政治性毁佛行动。但总体上来说，中国的文化传统对于佛教是欢迎的，是接受和容纳的。

佛教在中国传播的成功，中华文化对佛教的理解和接受的成功，对它的改造、剪裁和融合的成功，深刻地说明了中华文化的开放性和包容性。钱穆指出：“中国人的文化观念，是深于民族观念的。换言之，即是文化界限深于民族界限的。但这并不是说中国人对于自己文化自高自大，对外来文化深闭固拒。中国文化虽则由其独立创造，其四围虽则没有可以为他借鉴或取法的相等文化供作参考，但中国人传统的文化观念，终是极为宏阔而适于世界性的，不局促于一民族或一国家。换言之，民族界限或国家疆域，妨害或阻隔不住中国人传统文化观念一直宏通的世界意味。我们只要看当时中国人对于印度佛教那种公开而恳切，谦虚而清明的态度，其对于异国僧人之礼敬，以及西行求法之真忱，便可为我上述做一绝好证明。”“那时的中国人，对印度佛教那种热忱追求与虚心接纳的心理，这全是一种纯真理的渴慕，真可说绝无丝毫我见存在的。”[①]

这样，一方面是佛教的主动适应，一方面是中华文化的积极迎

① 钱穆：《中国文化史导论》，商务印书馆1994年版，第148—149、206页。

取，所以佛教的中国化就是成功的、有效的。这也是双向的选择，互相的选择。而后一方面，即中华文化对佛教的开放和欢迎，意义更为重大。我们看到，自从佛教进入中国以后，中国人就不是被动地去接受，而是主动地去迎接、去引进、去吸取。因此，有许多高僧到西域和印度取经，有许多佛教知识分子投身于佛经翻译的文化事业当中，有许多高僧去钻研、去探索和注疏佛教经典，广泛地传播佛教。梁启超把当年去西域取经的高僧与近代的留学运动相比较，认为他们出于宗教的热诚，更出于求知的渴望、出于追求真理的精神，而不畏艰难，前赴后继，是后代学人的典范。与此同时，还有许多西域和印度的高僧来中国传播佛法，翻译佛经，他们同样是出于高尚的宗教热情和传播真理与知识的伟大精神。他们是中国佛教建设的伟大先驱，同时也是中华文化建设和发展的大功臣。我们在回顾他们的事迹的时候，在心里不断涌起深深的敬意。

佛教的中国化具有十分重大的意义。简单地说，正是因为有了佛教及其中国化，才有了中华传统文化的完整面貌。如果没有佛教文化的输入，中华传统文化就不会有今天这样五彩斑斓的文化景观。

佛教是如何实现中国化

从佛教传播到中国的开始，就已经同时开始了它的中国化进程。佛教的中国化，对于它在中国的传播、存在、发展以及融入中华传统文化体系，成为中华文化的一部分，是一个至关重要的经验。佛教与中华文化的交涉、会通、融合而逐渐实现了中国化，中华文化也部分地逐渐佛教化，从而充实和丰富了中华传统文化的内涵，形成中华传统文化的共同体，促进了中华传统文化的发展。这个经验是成功的，在世界的文化交流史上也是一个很值得总结的典型。

佛教向中国传播的过程是十分艰难的。因为它是一种与中华传统文化完全不同的文化形态，它的生长环境也是与中国完全不同的。由于中国固有文化思想传统的成熟与强大，也由于佛教理论思辨性和宗教特性与中国文化的隔膜，佛教的传播一开始便走了一条向中国本土文化妥协而隐匿自己个性的发展之路。苏轼说过："释迦以文教，其译于中国，必托于儒之能言者，然后传远。"（《书柳子厚大鉴禅师碑后》）这一特殊的传教策略，不但使得佛教未曾在其力量薄弱时与本土文化发生激烈冲突，反而引起了中土上层人士和政府的好感，逐渐为中国人所了解、所认识、所接受。从两汉直到魏晋时期，中土人士一直借助于中土固有的文化思想形式来理解佛学，特别是黄老之学以及魏晋玄学对于佛学在中土的普及起了很明显的促进作用。到了后来，鸠摩罗什至长安译经以及其弟子僧肇、道生等人佛学思想的成熟，中土人士终于登堂入室，深刻理解了印度佛学的精义，开始了师心独造的新阶段。南北朝时期各种佛教"师说"学派的形成与发展，使得佛教中国化走向了综合创新的成熟期。从隋代的天台、三论宗甚及三阶教的产生，到唐代南宗禅的形成，唐代八大教派在佛教义理上的本土化达到了其巅峰状态。这八大教派，以及三阶教，除了密宗之外，都是中国佛教学者根据自己对佛学教义的理解而创造的具有中国风格和气派的佛教宗派。

所以，佛教在中国的适应性传教策略是成功的。当然，这也是一种因时势而采取的策略。

佛教在中国的流传及中国化佛教的形成，中国佛教学者和其他知识分子发挥了决定性的作用。中国佛教学者通常都在早年学习儒、道典籍，深受中国固有文化，尤其是先秦文化的熏陶，具有中国国民性格和中华民族精神。而中国儒、道等思想文化内容，又为中国佛教学者提供了文化融合的丰富思想资源。隋唐时期高僧大德重视佛教学术研究，各自独立判别印度佛教经典的高下，选择某类经典为本宗崇奉的最高经典，并结合中国的固有思想，加以综合融通，进而创造出新的宗派。以中国化色彩最为鲜明的天台、华严和禅诸宗来讲，天台宗重视《法华经》倡导方便法门，并融合中国固有的"万物一体"观念，建立实相说。华严宗法藏阐扬万事万物圆融无碍的思想，宗密更把儒、道思想纳入佛教思想体系，以阐扬万事万物圆融无碍的思想，及人类本源的学说，为华严宗人生解脱论提供理论根据。禅宗依佛教和儒家的心性论，并吸收道家的自然主义思想，提出"不立文字，教外别传，直指人心，见性成佛"的宗旨，更是充分地表现了文化的独创精神。这种新的佛学思想和新的佛教宗派，是中国与印度文化交流的结果，也是中国人自己特别是中国的佛教学者在中国思想文化的背景下对外来的印度佛学思想理解、接受、改造和发挥的结果。

吕澂指出："佛教传入中国后和中国原有的思想接触，不断变化，不断发展，最后形成了自己的特殊的新学说。在其发展变化过程中，一方面，印度发展着的佛教思想仍在不断传来，给予了它持续的影响；另一方面，已经形成的中国佛学思想也逐步成熟，构成了如天台、贤首、禅宗等各种体系。因此，所谓中国佛学，既不同于中国的传统思想，也不同于印度的思想，而是吸取了印度学说所构成的一种新说。"[①] 这种"新说"是中国佛教学者在外来文化的开发和激励下，以外来的佛教思想为原本，在中国思想文化背景

① 吕澂：《中国佛学源流略讲》，中华书局1979年版，第1页。

下，按照中国人的思维和需求，所进行的文化“再创造”。经过数百年的积累，这种“新说”极大地丰富和补充了中国传统思想文化的体系，并因此成为其中具有“新”特质的一部分，甚至成为其中占有重要位置的一部分。所以，吕澂还指出：“中国佛学的根子在中国而不在印度。”① 它是在中国的土地上生根成长，并且开放出满园的鲜花，虽然它的思想的种子来自遥远的印度、遥远的“西天”。

吕澂说的这种“新说”，或者说既不同于印度的思想，也不同于中国传统思想的“中国佛学”，实际上是在隋唐时期完成的。这也是我们特别强调隋唐时期是佛教中国化的完成期的原因。

隋唐佛教势力的强大以及佛学家思想创造力的旺盛、理论成果的成熟与精深，以及与中国传统文化进一步融合，使得佛学成为当时思想界的主流。隋唐以后，尽管仍然有一些人士顽固地将佛教看作外来文化，但这种言论已不再有多大力量。因为在这个时候，佛教已成为中华文化的一部分，佛教已不再被看作是一种外来文化了。

佛教的中国化道路是佛教文化与中华传统文化之间双向选择的结果。方立天认为，所谓佛教中国化是指，印度佛教在输入过程中，一方面是佛教学者从大量经典文献中精炼、筛选出佛教思想的精神、内核，确定出适应国情的礼仪制度和修持方式，一方面使之与固有的文化相融合，并深入中国人民的生活之中，也就是佛教日益与中国社会的政治、经济和文化相适应、结合，形成独具本地区特色的宗教，表现出有别于印度佛教的特殊精神面貌和中华民族传统精神的特征。

佛教是一种系统结构，由信仰、哲学、礼仪、制度、修持、信

① 吕澂：《中国佛学源流略讲》，中华书局1979年版，第4页。

徒等构成，佛教中国化并不只限于佛教信仰思想的中国化，也应包括佛教礼仪制度、修持方式的中国化，以及信徒宗教生活的中国化。此后中国佛教的发展，就是按照各分宗派这个方向进行的。也正是因为如此，中国的佛教和佛学思想保持了活跃和蓬勃发展的态势。还有学者认为："佛教在中国之所以能够扎根，就在于它竭力顺应、接受、融合了中国的传统文化，其中包括中国的文字、语言、习俗、价值观念、政治思想等，而重构了具有中国文化特征的佛教模式。它首先用儒、道的概念、范畴来比附和阐释佛教经典，使佛经在一定程度上汉化，同时对佛教教义进行了迎合中国儒家传统的解释，使之与中国封建社会的意识形态相一致。"[①]

我国学者李鹏程认为，外来宗教本土化的现实性属于一个实践范畴，具体操作起来涉及十分广泛的文化内容，一般说来必须正确解决以下几个问题：

（1）外来宗教经典语言的译释问题。这里包括两个方面的内容：一是翻译，二是解释。将外来宗教经典翻译为本土语言，这是外来宗教本土化首先要解决的问题。解决了语言问题之后，还有一个解释的问题，因为不同的经典代表不同的文化，如果生搬硬用原来的语言、词汇，对外来经典不加以本土化的加工，不改变其"外邦之物"的形象，人们读起来费劲，念起来拗口，思考起来不与本土思想习惯相适应，必将阻碍人们接受外来宗教。所以经典概念、范畴的本土化问题十分重要。

（2）外来宗教和价值与本土精神价值结盟问题。只有同本土的类似的或相适应的精神价值结成联盟，表明自己对本土化传统的认

① 罗竹风：《宗教学概论》，华东师范大学出版社2001年版，第363页。

同，外来文化才能存在和发展。否则它的精神形象对于本土来说仍然是异己的。另外，对外来宗教来讲，还要处理好认同本土文化传统与坚持自性的关系。

（3）外来宗教和价值在本土文化空间的民众化问题。外来宗教和价值只有成为人民生活中的通俗的、日常的文化存在，它才能获得真正的立足。同时它也应该贯通本族文化各个阶层、各个领域，甚至及于各个亚文化系统，只有如此，它才能在异族当中生存下来，并不断走向稳固。

（4）外来宗教和价值的输入，必须在本土文化精英（知识分子）中取得认同，使它成为本土文化精英的自觉事业，不然，它必将仍然长期处于文化表层，而在文化深层结构中无立足之地，处于被批判、被阻碍、被排斥、被挑战的地位。[①]

对于李鹏程的这个研究，我们还可以从佛教的本土化、中国化的角度再展开一点说明。可以说，上述4个方面，我们在佛教传入中国的过程中都看到了。佛教向中国的传播，很大的精力用在佛典的翻译上，历经千余年，翻译了五六千卷佛教典籍，这些典籍都是用汉语翻译和表述的，都已经成为中国文化典籍的一部分，这个过程实际上就是对佛教典籍的本土化过程。在这个过程中，中国知识分子的参与和合作起到了关键性的作用。我国的佛教学者以及许多世俗的学者都参与了这个合作的过程，例如我们在玄奘的译场中就看到有朝廷的官员参加工作。这种合作不仅仅是为了翻译佛典，也表示了对佛教思想文化的理解和认同。上述李鹏程说的第二点，即外来宗教与本土文化价值观融合汇通的问题，可以说佛教能够成为

① 李鹏程：《当代文化哲学沉思》，人民出版社1995年版，第456—457页。

中华文化的一个组成部分，首先就在于与中华传统文化相融合的成功。他说的第三点，佛教对于中华文化的影响，也深入到人们的日常生活层面，深入到民间文化层面。所以，所谓本土化、中国化，就在于作为一种外来文化、外来宗教的佛教，成功地与中华传统文化相融合、相汇通，进而进入到中华文化的大系统之中，成为中华传统文化的重要的组成部分。

以唐代佛教八大宗派来分析，他们之间的一些差异也反映了与中国文化融合的不同情况。孙昌武将这八个宗派分为两组：

三论宗、法相宗、密宗为一类，“从宗义内容看，它们基本对应印度大乘佛教历史发展的三个阶段。它们把这三个阶段的内容移植过来，当然也作或多或少的改造和发挥，从而形成中国佛教的三个宗派。而作为大乘佛教前后发展层次三个段落的内容，它们能够大体同时被改造成中国佛教宗派，也正显示了中土文化多包容、善吸收的性格。但这种基本是按原型移植的办法，终究不能适应中土环境的需求，注定其走向衰败的命运”①。

另外五个宗派，天台宗、华严宗、禅宗、净土宗和律宗，它们的“基本共同点，即都是相当彻底地‘中国化’的佛教教派，在中国传播广远，影响巨大”。其中“天台和华严这两个具有丰富理论内容、富于社会意义又在知识阶层广有影响的宗派，都是积极发展大乘教义、给中土注入新鲜思想内容的宗派，也是充分体现本土传统精神与思维特征的中国佛教宗派。这一类型的宗派在高层次的理论领域中，创造了中国思想学术的新成果，其代表人物则是中国思想史上卓越的思想家”。而净土宗、禅宗和律宗“共同点是理论色

① 孙昌武：《中国佛教文化史》第4卷，中华书局2010年版，第1705页。

彩都十分淡薄，重在修持实践，因而也更富于群众性，在更广泛的社会阶层中传播，并在群众中发挥巨大的作用”。[①] 孙昌武还指出：“禅宗和净土宗乃是中土民众所真正需要的佛教，是体现民族精神的佛教。这是它们后来成为中国佛教主流的根本原因，也是二者能够终于相融合、相合流的主要原因。”[②]

值得注意的是，佛教的中国化过程，或者说佛教的中国化，是中国人对佛教主动进行理解、改造和剪裁的过程，在这个理解、改造和剪裁的过程中，有的被舍弃了，又有些东西添加进来，使之不再是印度佛教的原貌。虽然在佛教东渐的过程中，有许多西域和印度的僧侣来到中国传播佛教教义，翻译佛教典籍，也有他们主动与中华文化相适应的努力，但更多的情况是，他们的这些努力都是在中国僧人和士人的帮助和影响下进行的，比如最早的佛经翻译就是在中国士人或僧人的“笔受”下完成的。而在以后，更多的中国僧人和士人加入，他们按照既有的中华文化的思想背景，去理解来自国外的佛教思想，经过他们的加工改造，这些外国的思想就演变成为中国的思想了。佛教典籍浩瀚，内涵丰厚，思想深邃，经过中国佛教高僧大德长期持续的译经弘法，注释撰述，佛学成为一门专门学问，并与儒学、道学鼎足而三。中国社会的知识阶层一般也把佛教视作为一种学术思想学习钻研，且有所得。经过社会知识分子的研究，又使佛学思想广泛渗透到思想文化各个方面，进而使中国佛教在思想文化领域里的影响持久扩大。陈寅恪指出：“释迦之教义，无父无君，与吾国传统之学说，存在之制度，无一不相冲突。

① 孙昌武：《中国佛教文化史》第4卷，中华书局2010年版，第1705、1712页。

② 孙昌武：《中国佛教文化史》第4卷，中华书局2010年版，第1715页。

输入之后，若久不变异，则绝难保持。是以佛教学说，能于吾国思想史，发生重大久远之影响，皆经国人吸收改造之过程。”①

这就说到了另一方面的问题，即从中华文化方面来说所具有的包容性和开放性。佛教能够传入中国并与中国本土文化相融合的深层根源，是其前者的适应性以及后者的包容性。

佛教和中华文化之间进行了双向的选择。佛教选择了与中国传统相适应的策略，接受了许多中华传统文化因素，使之成为具有中国风格和气派的“中国的”佛教；中华传统文化选择了接受、理解和改造的态度，按照自己的方式和需要接受了这种外来的文化形态，并且将其补充到自己的文化体系之中，使之成为中华传统文化的一部分，成为“自己的”宗教。

佛教在融入中华文化的进程中，不仅改造了自身，同时，也极大地丰富了中华传统文化的形式与内容。它的独特的哲学思想、宗教意义、教规教旨，以及绘画、音乐、文学、建筑艺术等，包含一切世俗倾向的事事物物，为建立在自然经济基础之上的中华传统文化大观园奉献了一朵朵璀璨的奇葩。我们看到，佛教给中华文化带来的东西是极为丰富的、宝贵的、新奇的，在许许多多方面都提供了极为丰富和辉煌灿烂的内容。

费正清指出：“在佛教最辉煌的时代，它是中国文化的一个重要的组成部分……佛教最持久的贡献在于它补充了传统文化，而不是从根本上改造中国民族的价值观。它是民间神话与宗教的取之不尽的源泉，为中国的思想界补充了形而上学的空间，并极大地丰富了中国的文学和艺术。可以说，佛教美化了中国文化，但它并没有

① 陈寅恪：《金明馆丛稿二编》，上海古籍出版社1980年版，第251页。

像欧洲的基督教那样去改造整个文明。”[1]费正清的这个论述的重点在于，尽管佛教给予了中华文化以重大的影响，但是他认为这种影响在于“补充”和“美化”了中华文化，而不是全面地“改变”了中华文化。这一点提示很重要，使我们可以更清楚地认识佛教在中国传播的影响的本质意义。佛教的影响在于丰富了、“补充”了、“美化”了中华文化，所以它成为中华文化的一个“重要的组成部分”。但是这种丰富、“补充”和“美化”，是在保持了中华传统文化的价值观和基础上进行的，而且佛教本身也反映了这种价值观和文化基础，因而说佛教中国化了。

当然，不仅如此，更在于佛教的传播给予中华传统文化的激励与开发。它对于中华传统文化的冲击和挑战也是巨大的，这就促使中华文化自身做出相应的调整，做出相应的回应，使自己获得大发展的心理动力和刺激力量，激发出更大的文化创造力和创新力，促进中华文化一个新的大发展。

佛教传入中国后，经过中华文化的改造和剪裁，变成中国化佛教，成为中华文化的一个组成部分。在唐代，经过中国佛教学者们持续的努力，大体上完成了佛教的中国化过程，成为中华文化的重要组成部分，成为一组代表中华文化精神内涵的巨大的文化丛林。

三教并行：佛学与中国思想的相遇

道教的勃兴和玄学的活跃，以及儒学在新形势下的发展，是当时佛教在中国所面对的思想文化环境。对于中国人来说，佛教是一

①［美］费正清、赖肖尔、克雷格著，黎鸣等译：《东亚文明：传统与变革》，天津人民出版社1992年版，第111页。

种外来的、新鲜的、与中国思想迥异的文化形态。

当外来佛教的思潮和典籍大规模涌进中国时，就面临着与中国的传统文化和传统观念发生全面的接触，与当时同样活跃的玄学、道教以及儒学的碰面、交流、对话与交锋。其中有激烈的论战，也有相互的融合；有尖锐的对立，也有相互的补充。

在汉代，初传的佛教主要依附黄老道术而在社会上流传，并通过汉译佛经而表现出了道化和儒化的倾向。儒家则从佛教出家修行有违孝道等方面对之加以排斥，而正处于初创阶段的道教却往往借助佛教这一比较成熟的宗教来发展自己。佛教对儒学基本上以妥协调和为主，有时甚至采取积极迎合的态度。对道教，佛教则把道教与道家作了区分，引老子与老子之道来为自己辩护，同时既借助神仙方术来传播佛教，又对道教推崇的辟谷长生等进行了抨击。魏晋南北朝时期儒家的反佛，主要还是从社会经济、王道政治和伦理纲常等方面来排斥佛教，也开始出现从哲学理论的层面来对佛教加以批判。历史学家范文澜概括当时思想文化领域的复杂局面时说："儒家佛教道教的关系，大体上，儒家对佛教，排斥多于调和，佛教对儒家，调和多于排斥；佛教和道教互相排斥，不相调和（道教徒也有主张调和的）；儒家对道教不排斥也不调和，道教对儒家有调和无排斥。"①

葛兆光把佛教传入中国后引起的冲突归纳为3个问题，即在古代中国文明的特殊环境中，"宗教团体是否能够与世俗国家礼仪共处并拥有独立存在的可能？宗教信仰是否可以优先于社会的伦理信条和道德规范拥有绝对的地位？宗教理想是否可以消泯民族文化的特

① 范文澜：《中国通史简编》修订本第2编，人民出版社1964年版，第439页。

殊性而拥有普遍的意义？”①

但是，在笔者看来，从中外文化交流史的视角来说，最核心的问题，还是纠缠着中国文化史的“夷夏之争”，即本土文化对外来文化的应对和抗拒，以及欲迎还拒的纠结心态。一方面，出于文化本位的立场，对外来文化首先是提防、反感、排斥和抗拒，以维护本位文化的地位和尊严；另一方面，对于外来文化所带来的新鲜的、陌生的东西，又想去接触、去了解、去接受，以促进本位文化的丰富和发展。这两种倾向的纠结，实际上是一切人类文化系统内在的文化矛盾，这种文化矛盾反映了文化系统内部的守成与发展两种力量的张力，也是人类文化史发展的根本动力。

在当时思想文化界这样复杂的关系中，佛教在与儒、道、玄的斗争与调和、交涉与融合之中得到进一步发展，特别是通过依附玄学而“因风易行”，迅速传播。由于玄学本质上是儒和道的融合，因而玄佛合流实际上也就表现出了三教融合的重要意义。由沙门敬不敬王者引发的佛法与名教之辨和由老子化胡说引发的佛道之争等，反映了这个时期儒佛道三教在并存共进中的冲突，而这种冲突往往也从反面促进了三教各自的发展。随着三教的不断发展，特别是佛道二教的成熟，南北朝时期三教关系得到了全面的展开，它们共同汇成一股强大的思想洪流，推动着中华文化的发展。

在这个思想洪流中，佛教也直面中国的文化思想环境，在这种博弈中促进了自己的传播与发展。

魏晋南北朝时期佛教与道教、与儒家经学和玄学之间互相的交锋、论争和相互的影响与激荡，冲突融合，互渗互补，成为当时中

① 葛兆光：《7世纪前中国的知识、思想与信仰世界》《中国思想史》第1卷，复旦大学出版社1998年版，第568页。

国思想史上一道奇特的风景。到了唐代，学术思想文化的一个重要特点就是三教并行，儒家经学、道教和佛教，相互争论又相互融合，构成了中国思想学术和文化发展的重要内容，而且在一定程度上决定着整个中国思想学术和文化的特点及其发展的走向。

唐朝建立之初，由于李氏王朝推崇老子，出现了佛道之争。李氏王朝把道教排在佛教之前。但是不论唐王朝对佛道二教在地位上有什么抑扬变化，但以儒学为本的方针，始终不变。他们基本上都是在确立儒学正统地位的同时而以佛、道为官方意识形态的重要补充，在三教中他们其实都是更看重以儒学来维系现实的宗法制度。唐朝极力提倡儒家经世之术，宗教神学必须严格服从政治、经济、军事的需要。唐太宗即位以后，大力提高儒家社会地位，使儒家思想在三教对峙中处于更加有利的地位。

在唐代的士大夫中虽然不乏崇奉佛道者，如白居易受佛教影响极深，但他在《议释教》一文中指出，儒释道三教鼎立，但治理天下要一元化，佛教有些内容虽可以“诱掖人心，辅助王化”，但决不可以以佛代儒，舍本逐末，因为那些东西儒家本有，所谓“王教备焉，何必使人去此取彼”。所以有唐以来，无论是上层统治者，还是士大夫知识阶层，虽然崇奉佛道者大有人在，但他们思想的主导成分仍是儒家。

总体上说，自从儒家学者王通主张儒佛道相调和以后，隋唐时期的帝王虽然出于个人的好恶而会表现出对儒释道三教的不同态度，但基于现实的考虑，他们基本上都采取了三教并用的文化政策。但是王通所谓三教调和，并不是在理论上互相融通，而是在推行上兼顾并重，同时共存。所以在初唐、盛唐时期三教各有所发展。在政治制度和经济措施方面主要是利用儒术，在思想和风俗方面主要是利用佛道二教。中国的思想学术发展出现了儒释道三教鼎立的局面，儒学、经学、佛学和道学都获得了充分的发展。

三教鼎立的局面也是中国学术思想史发展的一个合乎逻辑的结果。是汉魏以来儒佛道三教关系历史演变的延续，是三教各自的发展与三教关系长期互动的结果。汉魏以来，佛教与儒学、道教就进行着激烈的争论与思想交锋。但是，汉魏以来三教之间的长期冲突与融合使各家都清楚地认识到消灭他方的不可能以及借鉴吸取他方的长处来发展自身的重要性，因而到了隋唐时期，三教虽然矛盾依然不断，三教优劣高下的争论有时还相当激烈，但从总体上看，三教基于各自的立场而在理论上相互融摄成为这个时期三教关系的最重要特点。

隋唐思想学术的发展，在三教鼎立的三教关系新局面下展开。这种新局面，不仅推动了隋唐思想学术的发展，而且也对唐宋以后的中国思想学术产生重要影响。隋唐时期儒释道三教理论上的融合，虽然主要还是各家立足于本教而融摄其他两教以丰富发展自己，但它却为唐宋以后三教思想理论上的进一步融合奠定了基础。唐宋之际，三教鼎立的局面逐渐让位于三教合一，至宋代，随着新儒学的出现和被定于一尊，儒释道三教终于形成了绵延千年之久的以儒家为本位的三教合一思潮。宋代以后，以心性论为主要哲学基础的三教合一逐渐成为中国思想文化发展的主流。儒释道三教经过长期的冲突与交融，终于找到了以儒为主、以佛道为辅的最佳组合形式。

宋赵葵《杜甫诗意图》（局部），上海博物馆藏。

第十二章　艺术与审美精神

原始艺术萌芽

中华文明在漫长的发展进程中，发展起来美术、乐舞等丰富多彩的艺术形式。这些艺术形式表现了中国文化的审美精神，体现了独特的东方神韵，也是中国人日常生活的重要组成部分。孔子说到君子人格的养成，有四个方面的要求："致于道，据于德，依于仁，游于艺。"游于艺，就是通过多种艺术形式，进行美的教育。

在中华传统文化中，艺术审美对人格修养的重要性受到高度的重视。"依仁游艺"是中华传统文化经典的艺术生活原则。只有游于艺而领悟其美妙的人，才能体悟"道"，修养"道"，成为完美

的有德有仁的人。

早在新石器时代，中华文明不仅已具有一定程度的物质文明，而且在艺术文明方面也初现辉煌。艺术也是保存和传承信息的一种形式。原始时代的艺术，多数情况还不是为艺术而艺术，都具有保存和传承文化的实际功能。

中国新石器时代的艺术创作往往与日常用品相结合，具有手工艺品的鲜明特点。在各地的新石器时代中早期的遗址中已经发现了一些原始绘画作品。绘画主要表现在彩陶和彩绘陶上。彩陶是一种艺术品，是绘画与造型完美结合的艺术创作。仰韶文化时期绘在彩陶上的图案，其中又以几何形纹图案最为丰富多彩，它们以横、竖、斜、弧、涡、曲、折形的色线，通过平行、交叉、重复、叠压、连续、间隔、粗细、疏密等变化组合的手法，构成对称图案，有的还在色线之间填上红、赭、黑、白颜色，使得图案色彩对比强烈而又和谐。除了几何纹外，还有一些图案是由植物花纹或动物图案变形而来。据学者研究，鱼纹、蛙纹、鹿纹、龟纹、人物等图案可能具有一定的宗教意义，有些可能是祭祀或巫师施巫的产物。

雕塑有雕刻和陶塑两类。雕刻是以坚硬的雕刻工具在各种材料上进行加工。陶塑是用陶土捏塑成各种造型，有时也会使用雕刻手法。目前发现的木雕最早的是沈阳市新乐遗址出土的距今7300年的鸟形木雕。在浙江省余姚市河姆渡遗址也发现了木雕蝶形器等建筑构件，还出土了 2 件木雕鱼。陶雕是指在陶坯上阴刻图案花纹，在河姆渡文化、赵宝沟文化、大汶口文化、龙山文化和良渚文化诸遗址中都有出土，以河姆渡文化遗址出土的最多，主要在陶器上刻划猪纹、鸟纹、猪穗纹、五叶纹、芽叶纹、鱼藻水珠纹以及几何纹等，许多图案的形象都相当准确、生动，反映雕刻者的艺术功力。[1] 另外，还有骨雕、牙雕、石雕和玉雕等不同材料的雕刻艺术品。

原始音乐歌舞更充分展现出先民们丰富的情感世界。《尚书·尧典》记载，帝舜命夔主持乐教，通过乐教，使年轻一代正直、温和，宽容而谨慎，刚正而不凌人，简约而不傲慢。歌诗与音乐可以陶冶人的心性与情趣，抒发人的志向。不同的乐律与节拍可以演奏出和谐的乐曲，使人不相乱伦，神人听到都会感到愉快和融。

最早的诗歌是咏唱生产劳动内容的。如赵晔《吴越春秋·勾践阴谋外传》中记录了一首据说是黄帝时期的歌谣《弹歌》，歌词极为简短，每句只有两个字，共有四个短句："断竹，续竹。飞土，逐肉。"意思是砍下竹子，做成弹弓，射出弹丸，逐杀禽鸟。反映了狩猎劳动的具体情形。

乐舞在一定程度上是知识传播和文化传承的组成部分，其内容丰富多彩，涉及社会生活的各个领域。《尚书·虞书》说："诗言志，歌永言，声依永，律和声。"《礼记·乐记》说："诗，言其志也；歌，咏其声也；舞，动其容也；三者本于心，然后乐器从之。"都说的是诗歌与乐、舞是合为一体的。古籍中关于乐器创制的记载和彩陶上集体舞蹈的图形，说明原始音乐、舞蹈已经成为先民生活的一部分。

原始舞蹈的最大的特征就是群众性、参与性，而非表演性。因为当时的舞蹈不是单纯为了观赏，而是宗教（巫术）性、欢庆性或者狂欢性的群众活动，即没有专业的表演者，最多是在有人（如巫

① 浙江省文管会等：《河姆渡遗址第一次发掘报告》，《考古学报》1978年第 1 期。浙江省文管会等：《河姆渡遗址第二次发掘的主要收获》，《文物》1980年第 5 期。吴玉贤：《河姆渡原始艺术》，《文物》1982年第 7 期。

唐李寿墓壁画《乐舞图》，陕西历史博物馆藏。

师）带领下的集体起舞。集体舞蹈还必须有一定的节拍和音乐伴奏，才能步伐一致，互相配合。最简单的方法是以踏步、击掌或装饰品摩擦发出响声。它们就是中华民族舞蹈的源头。

周公“以乐治国”

周朝建立之初，周公为周王朝制定新的政治制度。这套新的政治制度，包括两个方面，一是礼，二是乐。在本书第四章，已经对周朝礼的建设做了论述。礼表示差异。但是，“一个社会只讲差异，不讲和同，社会就无法和谐。因此周公在‘制礼’的同时又‘作乐’，使‘礼’与‘乐’相辅相成，或者说相反相成。‘乐’当然是音乐，但是它超越了音乐，带上了浓厚的政治色彩、社会色彩。‘乐’的功能是，以音乐节奏激起人们相同的共鸣情绪——喜怒哀乐，产生类同感，仿佛‘四海之内皆兄弟’”①。礼强调的是别，即所谓“尊尊”；乐的作用是和，即所谓“亲亲”。有别有和，是巩固周人内部团结的两方面。

乐是配合各贵族进行礼仪活动而制作的舞乐。与礼相配合的乐，包括乐曲、舞蹈和歌词，是行礼时的艺术呼应。对音乐在礼仪中的应用按不同等级作出了严格规定，违反规定便是“僭越”或者“非礼”。

这些与礼仪结合的音乐，被称为雅乐，所谓“雅乐”，就是祭祀天地、神灵、祖先等典礼中所演奏的音乐，包括用于郊社、宗庙、宫廷仪礼、乡射和军事大典等各个方面的音乐，其基本风格是

① 樊树志：《国史十六讲》，中华书局2006年版，第25页。

庄严肃穆。其名称的由来，当取其歌辞“典雅纯正”之意。

礼从外部给人提供一种社会规范，而乐使人从情感内发，趋向这种规范，故“知乐则几于礼”，因此“礼乐”历来并称。有了礼的规范，政的划一，刑的强制，配之以乐的感染，便能同一民心，成就“治道”，这正是周代“制礼作乐”的深远用意。

周代的乐舞艺术本身就是礼乐制度的重要内容之一。经过周公的整理，西周的乐舞在形式上更加规范，内容上有严格的要求，使用上也有严密的等级分别，宫廷设置了庞大的乐舞机构，统一由大司乐掌管。同时，还设立了专门的教育机构，向奴隶主贵族子弟传授乐舞知识。对他们进行乐德教育，使他们能做到中、和、祗、庸、孝、友；进行乐语教育，使他们能够兴、道、讽、诵、言、语；进行乐舞教育，使他们能舞云门、大卷、大咸、大磬、大夏、大濩、大武，以六律、六同、五声、八音、六舞谐和音节，使进退应节舞声相合。西周时的乐器，种类繁多，说明当时音乐的表现力已经非常丰富。《周礼·春官·大师》中还把周代的乐器按不同质料分为8类，即金、石、土、革、丝、木、匏、竹，谓之“八音”。八音齐备，后来就成为中国古老的传统音乐的同义语。

周代的舞蹈艺术是与雅乐相配合的宫廷雅舞，分为大舞和小舞两种。大舞即《六代舞》，也称为《六舞》或《六部乐舞》。这六种舞蹈分别在不同的场合应用。六代舞都是祭祀乐舞，它们分别有不同的祭祀对象。小舞是贵族子弟跳的六种祭祀舞，包括帗舞、羽舞、皇舞、旄舞、干舞、人舞。宫中设乐师，教贵族子弟小舞。除了大舞和小舞外，还有其他一些用于祭祀或宴乐的舞蹈。

周朝建立起了中国历史上第一个完备的宗庙音乐体系。西周是中国上古音乐的集大成时期，也是音乐的高度繁荣时期。

及至隋唐时期，音乐舞蹈艺术发展到它的一个高峰。隋朝设立了音乐机构太乐署（雅乐）、清乐署（俗乐）和鼓吹署（礼仪音乐），归属掌管礼乐的太常寺。当时的宫廷燕乐广泛吸收国内外的多种乐舞，在朝廷宴会上表演。

唐代音乐大体可分为3类：

一是汉魏以来的雅乐，是为帝王歌功颂德的庙堂乐章。雅乐主要用于祭祀和朝会等隆重场合，是一种相当程序化的庙堂音乐。

二是六朝清乐，主题是相和大曲与江南的吴声俚曲，较雅乐活泼新鲜，只是情调较为单一软媚，囿于男女情爱，大部分已散失不传。

三是隋唐新兴的燕乐，它是广泛吸收边塞、西域乐曲和中原原有乐曲融合而成的一个新的乐曲系统，较之雅乐、清乐，燕乐丰富多彩，面貌繁盛，情调丰富，旋律节奏灵活多变。燕乐主要是在宴饮的场合表演的音乐和歌舞。

唐朝的燕乐是在隋朝九部乐的基础上发展而来的。隋朝把各代各民族乐舞交融互滋的散珠碎玉，用九部乐的形式归入宫廷燕乐系统，定清乐、西凉、龟兹、天竺、康国、疏勒、安国、高丽与礼毕等为九部乐。唐朝建立后，继承隋代乐舞，“仍隋制设九部乐”，贞观十六年（642）增加高昌乐，在隋朝九部乐的基础上形成了唐朝的十部乐。十部乐中，天竺、康国、安国等乐都是前代自西域地区传入内地的音乐，以国名来命名乐部，表明这些音乐仍然保留着较强烈的异域色彩，未与中国内地固有的音乐文化融为一体。此后，以国别分类的方式渐泯，出现了立坐二部分类，堂下立奏者为立部伎，堂上坐奏者为坐部伎。立部伎八部，坐部伎六部。

唐代的乐曲分为杂曲子和大曲两类。杂曲子比较短小，大曲则是包括许多乐章的具有固定结构的大型套曲。唐代发展形成的“大曲”，集器乐、歌、舞于一体，是一种较高的艺术形式。因为大曲结构庞大，演出一遍时间就很长，如著名大曲《霓裳羽衣曲》大约要一个多小时。

为了适应宫廷燕乐的需要，唐王朝建立了庞大的音乐管理机构。太常寺是掌管礼乐的最高机关，太乐署、鼓吹署不单兼管雅乐、燕乐，还主管音乐艺人的教育和考核。专门的音乐表演人才在太乐署学习10—15年，按考试成绩评为上、中、下三等，最后要掌握50首技巧高难的乐曲方算修完学业。除太乐署、鼓吹署外，唐代还有其他一系列音乐教育的机构，如教坊、梨园以及专门教习幼童的梨园别教园。这些机构主要传习俗乐，收集民间乐舞，加工提高

唐三彩骆驼载乐俑，陕西历史博物馆藏。

唐代陶彩绘女舞俑，故宫博物院藏。

后再进行传播。

与音乐密切联系的舞蹈艺术，在唐代也有了很大的发展。唐朝的舞蹈丰富多彩，主要的舞蹈种类包括九部乐、十部乐、坐部伎、立部伎等宫廷燕乐，大曲这样含有戏剧因素的舞蹈，宗教祭祀活动中的舞蹈，以及节日群众自娱性的歌舞活动。

唐代的表演性舞蹈，按其风格特点大体可以分为健舞和软舞两大类。软舞舞姿优美柔婉，抒情性强，节奏比较舒缓；健舞舞姿矫捷雄健，节奏明快，这种舞大多来自西域民族和中亚、波斯等地。《霓裳羽衣舞》被赞为唐代歌舞的顶峰，属于软舞。

魅力无限的中国画风

在原始社会时代，中华文明就出现了最早的绘画艺术。到秦汉时期，形成了中国绘画史上第一个繁荣而有生气的时期。秦汉绘

画艺术，大致包括宫殿寺观壁画、墓室壁画、帛画、木刻画与木简画、工艺装饰画等门类，在艺术表现上技法古拙而风格鲜明。其总体风格具有质朴、雄浑、鲜明、奔放的特点。画像砖石是绘画、雕刻和建筑三种艺术形式相融合的一种综合艺术形式，是以刀代笔的绘画艺术。汉代画像砖石，构图严谨，主题鲜明，技法稚拙简练。

魏晋时，出现大量的人物画，在中国绘画史上地位突出。南朝绘画，承前启后，五彩缤纷。士人画家改变汉代粗犷、繁复的风格，向精密技巧方向发展。他们重视传神写照，尤其善于表现人物性格。他们又从人物画向山水画过渡，并将外来技法运用于个人的

唐永泰公主墓壁画《宫女图》，陕西历史博物馆藏。

创作实践，形成诗书画统一的艺术整体。

佛教东渐以及与西域各民族的文化交流，给我国传统的绘画带来了新样式和新内容，丰富了绘画理论和技巧。东吴曹不兴是最早接受西域佛画影响的画家，他画法上参取了印度艺术风格，创造性运用在中国原有的技巧之中，画法由简古朴拙而趋向细密柔巧，在中国绘画技法上引起一大转变。他最善于画人物佛像，曾在50尺绢上画人物，运笔迅速，顿时成画，不失尺度，衣纹皱褶，别开新样。曹不兴的弟子卫协画佛像，更是栩栩如生，据说他画有《七佛图》，不敢点睛，唯恐佛由画成真，因而卫协得“画圣”的称号。卫协的弟子有张墨、顾恺之等，都享盛名。

顾恺之提出了“以形写神”之论，相传他在建康瓦官寺壁上绘的维摩诘居士图，光彩耀目，轰动一时。顾恺之追求“传神”这样明确的艺术判断，前无古人，而“传神”二字成为中国画不可动摇的传统。顾恺之的作品很多，其中《中兴帝相列像》《列仙图》《三天女图》《虎豹杂鸷鸟图》《白麻纸十一狮子图》《女史箴图卷》《洛神赋图卷》等为世所推崇。

隋唐时期的绘画艺术，在中国的美术史上，形成了一个名家辈出、门类齐全、成绩斐然的绘画高峰。

隋代的绘画艺术包括壁画、人物画和山水画的成就都十分突出。据张彦远的《历代名画记》载，当时的绘画已出现人物、山水、花鸟、鬼神、鞍马、屋宇等分科，标志着唐代绘画进入了一个全面发展的历史阶段。佛寺、陵墓、石窟中的大量壁画更加出色，成为绘画成就上的神来之笔。在历史上享有盛誉有如阎立本、尉迟乙僧、李思训、吴道子等。

隋唐时期寺院壁画呈现出百花齐放的兴盛局面。中国自先秦以

唐代壁画《反弹琵琶图》，敦煌莫高窟112窟。

来就有用于政治教化的“图壁”。在春秋战国时期，壁画这一艺术形式已经出现在原始宗教的祠庙之中。壁画艺术在隋唐时达到极盛。当时宫殿、衙署、厅堂、寺观、石窟、墓室都有壁画装饰。唐代壁画继承汉魏的传统又有巨大发展，壁画题材由图绘人物及佛道故事扩大到表现山水、花竹、禽兽等方面，内容及技巧上均大大超过前代。

宋刘松年《瑶池献寿图》，台北故宫博物院藏。

在初唐的画坛上，阎氏兄弟颇负盛誉。阎立本善画人物、车马、台阁，尤擅长于肖像画与历史人物画，他的绘画，线条刚劲有力，色彩古雅沉着，人物神态刻画细致，被时人列为“神品”。其兄阎立德亦长书画、工艺及建筑工程，父子三人并以工艺、绘画闻名于世。

在绘画题材上，宋代与唐代有着明显的不同，唐代宗教画是绘画中的主流，宋代的绘画以欣赏性、装饰性强的作品为主。宋代成为以写实风格为主而艺术品格极高的山水、花鸟画的极盛时代。

宋代皇帝中，仁宗、徽宗、钦

宋苏汉臣《百子嬉春图》，故宫博物院藏。

宗、高宗都妙擅丹青，其中以徽宗赵佶最为突出。他曾说：“朕万几余暇，别无他好，惟好画耳。”据史载，赵佶曾图绘各地所献名花珍禽等，“增加不已，至累千册”。宋代各朝都设翰林图画院，画院画家作画必须适合宫廷趣味。画院崇尚工笔写实，描绘真实细腻、风格工致富丽，时人称为“院体”。宋代的宫廷绘画以其丰富辉煌的艺术创作，成为宋代绘画的重要组成部分，在我国绘画史上有其重要的地位。

北宋后期，苏轼、米芾等提倡士人画，士人画中有一部分基本上即后世所说的文人画。这些文人画家有自己独特的审美心理和独到的美学见解。“一般来讲，文人画不像宫廷和市民绘画那样写实，它着重主观意趣的表现，不作雕琢，不假繁饰，注重笔墨，画面上题写诗文，使书法、文学、绘画熔为一体；思想内容以超然物外为高，题材上多描绘山水、梅兰竹石及花卉，人物画很少，表现市井生活的风俗画更为少见。”①

到元代，文人画特别是山水画取得了突出的成就。元代文人画在意境的表达，水墨、写意等技法，以及诗书画印结合的艺术形式的创造等方面，都有很大的突破。赵孟頫、高克恭以及“元四家”黄公望、吴镇、倪瓒、王蒙，成为明清山水画家倾心追逐模拟的典范。

明代的“院体画”和“文人画”是画坛的主流。洪武初年，朝廷设立画院，元末的画家奉诏入宫。其他皇帝如宣宗、景宗、宪宗、孝宗等都热衷于画，此期的宫廷绘画最为兴盛。宫廷画家也名手辈出，人才济济。

院外的民间画家以山水画的师承和风格为标准，形成许多不同的派别。“吴门画派”是明代典型的一个绘画流派，其艺术特色在于继承和弘扬宋元以来文人画的传统，一跃成为画坛的盟主。沈周、文徵明、唐寅、仇英是该画派的代表，合称“吴门四家”。董其昌是“吴派”的主要传人，自嘉靖至明末为“吴派”的中坚，促进了晚明画坛的蓬勃发展。

清代皇帝，大多爱好绘画艺术。顺治至康熙中，受皇室扶植的“四王”画派，以王时敏、王鉴、王翚、王原祁为代表，成为画坛的正统派，他们以摹古为主旨，讲究笔墨趣味，技巧功力超卓。他们的山水画风影响到整个有清一代。乾隆朝时，受意大利传教士郎世宁的影响，在宫廷画家中还出现了“郎世宁画风”。

中国的绘画艺术，充分表现了中国人的审美精神和艺术情趣，

① 龚书铎总主编，王育济等著：《中国文化发展史》宋元卷，山东教育出版社2013年版，第261页。

郎世宁《哈萨克贡马图》（局部），法国巴黎吉美博物馆藏。

表现了特有的东方神韵。反映出中国人心灵深处的隐秘的精神世界。林语堂指出：“平静与和谐是中国艺术的特征”，“正是这种平静和谐的精神，这种对山中空气（‘山林气’）的爱好，这种时常染上一些隐士的悠闲和孤独感的精神和爱好，造就了中国各种艺术的特性。于是，其特性便不是超越自然，而是与自然融合”①。

独具神韵的书法艺术

书法艺术是中国独有的艺术形式，它把文字的书写性发展到一种审美阶段。书法是中国美学的重要图腾。林语堂说：“如果不懂得中国书法艺术及其艺术灵感，就无法谈论中国的艺术。”②

作为早期文字的甲骨文和象形字，以及稍后的大篆（籀文）、

---

① 林语堂：《中国人》，学林出版社1994年版，第282、284页。

② 林语堂：《中国人》，学林出版社1994年版，第285页。

东晋王羲之《兰亭序》（唐摹本），故宫博物院藏。

小篆，已具有对称、均衡的特点，以及用笔（刀）、结字、章法的一些规律性因素。在线条的组织，笔画的起止变化方面已带有墨书的意味、笔致的意义。后人所谓参差错落、穿插避让、朝揖呼应、天覆地载等汉字书写原则，在甲骨文上已经大体具备。

秦代隶书的出现是汉字书写的一大进步，不但使汉字趋于方正楷模，而且在笔法上也突破了单一的中锋运笔，为以后各种书体流派奠定了基础。秦代李斯的小篆，笔画均匀，圆浑遒健，沉着舒展，蕴含着雄强浑厚之气。汉代隶书结体方正，具有充实、丰满和劲利之美。秦汉时期，小篆、隶书、草书、行书和楷书等各种书体都已相继出现，奠定了后代书体的基础。

魏晋时期，书法迎来了它的成熟期。出现了“书圣”王羲之。他的书法自由潇洒，或宛如游龙，或翩若惊鸿，正是个人审美意识寄托于字体、笔意、结构、走势的结果。王羲之的行书《兰亭序》被誉为“天下第一行书”。王羲之之子王献之，更进一步发展了这种自由精神，将行书发展为今草。王献之的《洛神赋》字法端劲，

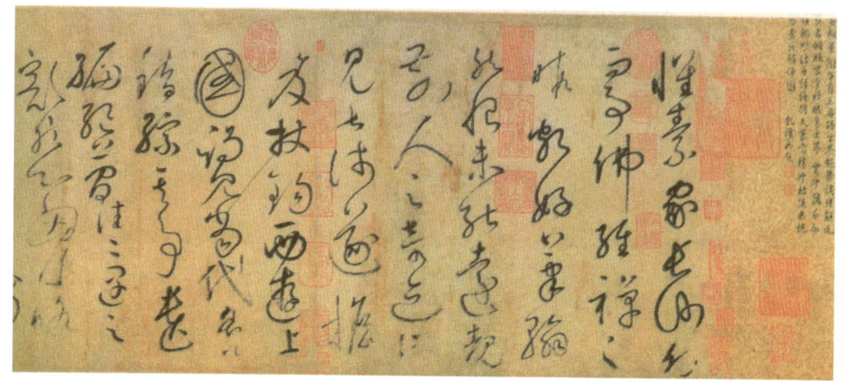

唐怀素《自叙帖》，台北故宫博物院藏。

所创“破体”与“一笔书”为书法史一大贡献。草书一旦成为世风，书法便由实用为主转为艺术为主了。

隋唐的书法艺术是中国书法史上盛况空前的时代，擅书之人层出不穷。欧阳询、虞世南、褚遂良、薛稷，史称“初唐四杰”。他们的书作具有典型的晋隋风骨，但又各具情态。唐太宗对王羲之书法推崇备至，极大地推动了初唐时期书法创作的繁荣。颜真卿、柳公权书作法度森严，神完气足，但又各有特色，人称“颜筋柳骨”，具有典型的唐楷风范，其影响深远。张旭、怀素是狂草大师，书作笔意奔放，气势连绵，达到了登峰造极的艺术境界。

宋元书法家转向以书法抒发个人的情感意趣，强调书法创作的个性化和独创性。出现了“宋四家”苏轼、黄庭坚、米芾、蔡襄，元代的赵孟頫等名家。宋朝书法尚意，重哲理性、书卷气、风格化、意境表现。“宋四家”力图在表现自己书法风貌的同时，凸现出一种标新立异的姿态，使学问之气郁郁芊芊发于笔墨之间，并给人以一种新的审美意境。元朝书坛的核心人物是赵孟頫，他的书法

“温润闲雅”“秀研飘逸”，他所创立的楷书“赵体”与唐楷之“欧体”“颜体”“柳体”并称“四体”，成为后代临摹的主要书体。

由于明代书、画家集于一身的现象较前代更为突出，以及作品的样式日趋成熟，故而明代书法“尚姿”的风气更浓。明代后期徐渭、董其昌、黄道周、张瑞图、倪元璐、王铎、傅山等人的书法，在书法艺术的个性化、书法作品形式感上，都有十分可贵的探索并取得了一定的成就。清代书法分为帖学与碑学两大发展时期。晚明的帖学进一步光大发扬，书法家们在尊重传统的同时，力图表现出新面貌，或以淡墨书写，或改变章法结构等。另一方面，金石出土日渐增多，士大夫从热衷于尺牍转而从事金石考据之学。学碑才渐渐成为清朝书坛的发展主流。当时的书家纷纷用碑意写字作画，达到了尽性尽理、璀璨夺目的境地。

宋书画孝经图册（局部），台北故宫博物馆藏。

第十三章　文明传统的同构

文明的“大传统”与“小传统”

中华文明可以分为“大传统”和“小传统”两个部分。

所谓“大传统”，指的是知识阶层的规范性文化，以学派思潮、历史典籍、文物制度、艺术创作等形式存在，并在官方和民间得到保存和传播，是有意识、有目的并经过理性思考而创造的文化，代表着中华文明的基本精神，规定着中华文明的基本发展方向。本书前面诸章所论述的内容，多属于“大传统”的范畴。“小传统”指的是在人民群众中流传的非规范性的文化，它渗透在人们的日常生活中，通过潜移默化的方式世代相传。在中国传统社会，农民是全国人口中最大的一部分，“小传统”主要是在乡村中产生和传承的，它以民间风俗、口头文学、方言俚语等形式存在，是农民的日常生活的文化。

“大传统”和“小传统”是两种不同的文化，它们互相独立，但又绝不是各自封闭的。“大传统和小传统可以看做是思考和行为的两条河流，它们彼此区别，但又曾经汇在一起，超出自身的范围之外。”[①]在中国历史上，大多数知识分子都是来自农村，是在家庭私塾教育制度下培养起来的，他们与农民和农村有着千丝万缕的联系，在他们的思考和文化活动中，不可避免地受到“小传统”文化因素的熏陶和影响。“大传统”中许多伟大的思想和优秀作品往往起源于民间，脱胎于“小传统”文化。因而，在中华传统文化中，始终包含着一种明显的农民的精神气质，始终具有农业文明的性质。另一方面，“大传统”形成后又通过种种渠道回到民间，进入“小传统”文化中，并且在意义上发生种种始料不及的改变。同时，由于中国知识分子历来尊奉“经世致用”“齐家治国”的价值取向，自觉地担当起社会教化的职能，往往有意识地把“大传统”的文化规范成民俗，给民俗文化赋予“大传统”的文化意义，这就使中华文明中“大传统”与“小传统”之间的传通具有自觉的性质，使它们在基本精神和价值取向上趋向一致。这是中华传统文化的重要特点之一。

在中世纪的欧洲，“大传统”和一般人民颇有隔阂，成为一种“封闭的传统”。因为欧洲的“雅言”是拉丁文，其传授在学校，是属于上层贵族的文化。至于各地的人民则都采用方言，可以和拉

①［美］P.K.博克著，余兴安、彭振云、童奇志译：《多元文化与社会进步》，辽宁人民出版社1988年版，第230页。

丁文互不相涉。中华文化很早就有“雅”和“俗”两个层次的区分，但中国的“雅言”是本国语文的标准化或雅化，因而中国的“大传统”与“小传统”也易于交流。

在中华传统文化中，作为“大传统”的儒家文化塑造着我们民族文化精神的同时，作为“小传统”的民俗文化也同样发挥着传承文化的重要作用。传统文化的传承，不仅在教育层面和精神文化层面，而且就在我们的日常生活之中，体现在日常的风俗、礼俗之中。它们和主流文化精神一起构筑了我们的生活环境、生活空间，也一起传承着中华文明的精神和生命力。

中华民族的习俗文化丰富多彩，源远流长。早在《诗经·周南·关雎序》中便有了“美教化，移风俗”的提法。有人认为《诗经·国风》堪称中国习俗史的权舆，其中的每一首诗都是一幅习俗画，一部《国风》就是一部上古风情录。如《国风》中就有表现爱国精神、保家卫国的意志，《秦风·无衣》：“岂曰无衣？与子同袍！王于兴师，修我戈矛。与子同仇！”表现了士兵积极应召、勇于赴敌的气概。早期形成的中华民族的文化风俗，对于中华传统文化的传承与发扬都起到重要作用。汉定天下，国力渐强，风俗文化也有不同程度的创造和定型，展现出一派崭新的面貌。“秦汉社会风俗文化不仅是一派时移俗易的新风貌，而且对后世产生了深刻而广泛的重大影响。”①

民俗文化主要体现在人们的衣食住行等日常生活方面。中国的服饰习俗丰富多彩，向以“衣冠王国”著称于世。在远古时代，服饰主要是为了御寒、防暑、护体和遮羞。进入文明时代后，服饰常

① 龚书铎总主编，黄朴民等著：《中国文化发展史》秦汉卷，山东教育出版社2013年版，第441页。

被用来区分等级、职业、民族、年龄和性别，并出现了服饰的审美价值日益上升的趋向。秦汉时期对服饰美的追求已达到相当高的境界。不同阶层、不同民族、不同场合、不同环境的服饰，风格各异，从而使服饰的等级性、民族性、时代性等有机结合，融为一体。

在婚姻和丧葬习俗方面，汉代也已经基本定型。等级性是秦汉时期婚姻的特点之一。婚姻礼仪并非与“六礼”完全契合，大致要经过八个重要的环节。除了注重父母之命、媒妁之言的聘娶婚外，还可列举九种其他的婚姻形式。在丧葬方面，西汉前期，沿用旧的丧葬礼仪，讲究棺椁、礼器制度，墓中多以珍宝与实用器皿等随葬；后一阶段随着儒家思想对人们日常生活的制约，象征性的墓室、器物、俑开始涌现。但总体来看，厚葬之风盛行仍是这一时期的特点。

女俑，南朝宋，南京博物院藏。

在汉代形成或定型的民俗文化中，其中最有特色的是节日习俗。我国现在民间流行的大部分节日都是在秦汉时期，特别是在汉代定型的。

中国的风俗文化与礼制文化是密切联系的。礼制文化是属于“大传统”的范畴，但又通过日

常生活的礼仪规范，通过“小传统”的风俗文化而具体化。中国封建社会的礼仪制度也在秦汉时期臻于完备。中国历来被称为“礼仪之邦”，礼仪在中国社会的政治文化生活中占有极为重要的地位。所谓“礼”，简单地说，就是社会生活中的礼仪、制度、规范。古代的礼包含的范围极为广泛，礼既是“立国经常之大法”，又是“揖让周旋之节文”，具有社会政治规范和行为道德规范两方面的内涵，几乎囊括了国家政治、经济、军事、文化一切典章制度以及个人的伦理道德修养、行为准则规范。西周时期以礼治天下，形成了比较完备的礼制。春秋战国社会动荡，被说为“礼崩乐坏”。汉代对礼文化进行了系统的总结，使其更加制度化、规范化，使之成为社会各阶层共同遵循的行为规范。

礼文化是华夏文化的核心，汉代的礼制包括六礼、七教、八政。“六礼”即社会典仪，包括冠、婚、丧、祭、乡、相见；“七教”即人伦关系，包括父子、兄弟、夫妇、君臣、长幼、朋友、宾客；“八政”即生活制式，包括饮食、衣服、事为、异别、度、量、数、制。

礼几乎包括社会生活的各个方面，社会所有成员的行为都从这里找到依据和评价标准。这些细致入微的礼制，不仅促进了全社会的“行同伦”，约束社会成员的行为方式，而且具有强烈的道德教化功能，培育了中华民族的整体道德传统和精神风貌。

传统伦理价值观的建构

中国是一个有着深厚伦理道德基础的国家。在中国传统社会的漫长历史演变中，逐渐形成了一整套严密而具体、世代相传的伦理道德规范体系。在道德文化的两大层面中，其上层有以孔子儒学为代表的并为历代思想家所承续和发挥着的形式完备的道德哲学，设定了中国人的道德理想、道德价值、道德关系、人伦秩序和行为规范，并通过制度的和非制度的多种形式渗透和影响着下层的道德文化，执行着对中国人进行道德教化的功能。在道德文化的下层，有潜藏到人们深层心理结构的道德意识、道德信念、道德思维和道德心态，并形成世代沿袭的道德行为方式。所以，我们说中华文明"大传统"与"小传统"的同构，首先是在伦理价值观上的同构，它们的价值取向是一致的，它们共同塑造着中国人的伦理世界。

中国传统伦理价值观主要有这样一些特征：

（1）强调以家族血缘关系为主体的人伦关系。家族或家庭是中国传统社会组织的基础，家庭人伦关系是中国人的最主要的人际关系。中国传统伦理以"孝"为核心，讲"三纲五常""三从四德"，对家庭中的父子、长幼、夫妻等人伦关系都有明确的规范，特别重视人伦价值。在家族人伦关系的基础上，又进一步发展出社会等级关系次序。这样的人伦关系和社会等级关系就是对个人"身份"的确定，个人认同于自己的身份，按照自己的地位身份活动，就是讲人伦、守道德。每一个社会成员首先考虑的也是如何在错综复杂的人际关系中履行自己的伦理义务，否则就是不道德。

（2）以社会为本位的道德原则，就是把社会集体利益（皇权利益、家族利益）作为个人一切行为的出发点和归宿，以集体主义作为基本的价值取向。因为在传统社会中，中国人只能作为家族的成员而获得"存在"，生命的意义在于家族这个集体之中，是以社会取向而不是以个人取向为成就的动机。个人的取舍选择要以家族集体的利益为最后的标准。在道德评价上只肯定那些对家族集体、社会和他人有益的言行。

（3）注重人际关系、社会关系和谐的道德心态。在传统中国人的深层心理结构中，一直是把“和谐”当做最高的目标，以自然之和谐（道、理）为真，以人人之和谐（仁、义）为善，以天人之和谐（天人合一）为美。特别是在人际关系、社会关系领域，中国人历来主张“和为贵”“和气生财”“家和万事兴”等。“和”是中国传统伦理价值观的一项重要原则。

（4）以“成圣成贤”为道德理想或理想人格，强调个人的修养践履。理想人格是对一种人格模式的理想化的设计，是人们在自己的心目中塑造出来的、最值得追求和向往的、最完美的人格典范，集中体现了特定文化的伦理价值观。中华传统文化所设计的理想人格是一种在伦理道德关系上至善至美的典范和楷模，是一种体现“仁”的道德理想的“圣人”。任何个人都应该按照“圣人”的理想人格模式来约束和反省自己，通过自我修养和内心修炼，展现潜藏于自身的“仁”性，实现个人人格的完善和成长。

总之，中国传统伦理价值观的主要特征，在于强调家族人伦关系和社会等级次序，以集体主义为主要价值取向，以人伦和谐作为最高价值原则，并以体现这种道德关系的“圣人”作为道德理想和理想人格。

中国传统伦理价值的这些特点，体现了中国传统社会和传统文化的基本精神蕴涵，形成了中国传统社会稳定的道德关系。成为整合社会力量、协调社会利益关系和人际关系的重要纽带。

伦理价值观反映着现实社会生活中的道德关系。作为一种观念文化的中国传统伦理价值观和传统中国人的伦理精神，取决于、服从于、服务于中国传统社会和传统文化的性质。

由于中国传统社会是以家族为本位的宗法社会，血缘人伦关系是宗法社会中最基本的人际关系，在这种宗法社会中，道德的威力始终被看得比法律更有效，这种情况决定了中华传统文化是一种以家族伦理为中心价值取向的伦理型文化，而伦理价值观则成了中华传统文化的核心。儒家对中国宗法制度下的人际关系进行了理论上的概括和总结，形成了一套完整的伦理道德观念和理论体系，构成中华传统文化意识形态系统的核心，在建构传统中国人的伦理价值观上发挥了突出的重大作用，我们现在所指称的“中国传统伦理价值观”，实际上也就是经过历代儒家思想家们理论化系统化了的关于伦理价值和意义的总的看法和态度。

中国传统伦理价值观是中国传统社会生产方式和生活方式的反映，是中国传统社会宗法制度下道德关系的反映，但它作为一种社会意识，作为一种观念文化形态，又在传统社会中发挥着重要的功能作用。中国传统伦理价值观为传统中国人的道德活动以及整个生命活动提供了基本的价值取向和激励动力；为维护传统社会的秩序和结构稳定提供了精神纽带和控制手段；为构筑传统中国人的精神世界提供了观念文化的基础。中国传统伦理价值观是维护、促进中国传统社会和传统文化体系稳定的精神力量。

家是中国人的本位

家是人生的基本单位，是人生的出发点和归宿。中国的民间文化、民俗文化，主要是家文化，是家庭的礼俗和规范。在中华文明“大传统”与“小传统”的同构中，最突出的表现，就是儒家思想文化渗透到家庭文化中，或者说中国的家文化是按照儒家思想的要求来建构的。

中国是世界上农耕发展得最早的国家之一，农业社会经历的时间特别长，农民在总人口中的比重特别高。中华传统文化主要是一种以乡村文化（农业文化）为特征的文化。春秋战国以后，形成了土地私有、个体劳作的自然经济。这种经济形态虽然历史上曾多有起伏变化，而基本格局一直沿袭到明清，构成了中国古代生产方式的广阔基础。自给自足的小农业与家庭手工业结合的经济结构，决定了家庭在社会生活中所执行的特别重要的功能。

家庭不仅是一种生活的共同体，而且是一种生产的共同体。一家一户就是一个生产单位。家庭经济不但是整个社会经济的支撑点，也是家庭成员凝聚的物质基础。中国人的主要活动场所就是家庭。或者说，家庭构成了中国人基本的“生活世界”，家庭生活是中国人最初的社会生活，中国人就是在家庭的生活活动中寻求和确立人生的意义。

家对于中国人是一种本位，是安身立命和精神寄托的基础或根。这里所说的家，不仅是指一般意义上的家庭，而且包括家族或宗族。它们以血缘关系为纽带，以其成员的经济利益和文化心态的一致，形成中国传统社会中特别重要的组织网络或共同体，成为社会肌体生生不息的细胞。所以，在中国人的生活观念中，对家族的依赖是理所当然的。个人不能离开家庭或家族，人生的幸福首先应当在家里找到，而“无家可归”则一直被认为是人生的最大不幸。对家的依赖也就决定了个人对家的义务。以家族为本位亦即以义务为本位。

实际上，中国人对于家庭总有一种近乎神圣的义务感。个人似乎不是为自己而存在，而仿佛是为家庭、为家族而存在。这种义务感也就是人生的精神支柱。个人没有自己的特殊利益，有的只是家族的整体利益。一个人为之努力奋斗的，并不是一己的事，而是为了老少全家，乃至为了先人为了后代。个人的成功并不仅仅是个人的事，而是全家的成功。晚清中兴名臣曾国藩也是有着强烈的家族团结感的代表。家庭成为一切的中心，他努力地维护井然有序的家庭生活氛围，他那些著名的书信多与家事相关。

另一方面，当人失意或身处逆境而厌倦人生时，总是在对家庭的义务感里面重新取得活力而又奋勉下去。例如在家贫业薄寡母孤儿的境遇时，人们往往更自觉于他们对祖宗责任的重大。而不能履行对家庭的义务，不能对家族的兴盛有所贡献的人，则被斥为“败家子”“不肖子孙”“有辱门风”，他自己也会因失去家族的信任和支持而“无颜见家乡父老”，觉得对不起“列祖列宗”。

这样，整个人生的意义和价值都是在“家”的范围内规定了。人生的要旨就在于对“家”的义务。而所谓“义务”，就是自觉意识到的道德责任。应当说，中国人对于家族的道德责任是相当自觉的。在中华传统文化中，家族制度受到特别强调，所谓“家为邦本，本固邦宁”，仰仗“国”的存在，也寄托于“家”的基础之上。家族观念是中国人最基本的生活观念和立身处世的出发点，家族观念无时无刻不在中国人的生命活动中发挥作用。

林语堂说，“家”是中国人文主义的象征。家族制度是中国传统社会的根基，家族本位、家族中心主义是中国人最根本的生活观念。中国人以家为本位、为中心展开其生命活动。他还说，中国的家庭制度“给我们的孩子们上的第一课就是人与人之间的社会责任，相互调整的必要，自制、谦恭，明确的义务感，对父母感恩图报和对师长谦逊尊敬。这种制度几乎取代了宗教的地位，给人一种社会生存与家族延续的感觉，从而满足人们永生不灭的愿望。通过对祖先的崇拜，这种制度使得人们永生的愿望看起来是那么切实，那么生动”[①]。

在中国传统社会中，家庭在功能、结构、规模等方面都有一些显著的特征。其中最重要或最根本的是父系家长制度。中国传统家庭模式是在父系氏族公社时期孕育、演化形成的。这种家庭模式强调的是父系传承和父家长的绝对权威。父家长是“一家之主”，对外是整个家庭的代表，对内是生产经营活动的组织领导者和一切家庭事务的管理者。这种父权是无所不包的和至高无上的，其统治的形式是独裁的和专制主义的，任何家庭成员都必须无条件地服从。对家长的顺从与服从，是作为家庭成员的最基本的义务。

在中国人的生活观念中，家长是要为子女“做主”的，即对子女有主宰、支配、控制的权利。家长不仅有权决定子女的教育、婚姻、职业，而且决定子女的思想观念和行为方式。子女要以父家长的意志意愿为自己的意志意愿，即《论语·学而》所谓“父在观其志，父没观其行，三年无改父之道，可谓孝矣”。

所以，中国人特别重视“长幼有序”，强调人是始终处于家族的严密的等级身份关系中。中国人的亲属称谓最为复杂，每一种称谓就是一种身份关系。这种身份是人生来就已经确定了的，人必须时刻自觉于自己的身份和身份关系，恪守自己在等级结构中的位置，在人际交往中首先要明确双方的身份关系。否则便是“目无尊长”“没大没小”“忤逆不孝”。

家庭伦理是中国人的基本伦理观念。这在儒家典籍中有充分的

① 林语堂：《中国人》，学林出版社1994年版，第181页。

论述。儒家伦理首先是论述家庭伦理。古代有所谓“五伦”，也就是《中庸》里说的“五达道”：君臣、父子、夫妇、昆弟、朋友。其中三项：父子、夫妇、昆弟都属于家庭。父母子女之间的关系又是家庭的基础，如果父子之间不能够做到父慈子孝，夫妇、昆弟的关系也不容易相处得好。把家庭这三种关系推到外面，才有朋友之间的交往；再进一步推到社会上，才有君臣之间的关系。

“家和万事兴。”在多数中国人的眼中，居家过日子就是生活的全部内容，人生的价值和意义也都体现在过日子、过光景之中。孔子问他的学生们有什么志向。其中一位叫曾点的回答说，暮春三月时，春天的衣服早就穿上了，我陪同五六个大人、六七个小孩子，到沂水边洗洗澡，在舞雩台上吹吹风，然后一路唱着歌回家。孔子听完他的话，喟然而叹曰：“吾与点也”，即“我欣赏曾点的志向啊！”

孟子对“小康社会”的憧憬就是一幅温馨的家庭生活图像：数口之家，5亩大的房屋院落，围绕院落栽满桑树，100亩田地，50岁能穿上帛，70岁能吃上肉，全家温饱有余，劳作有时。林语堂也说，人生幸福，无非四件事：一是睡在自家床上；二是吃父母做的饭菜；三是听爱人讲情话；四是跟孩子做游戏。

这是普通中国人的生活理想。这个人生理想是实实在在的，而且都是在家实现的，也是为了家而实现的。

家族、祠堂、族谱与家训

中国人的家，不仅是指家庭，还指家族，就是具有血缘关系的人组成一个社会群体，包括同一血统的几辈人或几十代人。在古代

农村，大家族聚居，一个村落生活着一个家族或者几个家族，形成一个规模比较大的族群。这是一种社会联系的纽带。家族有族长，有族规，可以看做是古代社会的一种民间自治组织。

家族的核心意识是“认祖归宗”，即尊崇和敬奉共同的祖先。祠堂是祭祀祖先或先贤的场所。“祠堂”这个名称最早出现于汉代，当时祠堂均建于墓所，称墓祠。南宋朱熹《家礼》立祠堂之制，从此称家庙为祠堂。祠堂除了用来供奉和祭祀祖先，还具有多种用处。祠堂也可以作为家族的社交场所，族亲们有时为了商议族内的重要事务，在祠堂会聚。祠堂也是族长行使族权的地方，凡族人违反族规，则在这里被教育和受到处理，直至驱逐出宗祠。有的宗祠附设学校，族人子弟就在这里上学。各房子孙平时有办理婚、丧、寿、喜等事时，便利用这些宽广的祠堂以作为活动之用。祠堂建筑一般都比民宅规模大、质量好，有权势和财势的大家族，他们的祠堂往往越讲究，高大的厅堂、精致的雕饰、上等的用材，成为这个家族光宗耀祖的一种象征。

家族是我们的根，族谱就是寻根的指南。

族谱是记载某个姓氏家族子孙世系传承之书，以记载父系家族世系、人物为中心，具有区分家族成员血缘关系亲疏远近的作用。族谱以文字形式按辈分排列血缘宗族的人际关系，是中华先民血缘相亲、守望相助的实录。族谱记录着该家族源流和繁衍生息，包括家族的来源、迁徙的轨迹，还包罗了该家族生息、繁衍、婚姻、文化、族规、家约等历史文化的全过程。编纂族谱的目的主要是为了说世系、序长幼、辨亲疏、尊祖敬宗、睦族收族，提倡亲亲之道。

中国的族谱文化起始于汉代，出现了《周官》《世本》等谱学通书，继而又出现了《帝王年谱》《潜夫论·志氏姓》《风俗通·姓氏篇》等谱学著作。司马迁曾说："百事不泯，有益于史乘者，谱也。"到魏晋南北朝时，门阀制度盛行，家谱成了世族间婚姻和仕宦的主要依据，于是便迅速发展起来。政府也参与其事，官府组织编修谱牒。隋唐五代后，修谱之风更从官方流行于民间，以至遍及各个家族，出现了家家有谱牒、户户有家乘，并且一修再修、无休无止。每次修谱，也就成了同姓同族人之间的大事。

明清时期修撰族谱达到最盛，族谱的规模越修越大，出现了"会千万人于一家，统千百世于一人"的统谱，一部统谱往往汇集了十几个省上百个支派的世系，蔚为壮观。明清族谱大多采用"大宗之法"，追溯世系动辄几十世，往往将历史上的本姓将相名人尽收其中。

家谱是中华民族的三大文献（国史、地志、家谱）之一，属珍贵的人文资料，对于历史学、民俗学、人口学、社会学和经济学的深入研究，均有其不可替代的独特功能。

家庭、家族的本质在于传承，在于薪火相传。古人说："道德传家，十代以上；耕读传家次之；诗书传家又次之；富贵传家，不过三代。"也就是说，从家庭和家族的延续来看，道德能够传承十代以上，其次是耕读和诗书，而富贵传承不过三代而已。为了后世福泽和家族传承，人们特别注重对后代的道德教化，注重对子孙后代品德的培养和砥砺。

家训是家庭教育的重要文本。在历史上，出现了许多内容丰富的家训读本，著名的有《颜氏家训》《朱子家训》《曾国藩家书》等，或在家谱中记录治家教子的名言警句，成为人们倾心企慕的治家良策，成为修身、齐家的典范。

魏晋南北朝时期，世家大族都十分重视门第家族的教育，在这一时期的家训类读本中，最有代表性的是《颜氏家训》。《颜氏家训》作者颜之推是琅玡临沂人。琅玡颜氏是魏晋南北朝高门士族，这个家族“世善《周官》《左氏》”，是一个从学术到政治、社会行为都履行儒家传统的家族。作为传统文化的典范教材，《颜氏家训》直接开后世家训的先河，被誉为“古今家训之祖”。《颜氏家训》涉及内容广泛，但主要是以传统儒家思想教育子弟，讲如何修身、治家、处世、为学等，其中不少见解至今仍有借鉴意义。如提倡学习，反对不学无术；认为学习应以读书为主，又要注意工农商贾等方面的知识；主张“学贵能行”，反对空谈高论，不务实际等。颜之推鄙视和讽刺南朝士族的腐化无能，认为那些贵游子弟大多没有学术，只会讲求衣履服饰，一旦遭了乱离，除转死沟壑，别无他路可走。对于北朝士族的腼颜媚敌，他也深致不满。

颜之推把读书做人作为家训的核心。纵观历史，颜氏子孙在操守与才学方面都有惊世表现。仅以唐朝而言，像注解《汉书》的颜师古，书法为世楷模、笼罩千年的颜真卿，凛然大节震烁千古、以

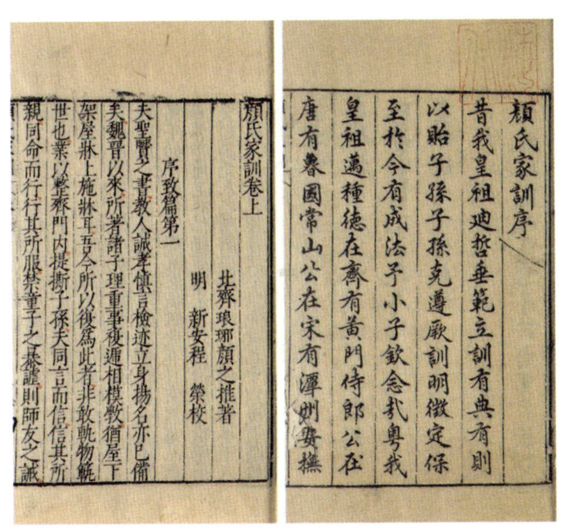
顔氏家訓序
昔我皇祖迪哲垂範立訓有典有則
以貽子孫子孫克遵厥訓明徵定保
至於今有成法予小子欽念我粤我
皇祖邁種徳在齊有黄門侍郎公在
唐有魯國常山公在宋有潭州安撫

顔氏家訓卷上
北齊琅琊顔之推著
明 新安程 榮校
序致篇第一
夫聖賢之書教人誠孝慎言檢迹立身揚名亦已備
矣魏晉以來所著諸子理重事複遞相模斅猶屋下
架屋牀上施牀耳吾今所以復爲此者非敢軌物範
世也業以整齊門内提撕子孫夫同言而信信其所
親同命而行行其所服禁童子之暴謔則師友之誡

《颜氏家训》书影。

身殉国的颜杲卿等人，都令人对颜家有不同凡响的深刻印象，足证其祖所立家训之效用彰著。

蒙学读本：从娃娃抓起的文明传承

人生是在家庭起步的，家庭承担着最初的教育责任。中国古代的蒙养教育，是指连接于小学与学前幼童之间的一种启蒙教育形式。中国的教育体制的根本思想，也通过蒙学教育的形式，贯彻到儿童教育当中，使儿童从幼年起就受到儒家思想文化的熏陶。

汉代的启蒙教育已经比较成熟。书馆是汉代启蒙教育的主要场所，教师称为“书师”。书师由私人教学的蒙师担任。学习的主要内容是识字。汉代的书馆又分为两种类型。一种是书师以家室或公共场所，坐馆施教，附近儿童入馆就学；一种是贵门富户聘书师来家施教，本家或本族学童在家受教，也叫家馆。皇帝子女也是通过私学性质的家馆接受启蒙教育。此时的私学已经有了比较稳定的通用教材，包括通称字书的识字、习字教材，以及《九章算术》。

学童学完字书后，接着进入初读一般经书阶段。这一阶段一般由乡塾来承担，其教师称“塾师”或直接称“孝经师”，主要学习《孝经》《论语》，有的还学《尚书》《诗经》和《春秋》。这个阶段既是为了巩固识字、习字的成果，又是进入更高学习阶段的准备和过渡，也是进一步深化品德教育的需要。这个阶段的教学要求是对经书粗知文意或略通大义，不要求有精深的理解，所以主要方式是诵读。

中国古代学者十分重视蒙学教材的建设。中国古代蒙学教材在后世流传最广，影响最大的，有南朝齐周兴嗣编纂的《千字文》、宋代王应麟编写的《三字经》和佚名作者所撰的《百家姓》，号称中国“三大蒙学读本”。

《千字文》是由一千个汉字组成的韵文。《千字文》第一部分从天地开辟讲起。有了天地，就有了日月、星辰、云雨、霜雾和四时寒暑的变化；也就有了孕生于大地的金玉、铁器（剑）、珍宝、果品、菜蔬，以及江河湖海，飞鸟游鱼；天地之间也就出现了人和时代的变迁。第二部分重在讲述人的修养标准和原则，也就是修身功夫。第三部分叙述了上层社会的豪华生活和他们的文治武功，描述了国家疆域的广阔和风景的秀美。第四部分主要描述恬淡的田园生活，赞美了那些甘于寂寞、不为名利羁绊的人们，对民间温馨的人情向往之至。明代文学家王世贞称此书为“绝妙文章”。

《三字经》是一部进行博物性知识教育的蒙学书籍，采用三言韵语的方式，内容涉及古代历史、典故、名言、人物等方面的知识。内容丰富，且行文句式简洁明了，易读易记。所谓“熟读《三字经》，可知千古事”。《三字经》的核心思想体现了仁、义、

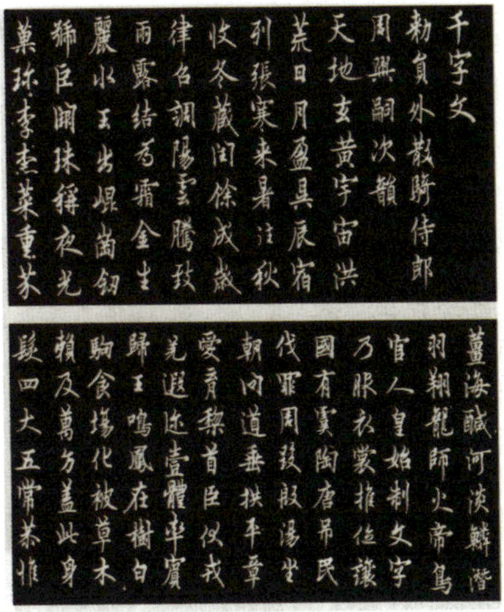

唐欧阳询《千字文》，故宫博物院藏。

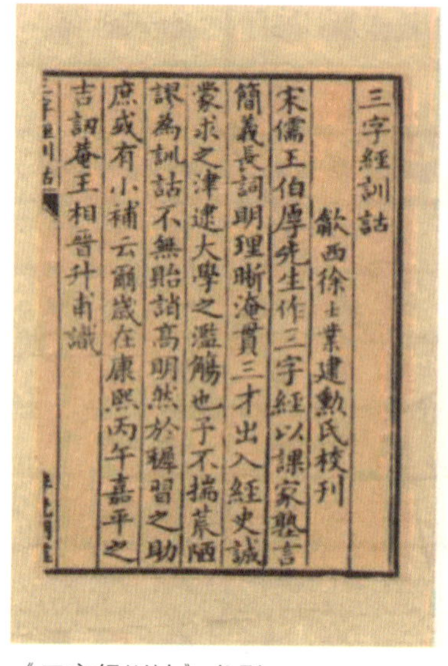
三字經訓詁
歙西徐士業建勲氏校刊
宋儒王伯厚先生作三字經以課家塾言簡義長詞明理晰淹貫三才出入經史誠蒙求之津逮大學之濫觴也予不揣蒙陋課為訓詁不無貽誚高明然於穉習之助庶或有小補云爾歲在康熙丙午嘉平之吉訒菴王相晉升甫識

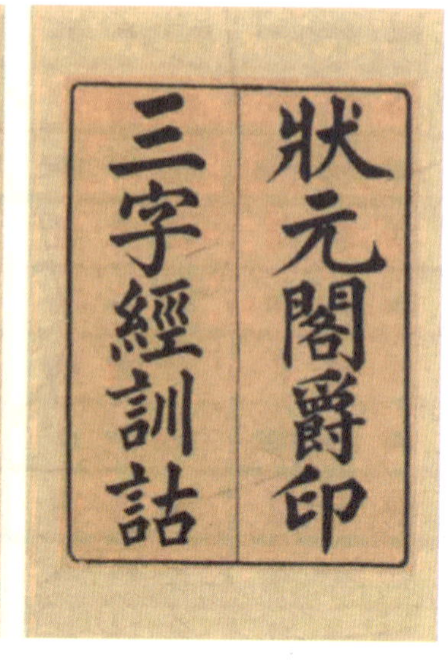
狀元閣爵印
三字經訓詁

《三字经训诂》书影。

诚、敬、孝的儒家观念。

《千字文》《三字经》之类的蒙学读本，内容丰富，深入浅出，通俗易懂，容易被儿童理解，对于没有机会或资格上学的贫家子弟，也可以通过邻居或长辈的帮助，从小诵习这些读本，从中获得一些粗浅的历史文化知识和社会、伦理常识。

元刘贯道《元世祖出猎图》，台北故宫博物院藏。

第十四章　农耕与游牧的二元文明

农耕游牧的交融

在古代欧亚大陆极辽阔的大旷原上，生活着许多游牧部族。这些游牧部族“无城郭常处耕田之业”，经常迁徙，在中国古典史学上叫“行国”①。在新石器时代欧亚大陆各地的农牧业出现后，逐渐向其他地区扩散，最后传播到草原地带，形成了一种混合经济。例如，在欧亚大陆草原西端的南俄草原，新石器时代早期虽然出现了农牧业，但主要以采集与狩猎为主。新石器时代中期则是农业、

①“行国”是司马迁《史记·大宛列传》中提出的概念，与城郭之国即邦或城邦相对。

牧业、渔猎和采集相结合的混合经济。后来，由于不断干燥的气候渐难适合农业经济，导致农业村落数量减少，规模缩小，而游牧经济却日益重要起来。到了距今4500年至4000年，游牧经济在草原地带获得了主导地位。在蒙古，游牧文化形成于公元前3000年代后半期至公元前2000年代前半期。[①]近来有学者在探索我国北方游牧经济的起源问题时，也认为北方游牧业是从中原的家畜饲养发展而来的，至青铜时代才形成完整独立的游牧经济形态。[②]

这样，从公元前3000年代后半期开始，游牧经济逐渐成为草原通道所特有的一种经济形态。在这条游牧经济带的北面是狩猎经济，南面则是农业经济。众多的游牧部族在草原通道上纵横驰骋，由于它们的流动性很大，所以自然而然地接触到各地的不同文化，并将这些文化传播开来。于是，东西方文化就在草原通道中汇聚。

欧亚草原地带是非定居（游牧或半游牧）的畜牧文化的领域。许倬云指出："中国和欧洲之间的接触，有很长一段时期是间接的，经过这中间的亚洲内陆，有时隔绝，有时畅通。"[③]

由于游牧社会"逐水草而居"的习性或其他自然灾害等方面的原因，一批又一批游牧民族和部落在草原上迁徙，不断接触并沟通了其他地区的民族乃至农业社会。这些游牧部族居中西两大古典文明中间，在古代中西文化交流中起到中介作用。正是在这些游牧民

---

①［日］江上波夫：《新石器时代的东南蒙古》，［日］樋口隆康主编：《日本考古学研究者中国考古学研究论文集》，香港东方书店1990年版，第3—35页。

②佟柱臣：《中国古代北方民族游牧经济起源及其物质文化比较》，《社会科学战线》1993年第3期。

③许倬云：《许倬云说历史：中西文明的对照》，浙江人民出版社2013年版，第2页。

汉纺织图画像石，南京博物院藏。

族的努力下，使草原丝绸之路最早出现在欧亚大陆上，成为促进人类文明的聚合和发展的大通道。

中原汉文化在历史上一直与北方草原民族保持着频繁的接触。这种接触对于中华文化的发展有着重要的作用。

我国历史上不同类型的农业文化，可以区分为农耕文化和游牧文化两大系统，形成并立的农耕文化区和游牧文化区。我国农耕文化区和游牧文化区大体以秦长城为分界。长城分布在今日地理区划的复种区北界附近，它表明我国古代两大经济区是以自然条件的差异为基础，并形成明显不同的土地利用方式、生产结构和生产技术。在中华文明大系统中，包括中原农耕文明和草原游牧文明两大部分。农耕文明是主体部分，游牧文明是补充的部分。两大部分又有着长期的交涉、交流乃至碰撞和融合。这是中华文明的强大生命力的重要因素。

中国自商周以来，中原王朝就以面向北方游牧民族为对外交涉的重点，春秋时期的尊王攘夷，也主要是针对北方的游牧民族。朱熹曾称赞管仲尊王攘夷的功绩："尊周室，攘夷狄，皆所以正天下也。"在尊王攘夷运动中，齐、晋、秦等国向北和西北方面的进攻，阻止了北方游牧民族的南下，驱赶原先分布在中国北方和渭水以西的草原民族戎人和部分大夏人向西迁徙，使他们迁居到伊犁河流域与楚河流域。

北方民族与内地的交涉冲突，实际上就是农耕文化与草原游牧文化的冲撞、对抗与冲突。而在这样的冲撞和对抗中，也有相互的对话与交流。一方面，游牧文化不断吸收中原的农耕文化成果，另一方面，游牧文化也不断给农耕文化以新鲜的刺激和激励，同时欧亚大草原成为中原文化与西方文化交流的中介。

我国历史上的农耕文化和游牧文化虽然在地区上分立对峙，在经济上却是相互依存的。偏重于种植业的农区需要从牧区取得牲畜和畜产品，作为其经济的补充。牧区的游牧民族种植业基础薄弱，靠天养畜，牧业的丰歉受自然条件变化影响极大，其富余的畜产品固然需要向农区输出，其不足的农产品和手工业品更需要从农区输入，遇到自然灾害时尤其如此。在通常的情况下，两大经济区通过官方的和民间的、合法的和非法的互市和贡赐进行经济联系。从匈奴人到蒙古人，无不热衷于与汉区做生意。但和平的贸易并不是总能够维持的。游牧经济的单一性形成的对农区经济的依赖，有时以对外掠夺的方式表现出来，对定居农业生活构成威胁。上述情况都可能导致战争。战争造成了巨大的破坏，但加速了各地区各民族农业文化的交流和民族的融合，为正常的经济交往开辟道路。因而战争又成为两大农业文化区经济交往的特殊方式。

农牧区的这种关系，对中国古代政治经济发展影响极大。我国游牧民族尽管有时把它的势力范围扩展到遥远的西方，但它的活动中心和统治重心始终放在靠近农耕民族统治区的北境。

在我国古代农业中，农区和农耕文化处于核心和主导地位。农耕文化对牧区的影响是显而易见的，但游牧文化对农区同样有不可忽视的影响。原产北方草原的驴、骡、骆驼等，汉初还被视为"奇畜"，汉魏以后已成为华北农区的重要役畜了。农区畜种的改良，往往得力于牧区牲畜品种的引入。甘青马、西域马、蒙古马、东北马等，都对中原马种改良起了巨大的作用。中原羊种原属羌羊系统，随着中原和北方游牧民族交往的增多，华北地区成为蒙古羊的重要扩散地，中原羊种因而得到了改良，而与原来羊种迥异。太湖流域的湖羊，也是在蒙古羊基础上育成的。唐宋在陕西育成的同羊，则兼有羌羊、蒙古羊和西域大尾羊的血统。

牧区的畜牧技术对农区也有影响。这些技术往往是通过内迁、被俘、被掠为奴等途径进入中原地区的。我国古代华北地区农业科技的经典《齐民要术》记述马、牛、羊等牲畜牧养、保健和畜产品加工技术颇详，这与当时大量游牧民进入中原有关，这些记载包含了牧区人民的珍贵经验。中原从游牧民地区引进的作物也为数不少，除人们熟知的张骞时代引进的葡萄、苜蓿等外，仅就《齐民要术》看，就有不少来自胡地、冠以“胡”名的作物和品种，如胡谷、胡秫、胡豆、胡麻、胡桃、胡瓜、胡葵、胡葱、胡蒜、胡荽、胡栗、胡椒等。

秦汉时期农业文化区与游牧文化区已有明显的分界。司马迁在《史记·货殖列传》中根据经济与文化发展性质及自然资源景观，以碣石—龙门一线，基本划分出了当时中原农业文化区和北方草原游牧文化区。

战国以来，我国各民族所建立的政权界限，与自然区、经济区界限非常契合。秦、燕、赵长城正是东部季风区和西北干旱区的分界。公元前3世纪末至公元3世纪初，亚洲东部大部地区都属中国的秦及两汉王朝的版图。中国的中、南部为汉族和其他农业民族所聚居，北部草原、沙漠地带则是各游牧民族生息活动之地。这是匈奴称雄北方游牧世界的时期，大漠南北蒙古草原都受其控制。在匈奴东方是东胡。东胡原驻牧于西辽河上游西拉木伦河和老哈河流域。汉初，东胡王利用匈奴宫廷内争，乘机占领匈奴东部土地。公元前206年，冒顿单于举兵反击，造成东胡族向北方的大移徙。其中一支退居大兴安岭的乌桓山，故称乌桓。东胡的另一支退居大兴安岭北段的鲜卑山，故称鲜卑。北走的鲜卑，初因乌桓阻隔，未及通汉，后来势强，匈奴西徙，其尽占匈奴之地。

匈奴的西方是月氏和乌孙。月氏人和乌孙人居于“敦煌、祁连间”，大体上分布于肃州（酒泉）以西至敦煌之间的为乌孙人，肃州以东至张掖之间的为月氏人。在月氏人的南方为另一游牧民族羌人，在乌孙的西北为塞人。

在匈奴北方为丁令和坚昆。丁令又作“丁零”或“丁灵”，春秋战国时分布在贝加尔湖地区，西至阿尔泰山以北。公元前后，东部丁令曾游牧于贝加尔湖以南，西部丁令则游牧于额尔齐斯河至巴尔喀什湖之间地区，均属匈奴统治。后来联合乌桓、鲜卑等族夹击匈奴，迫使北匈奴西徙。坚昆，又作隔昆、结骨或居勿，属突厥部落之一。西汉初受匈奴统治。公元前1世纪70年代，乘匈奴势衰，脱离其控制，移居叶尼塞河上游。匈奴西迁后，势力渐强，至3—4世纪又处于突厥汗国的统治下，唐时称黠戛斯。

在这些草原游牧民族中，匈奴势力最强大。秦汉对北方的交涉，主要是面对匈奴人。而欧亚草原上民族的大迁徙，在这一时期也都直接或间接与匈奴有关。

匈奴与汉文化的碰撞与交流

匈奴长期活动在我国北方草原。商周时期称他们为鬼方，周代又称之为混夷、獯鬻、猃狁，春秋时称为戎、狄，战国、秦、汉以来称之为胡或匈奴。秦汉以后，“匈奴”这个名称就固定下来了。

匈奴是一个大族，根据一些文献资料推算，汉初匈奴盛时人口约有200万，以后由于内争和分裂，有所减少，但也不少于150万。匈奴各王驻牧地，东起大兴安岭的乌桓、鲜卑西部边界，西至阿尔泰山脉，绵亘数千公里，遍布大漠南北。到战国末年（公元前3世纪末），分散的匈奴部落联合起来，形成统一的部落联盟，下属24“国”即部落，其首领称“王”，部落联盟的头目是头曼，号称“单于”，意即大王或皇帝。头曼约与秦始皇在位时间差不多。

在此时期，匈奴社会开始发生急剧变化。自战国以来，不少中原人进入匈奴地区，秦时更多。这些迁入的汉人在匈奴地区垦荒耕种，仍以农为主业。秦汉时期为了加强北部的防务，又对占领的匈奴旧地进行以农业为主体的开发经营，并大规模移民。据史料记载，终秦不过10年，就向西北边地进行了三批移民，很快使这一农牧交错地带成为新的农业区，富庶几与关中相媲美，号称“新秦中”。游牧民被排挤或融合，农耕文化在这里发展起来，但仍然保留比较发达的畜牧业。司马迁说“龙门（今陕西韩城）碣石（今河北昌黎）北多马、牛、羊、旃裘、筋角”，又说凉州（今甘肃）“畜牧为天下饶”，就是指西汉疆域内这个半农半牧区。

西汉时的移民规模更大，在移民地区开辟了大量的良田。“这些新农区不仅成为传播农业科技文化的中介，而且亦逐渐发展成为新的农业文化的策源基地。”[①] 汉武帝在河套地区和河西走廊等地大规模移民实边和屯田，同时大兴水利，推广耦犁、代田法等先进工具与技术，使该地区成为全国农牧业生产最发达的地区之一。尤其是河西农区的建立像插进牧区中的一根楔子，把游牧的匈奴人和羌人隔开，同时把中原农区与南疆分散农区联结起来。

汉代的屯田还深入到西域和羌人活动的青海河湟地区。在东北地区，燕国和秦汉相继用兵东北，占领辽河东西等地区，通过置郡

① 张波、樊志民主编：《中国农业通史》战国秦汉卷，中国农业出版社2007年版，第242页。

屯戍，大批汉人进入东北，铁器牛耕等随之传入，开创了东北农业的新局面。辽东、辽西从此成为中原农耕文化向东北扩展的桥头堡。除了屯戍以外，流移或被俘进入牧区的汉族人民对农耕文化在当地的传播也起了很大作用。

这样，随着中原汉人进入到匈奴地区，与匈奴人直接的接触和交往，使得中原的生产技术和文化，大量和持续地传入匈奴。考古材料证明，战国时期匈奴手工业已有相当发展，能制造各种铜器和铜武器，如铜镞、铜戈、铜剑、铜斧、铜盔等，此外还能制造陶器，加工毛皮和乳制品等。公元前3世纪前后，匈奴开始进入铁器时代，出现铁制工具和铁制武器，铁刀的生产已相当普遍。铁器的推广使用，使社会生产力大为提高。匈奴社会开始脱离原始氏族制度。

公元前209年，头曼单于的儿子冒顿刺杀头曼，夺取单于位，进行了一系列政治改革，并凭借强大的军事力量，积极扩张，建立起庞大的部落国家。有学者指出："匈奴人创造了最初的游牧国家政治、经济、文化和生活模式，他们影响和决定了中亚地区许多民族的命运，与中原王朝、西域各族及北方诸古老部族发生过频繁密切的接触，在他们的历史和文化中留下了深刻的烙印。"①

匈奴人经常与周围的部落和中原王朝进行战争，长期是中原王朝的主要边患。《史记·太史公自序》说："自三代以来，匈奴常为中国患害。"战国时期，匈奴屡为北方边患，燕、赵、秦三国不得不在北方分别修筑长城，以御匈奴骑兵。秦始皇统一六国后把三国长城连接起来，重新修缮，并向东西扩展，筑成"万里长城"。这条西起临洮（今甘肃岷县），沿黄河北走至河套，傍阴山东去，

① 马利清：《原匈奴、匈奴历史与文化的考古学探索》，内蒙古大学出版社2005年版，第39页。

宋陈居中《文姬归汉图》，台北故宫博物院藏。

直至辽东的防御体系，是抵挡游牧世界骑兵的重要屏障。

秦末动乱，匈奴乘机渡过黄河，进入河套以南地区。匈奴冒顿单于利用楚汉相争之机，竭力向外扩张，成为亚欧大陆游牧世界东部的强大政治势力，并不断侵扰中原王朝边境，对新建西汉政权构成重大威胁。汉初与匈奴交兵，屡战失利。此后六七十年间，汉对匈奴一直执行和亲政策，但匈奴并未因此停止对中原北部地区的骚扰。

直到汉武帝时，改变了对匈奴的忍让政策，实行抵抗反击。同时派张骞出使西域，联络大月氏、大宛、乌孙等，夹击匈奴，以断其右臂。匈奴在强大汉军的打击下屡屡败北，受其奴役的少数民族遂乘机摆脱控制。其统治集团内部矛盾又不断加剧，五单于争位，内讧不已。至公元前51年，匈奴分裂为南北两部，南匈奴呼韩邪单于降汉，迁居塞内，分布于晋陕北部和内蒙古西部地区，与汉人杂处，逐渐转向农耕，实行定居，并逐渐与汉族和其他民族融合。北匈奴留漠北，原归附的鲜卑、丁零等族乘机反抗，又遭南匈奴多次攻击，其势大为削弱。北匈奴郅支单于不敢南下侵略，遂改向北边、西边进攻，北并丁零（贝加尔湖一带），西破坚昆（今吉尔吉斯）、乌揭（坚昆东边的游牧部落），称霸于中亚，建都赖水（怛逻斯水）。这是匈奴的第一次西迁。至公元前36年，汉西域副都护陈汤擒杀郅支单于，臣服于汉的呼韩邪单于统一匈奴。

尽管匈奴与中原王朝时战时和，但贸易关系一直没有中断。匈奴十分重视与汉族人的互通“关市”，以交换汉族人的农产品和手工业品。汉朝与匈奴之间大规模的贡物馈遗也是文化交流的一个重要途径。汉初武帝前，每年都要付给匈奴大量的金银、粮食和丝织品；东汉时南匈奴内附后，朝廷为了安抚其部众，除了每年赠给匈奴贵族大批彩、缯、食物外，还在灾荒之际给予大量接济。如光武之时赠给南匈奴衣裳、冠带、车马、用具、乐器、锦绣等物。而匈奴也往往贡奉牲畜等。

在蒙古高原和西伯利亚地区，迄今发现汉朝文物的遗址和墓地已有20多处，分布在西起俄罗斯西西伯利亚地区鄂毕河流域，北至贝加尔湖沿岸，东到蒙古国肯特省东北部鄂嫩河上游的广阔地域。蒙古考古学者发掘漠北匈奴人的墓葬，出土了大量来自汉朝的器物，有铁器、铜器、陶器、木器、漆器、石器、五铢钱、板瓦、筒瓦、瓦当、马具、黄金、服饰和丝织品，反映了匈奴人与汉朝广泛的物质文化交流和匈奴人所受汉文化的深刻影响。

公元前3世纪左右，匈奴人已经开始使用铁器。从匈奴许多刀剑的形制酷似汉式的情形看来，匈奴人的铁器文化不仅受到汉族文化的很大影响，而且可以推测当时的铁匠大多是来自中原的汉族匠人。在匈奴活动的广大地区不仅发现了大量秦汉时期的丝织品，而且还在今内蒙古和林格尔的东汉墓壁画中发现了采桑图的内容，可以证明此时的蚕桑生产技术已经传播到此地，并已被匈奴人所掌握。其他诸如铸铜业、金银铸造业、制陶业等领域也或多或少受到中原汉文化的影响。此外，匈奴的农业生产也深受汉人传统农业科技文化的影响，或者可以说其“农业技术都是从汉人那里传入的，而且从事农业生产的劳动者，也大多是汉人”[①]。

匈奴与汉朝连年战争，双方俘虏都很多。匈奴每次南下劫掠，除抢掠大批财物外，还掳掠大量人口，据载，仅从公元前177年到公元前78年，匈奴从中原边境所掳人口最少在10万人以上。[②]这些人成为匈奴的奴隶，专门从事农业和手工业生产。《汉书·匈奴传》

① 林干：《匈奴史》，内蒙古人民出版社1979年版，第6页。
② 林干：《匈奴史》，内蒙古人民出版社1979年版，第19—20页。

记载，卫律要筑城防汉，“与秦人守之”。颜师古注说：“秦时有人亡入匈奴者，今其子孙尚号秦人。”但是卫律所指的秦人除了这些“子孙”外，可能有一部分是汉时入匈奴者，而其中有些是被俘者，故秦人亦即汉人。卫律不仅用这些人守城，而且建筑城郭也要用这些汉人。卫律于昭帝始元三四年（前84—前83）为匈奴凿井筑城，制楼藏谷，使匈奴人学会了汉人的穿井筑城及储藏粮食等生产技术。《汉书·陈汤传》说，郅支单于逃到康居后，“发民作城，日作五百人，二岁乃已”。这就是后人所称的郅支城。郅支城有两重，内为土城，外为木城。有城楼，完全是受到汉人的影响。

在与匈奴的长期交往中，汉代文化也受到匈奴草原文化的影响。许倬云说：“匈奴和汉廷之间或战或和，在彼此学习的过程中，中国吸取了许多草原作战的技术，以此来对抗匈奴，甚至用于长程征伐。”许倬云还指出：“中国、西域和匈奴之间失落的军队、掠夺的战俘、移动的人口，也使三个地区的人群都增加了前所未见的基因，不仅北方胡人（匈奴、东胡、丁零、羯……），连居住在西域的塞人，也有与中国内地人种混合的记录。凡此，都是从对外战争过程发展出来的一些新的条件，它们改变了中国的文化面貌，也为中国民族增加了新血液。”①

① 许倬云：《说中国—— 一个不断变化的复杂共同体》，广西师范大学出版社2015年版，第79、81页。

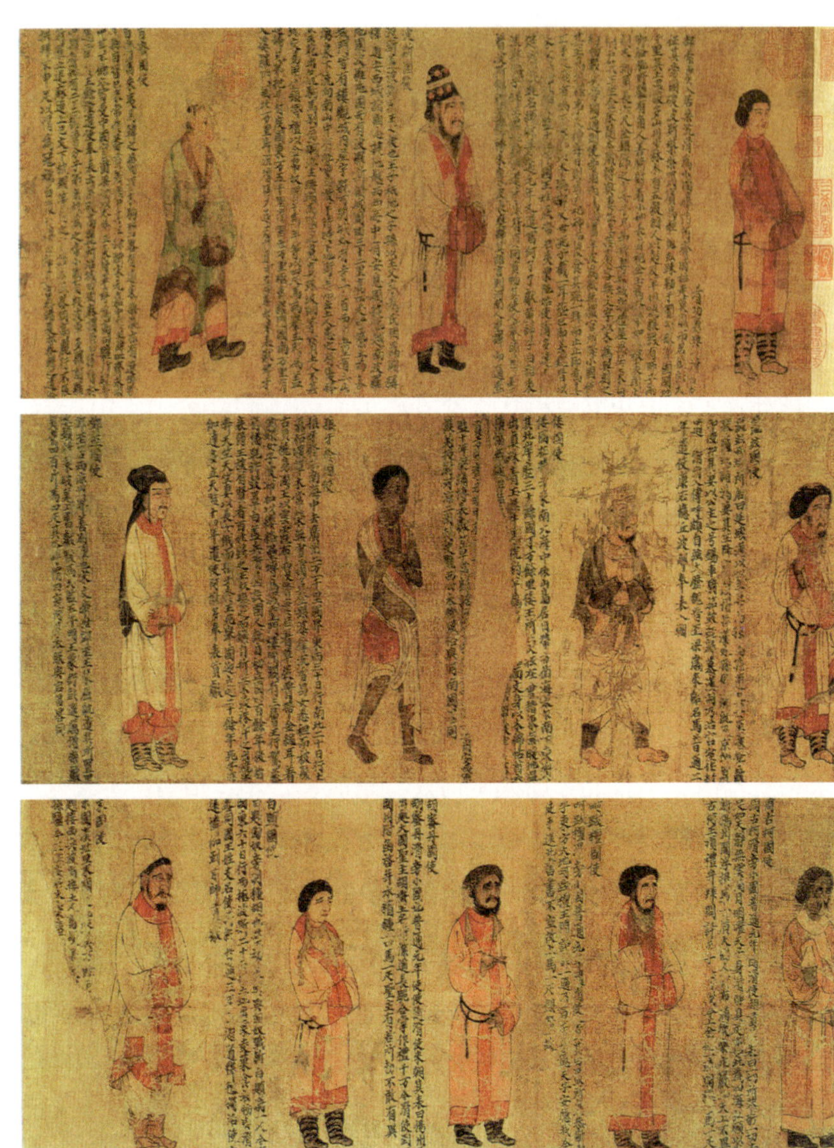

南朝萧绎《职贡图》（宋摹本），中国国家博物馆藏。

游牧文明的冲击与重整反应

在中华文明漫长的发展历史进程中，也有过许多波折，有过激烈的文化冲突和抗拒。特别是几次大的外来文化的冲击，使得中华传统文化的发展受到破坏、受到阻滞；但是，中华传统文化没有被外来文化击垮，而是通过自身的重整，获得新的发展动力，展现出强大的生命力。

历史上中华文明受到三次大冲击，第一次大的冲击发生在魏晋之后的十六国时期，即历史上所谓的“五胡乱华”；第二次是13世纪蒙古人对金、宋的征服和元朝的建立；第三次是19世纪中期以后西方工业文明的冲击。这些文化冲突都给中华传统文化造成相当严重的影响。但是，在异质文化的冲击面前，中华传统文化并没有被冲垮，而是以顽强的生命力，通过自身的修复能力和重整反应，又在新的基础上得到了发展。中华文明生生不息的生命力，在异质文化的冲击面前经受住了严峻的考验。

在这里，我们仅就魏晋南北朝时期的文化冲突来讨论。

汉魏之际，在中国北部和西北部的游牧民族主要有匈奴、羯、鲜卑、氐、羌5支，史称“五胡”。他们从东汉开始不断内附。到西晋，胡人已经遍布北方各地，关中地区尤其众多。晋朝人江统在其《徙戎论》中惊呼：“关中之人百余万口，率其多少，戎狄居半。”很多地方超过了当地汉人人口。

西晋末年，发生“八王之乱”，内迁各族的上层利用西晋内部矛盾的激化，以其部族武装作基础，相继起兵反晋，建立割据政权，出现了史称“五胡乱华”的大乱局。

所谓“五胡乱华”的时间一般从西晋灭亡开始算起，一直延续到北魏的建立。百余年间，北方各族及汉人在华北地区建立数十个强弱不等、大小各异的国家，其中存在时间较长和具有重大影响力的是“五胡十六国”，实际上共有20国。这些政权的建立，又促进了更多的北方民族成员陆续南迁，进入中原地区。据估计，在东晋永和五年（349），迁居中原的胡人高达五六百万之多，数量上是相当惊人的。《晋书》说：“方今四海有倒悬之急，中夏逋僭逆之寇，家有漉血之怨，人有复仇之憾！”

大批北方民族的内迁，改变了当时的人口结构和文化版图，把北方民族的民族基因和文化带到了中原。许倬云指出：“从东汉末年开始到隋唐统一的400年间，中国这块土地上的人民，吸收了数百万外来的基因，在北方草原西部的匈奴和草原东部的鲜卑，加上西北的氐、羌和来自西域的羯人，将亚洲北支的人口融入中国的庞

托灯胡人俑，广州汉墓出土。

大基因库中。而在南方，百越和其他原住民（例如蛮、苗），以及西南部的藏缅语系与南亚语系的原住民，都被从中原扩散的大批汉人同化为南方的中国人。”“这400年的过程，是东亚地区人种大融合的时代。”[①]

游牧世界居民在四五世纪大规模向农耕世界迁徙，是在亚欧大陆普遍发生的现象，是两个世界长期交往促进社会经济发展的必然结果。北方游牧半游牧民族进入南方的农耕世界，造成了严重的破坏性后果。胡与汉是两种不同的文化体系，两种不同的文明形态。魏晋南北朝的文化冲突、文化碰撞，首先就突出表现在胡和汉两种文化的碰撞。草原民族的统治，改变了中原文化的形态，给中华文化以强烈的冲击和刺激，使中华文化中加入了许多游牧文化的因素，在社会风俗方面也出现了“胡化”的现象。这一时期“社会风俗大变化，呈现出与两汉时期不同的形态，其最大的特点，在于胡汉的融合”[②]。

这样，中原的农耕文化以强大的吸收能力，把北方的游牧文化吸收到中华文明的大系统中，使之成为中华文明的一部分。同时，游牧文化为中华文明的发展增加了新的血液和刺激因素，使中华文明经过这次大规模的冲击，经过自觉的重整反应，到隋唐时期又在新的基础上出现了大发展大繁荣。隋唐时期的文化繁荣，其前提就是这个时期文化动荡和融合的结果。陈寅恪论及胡文化南传的历史意义时也指出：“李唐一族之所以崛兴，盖取塞外野蛮精悍之血，

① 许倬云：《说中国—— 一个不断变化的复杂共同体》，广西师范大学出版社2015年版，第103页。

② 龚书锋总主编，韩昇主编：《中国文化发展史》魏晋南北朝卷，山东教育出版社2013年版，第289页。

注入中原文化颓废之躯，旧染既除，新机重启，扩大恢张，遂能别创空前之世局。”[①]

另一方面，在游牧民族统治下的汉族知识分子，为保存和传承中华文化作出了持续的努力和重大贡献。历史学家何慈全说：西晋末年，随着士族上层的渡江，装在他们头脑里的玄学也被带过江去，原先影响甚微的经学士族留在北方，他们保持着汉朝讲经学重礼仪的旧传统。而游牧民族政权武力占据北方，要立国中原，必须熟悉儒学传统，崇尚中原文化，以汉法治汉人。游牧民族君主与汉人士族在这种背景下，进行了卓有成效的合作，儒学显示了强大的生命力与同化作用。[②]何慈全所说的这种情况，就是当时留在北方的士族成为汉文化的“保护者和传承人”。

自十六国以至北朝各代，汉族才智之士多受到重用。北魏拓跋鲜卑自开国之初即重用清河崔氏，大约亦采用九品中正制，至拓跋焘时期已出现了“中正官”的记载。这些都助长北方世族的发展。汉族才智之士参加有关地区的政治活动，有时还取得重要地位。这对于民族杂居地区的汉化，也是有重要意义的。

一再上演的征服者被征服的故事

上一节讨论的是外来文化特别是北方草原游牧文化对中原文化的冲击和影响。这是当时文化态势的一个方面。在另一方面，南下的北方民族，一旦进入中原地带，进入到中华文明的核心地区，就

① 陈寅恪：《李唐氏族之推测后记》，《金明馆丛稿二编》，生活读书新知三联书店2001年版，第344页。

② 樊树志：《国史十六讲》，中华书局2006年版，第82页。

被博大、繁荣的中华文明所包围、所征服、所同化。他们都经历了一个汉化的过程，因而成为中华民族大家庭的成员，他们的文化也成为中华文化的组成部分。

进入中原的“五胡”在丰富浩繁的汉文化的诱惑中折服，以至于唯汉风是效。这一时期的各民族上层以精通汉文化自诩。建立汉国的匈奴人刘渊就有较高的汉文化素养。在这些国家中，以前秦（氐族）和后秦（羌族）的文化最为兴盛，其次则是鲜卑慕容氏建立的前燕及后燕。此外，汉族人张轨、李皓所建立的前凉和西凉，更是当时的文化中心，史称“河西文化”。

各国的统治者为了维护政权的稳定也发展教育。他们在各自的国内，援引汉族名儒，设立学校，中华传统文化教育没有因民族斗争而覆没。这是在这个遭受外来文化强烈冲击的时期中华文化传承没有中断的重要原因。前赵、后赵皆设立太学，重视人才的培养。前秦苻坚亲临太学，检查诸生的学习成绩。前赵刘曜设置太学、小学，选拔人才。前燕慕容皝设置官学，并著教材《太上章》和《典诫》。后秦、南凉设置律学，召集地方散吏入学。各族政权的学校教育都是以中华传统文化为主要内容，特别是延续汉朝时的经学教育为重点。这对促使北方各族接受汉文化，对于民族融合，以及中华传统文化的传承，都具有积极意义。

北魏统一北方后，结束了“五胡乱华”的乱局，北方地区出现了比较安定的局面。发生在5世纪后期的北魏孝文帝改革，是北魏社会政治盛衰的一大关键，也是中华文化历史进程中的一个重大事件。“魏孝文帝的改革是五胡十六国以来最彻底的一次汉化运动，从政治、经济、制度到礼乐文化等方方面面，全面推行汉制，从而对北魏立国以来从游牧向农耕社会转型的成就进行全面的总结，力图使北魏在文化上获得质的飞跃提升，浑一胡汉，长治久安。”①

魏孝文帝的汉化改革取得了明显的效果，使胡族政权不但在政治上而且在文化上被中原文明所同化。在北魏时期的全面汉化改革中，儒学起到了重要的作用。“它加速了胡汉差别的消失，加速了民族融合的进程，也使中原传统文化得以发扬光大。”②

魏晋以后的“五胡乱华”，实际上对中华传统文化的冲击是很大的。但是，在这样的冲击面前，中华传统文化没有中绝，没有坍塌，反而浴火重生，广泛地吸收融合了边疆游牧民族的文化因素，在新的基础上得到更大的和新的发展。这些胡族的统治者倾心汉族文化，热心推广汉族文化，是一个重要原因。而到了北魏时期，孝文帝的全面汉化的改革，全面推行汉文化，不仅加速了鲜卑族的农业化和封建化进程，加速了鲜卑民族的文化进步，而且也使中华传统文化的传承得以延续，并且在新的基础上获得发展。可以说，孝文帝的汉化改革，是中华传统文化传承史上的重大事件，是一次重要的中华传统文化振兴运动。

在近 4 个世纪中，北方周边民族如汹涌的潮水奔向中原。从经济制度上，他们接受了封建的生产方式，并推陈出新，制定出均田制。从政治制度上，北朝的门下省制是我国古代三省制度的重要来源之一。其府兵制兼采汉文化和鲜卑文化而形成。尤其是经历汉文化教育之后，各民族产生了属于自己的文人和学者。北朝末年，在鲜卑步六孤氏（汉姓陆）中产生了我国一个著名的声韵学家陆法言，著有《切韵》。元魏宗室元勰十步成诗，形神兼备。到隋唐时

① 龚书铎总主编，韩昇主编：《中国文化发展史》魏晋南北朝卷，山东教育出版社2013年版，第88—89页。

② 樊树志：《国史十六讲》，中华书局2006年版，第87页。

期，出身于少数民族的文学艺术家更是不胜枚举。

古往今来，征服与被征服的历史，最终都揭示出这样一条定律，那就是征服者最终都要受制于被征服地区的政治、经济乃至文化环境。马克思曾指出，野蛮的征服者自己总是被那些被他们征服的民族的较高文明所征服。恩格斯在谈到民族征服的时候也指出："每一次比较野蛮的民族所进行的征服，不言而喻地都阻碍了经济的发展，摧毁了大批生产力。但是长期的征服中，比较野蛮的征服者，在绝大多数情况下，都不得不适应征服后存在的比较高的'经济状况'，他为被征服者所同化，而且大部分不得不采用被征服者的语言。"①

恩格斯概括的这一历史现象，正是魏晋南北朝时期的文化面貌，这也是经历了数百年的战乱流离、分裂割据，中华文明没有中绝，而得以持续传承的主要原因。

这个游牧民族文化被中华文明所征服的故事，到了13世纪蒙古人建立元朝时又再一次重复。蒙古统治者进入中原以后，也越来越多地接受汉族文化。忽必烈在做藩王时就热心学习汉文化。他登基后，自命为中原正统帝系的继承者，将中原地区作为他的立国基础。他采用了汉人的建议，改国号为"元"，取《易经》"大哉乾元"之义。这些都意味着蒙古政权文化性质的某种转变。蒙古国从此由一个北方游牧民族建立的政权，变为中华帝国正统王朝的一个朝代。忽必烈采用许衡等儒士"必行汉法乃可长久"的建议，变易旧制，以适应中原地区传统的政治、经济和文化形态。

在元代，汉人儒士被任用，儒学得到重视。在忽必烈之后，又有仁宗、文宗等力倡学习儒学，倚重汉人文臣，实施汉法。仁宗通

① 《马克思恩格斯选集》第3卷，人民出版社1972年版，第222页。

过对孔孟的崇奉，表明以儒家的纲常之道作为统治思想。在文宗统治时期，汉文化得到多方面的提倡。天历二年（1329）二月，文宗在大都建立奎章阁学士院，聚集人才，儒学在蒙古、色目人中进一步发扬。同年九月，又命翰林国史院与奎章阁学士院编纂《经世大典》。《经世大典》保存了大量的元代典制记录，成为明初纂修《元史》的依据。这是文宗行“汉法”崇文治的一个标志。文宗在信用文臣的同时，又极力表示尊孔崇儒，以争取汉人文士的拥戴。

清朝也是由边疆的满族建立的政权。但是，与历史上其他入主中原的边疆民族不同，在此之前满族已经有了一个很长的接受汉文化的过程。满族在盛京（沈阳）建政后，皇太极营建皇宫和盛京城，使当时的沈阳具备了帝都气象。同时，采取各种措施，加强内部的政权建设，建立稳固的统治基础。其中，他在文化建设方面做了大量的工作。皇太极的文教政策，概括地说，就是，一方面固守和发展完善本民族的文化传统，另一方面以更大的力度吸收汉文化，推行汉化改革方针，大力发展文教事业。皇太极不仅积极地吸收汉文化，而且成为他的一项重要国策。这一选择甚至成为大清王朝200多年的立国基础。作家祝勇说：“大清王朝对于汉文化的吸纳是全方位的，是在制度层面上进行的，而不只是皇帝的个人爱好。因为他们认识到，强大的政治力量，蕴含于文化之中，而武力的作用，是十分有限的。江山永固的关键，首先在于‘文治’，而不是‘武功’。文化的力量，甚至比执行和亲政策的汉唐时代所信奉的血缘的力量更加强大。”①

所以，皇太极在多方面学习和吸收汉文化，把汉文化的内容贯

① 祝勇：《辽宁大历史：中华文明的抽样观察》，东方出版社2013年版，第192页。

彻到军政、经济、文化建设方面。

在政治方面，皇太极以“仿效明制”和文武并重的原则，对后金带有明显氏族痕迹的政治体制进行了大刀阔斧的改革，使后金政治制度更加适应封建化发展的需要。天聪三年（1629）设“文馆”，是皇太极建立的第一个文官机构。文馆不仅翻译汉文化典籍，更主要的是随着一些汉人的相继入值，在文馆中汇集起一批有着深厚儒家文化素养的汉人文武官员，如清朝开国时期的名臣范文程、宁完我、马国柱、鲍承先、高鸿中、王文奎、李栖凤等，都是最先奉命入值文馆的汉人。虽然这时入值文馆者尚用武将官名，但已是文官制度建立的雏形。其中尤以被誉为“汉官第一”的宁完我建言最多，他的“参汉酌金”条奏，成为皇太极时期后金国家制度建设的指导性原则。

皇太极时期的文化政策，已经大体上完成了满族“汉化”的改造，同时也为入主中原做了比较充分的准备。所以，在清代，边疆民族文化与汉文化的冲突并没有像先前出现的那样激烈，并没有因为清朝是边疆民族建立的政权而对中华文明造成大的冲击和破坏。有清一代，中华传统文化得到了持续的传承，并且发展到新的高峰。

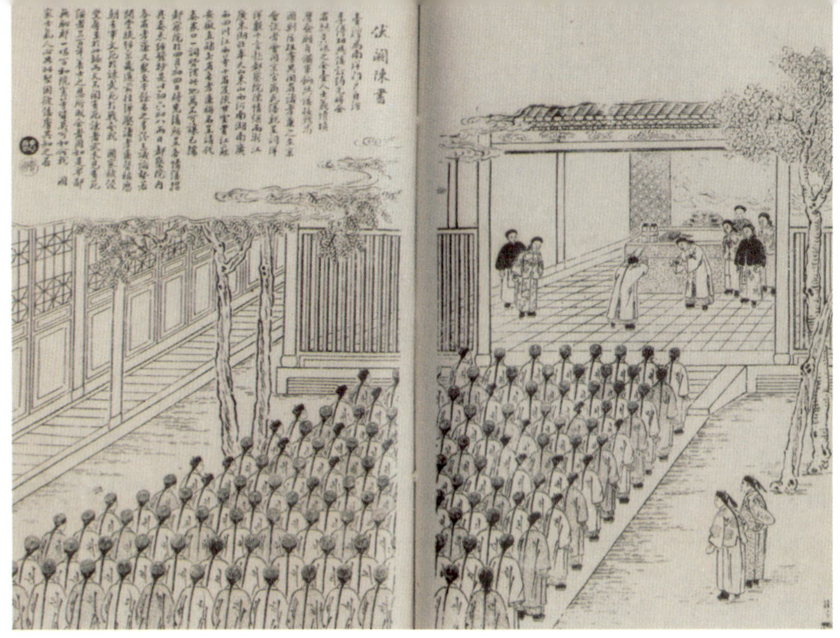

《点石斋画报》公车上书图。

第十五章　文明的转型与再造

工业文明冲击下的传统重构

19世纪中期以后，中华文明又一次遇到了强大的冲击和挑战。与之前的情况不同的是，这次冲击来自西方新发展起来的工业文明，对中华传统文化的影响更强烈。这次冲击，不仅仅是要吸收工业文明的先进成果，中华文明面对的任务是对自己的反省和重建，使建立在农业文明基础上的文化系统改造成为与工业文明、与现代化相适应的新的文明形态。一句话，就是要实现中华文明由传统向现代化的转换。

这个过程是艰难曲折的，也是波澜壮阔的。

1840年鸦片战争以后，即通常所说的近代中国阶段，西方文化在中国的传播，内容特别丰富，涉及的领域很广泛，在人们的生产生活的各个方面，从思想文化到科学技术，从文学艺术到日常生活，从政治到经济，从军事到外交，从上层社会到下层民众，几乎都有影响。

这个时期离我们并不遥远，不到二百年。也是由于这个时期离我们比较近的原因，那个时代文化变迁的成果至今还在我们社会生活中留有很大的影响。可以说，在我们今天社会生活中，还带有19世纪文化变迁的痕迹。我们在研究、论述近代的文化传承的时候，常常带着今天的情感和关怀，常常与我们今天的情况相比较、相映照。因为，今天的传统文化传承就是近代以来文化传承的继续和深化。今天传统文化所面对的所有问题，在近代那个时候都有其开端和萌芽。

近代以来或者说是晚清时期的中西文化交流，其性质是东方的农业文明和西方的工业文明的相遇和交流。这就和以前历史上的中外文化交流不一样了。

在历史上，主要的交流地区在欧亚大陆，大体上都处在农业文明阶段，而且中华文明是农业文明发展得相当成熟和繁荣的文明。在汉唐以后，中华文明一直处于世界上的领先地位，处于世界文明的高峰。这样，中华文明与其他文明的交流，就是一种比较平等的交流和对话，这期间虽然也有战争和征服，也有朝贡制度的国际秩序。但总体上来说，大家都处在农业文明的历史发展阶段，文化的引进和交流不会触动、颠覆民族文化的核心价值，彼此之间好理解、好接受。而且在那个时代，中国处于高位文化水平，气象宏大，更能以开放的胸怀兼容先进的、优秀的文明成果。

到了19世纪，西方享有的是18世纪后期工业文明的成果。正如许多历史学家论述过的，工业文明彻底改变了人与自然的关系，具有改变世界的巨大力量。到了19世纪中期，中西文明正式相遇的时候，工业文明已经转变成直接的技术和物质成果，转变为“坚船利炮”、火车和铁甲舰、大机器生产和多种多样的工业产品。这时候的中华文明还处在农业文明阶段，还不知道突如其来的“坚船利炮”是怎么回事。这样，两种文化的交流就出现了巨大的时代落差，就不再是平等的交流与对话。正如我们已经看到的，在强大的西方工业文明面前，东方的农业文明是无力抵抗的。而且，工业文明的强大力量和优越性具有的吸引力和诱惑，涉及民族的危亡，涉及民族文化的核心价值，涉及国家经济的利益，也涉及每个人的日常生活，又迫使人们不得不去面对、去正视。所以，在当时的条件下，许多人都认识到向西方学习先进的科学技术，是实现民族自强、挽救民族危亡的唯一出路。于是有了“师夷长技”，有了“采西学”“制洋器”，有了洋务运动，等等。总之，近代的中西文化交流带有“被迫”的性质，是为工业文明所“迫”，想不去面对都不行。

蒋廷黻在《中国近代史》一书的开头就说：“中华民族到了19世纪就到了一个特殊时期。在此以前，华族虽与外族久已有了关系，但是那些外族都是文化较低的民族。纵使他们入主中原，他们不过利用华族一时的内乱而把政权暂时剥夺过去。到了19世纪，这个局势就大不同了……来和我们找麻烦的不是我们东方世界里的小弟们，是那个素不相识而且文化根本互异的西方世界。”“近百年的中华民族根本只有一个问题，那就是：中国人能吗？能赶上西洋人吗？能利用科学和机械吗？能废除我们的家族和家乡观念而组织一个近代的民族国家吗？能的话，我们民族的前途是光明的；不能的话，我们这个民族是没有前途的。”①

蒋廷黻所论以上几个问题，在当时的人们已经有所认识了。当然这样的认识是不断深化的。最早在鸦片战争前后，林则徐、魏源等人已经注意到西方人的“坚船利炮”的厉害，注意到靠我们的冷兵器是打不过西方人的先进武器的。因此主张“师夷长技以制夷”。他们所说的西方人的“长技”还只是指军事武器方面。但是，这只是极少数人的认识，绝大多数中国人仍然沉睡在传统天朝帝国的迷梦之中。

《南京条约》之后，人们认为这只是偶然的失败，《南京条约》是一个“万年条约”，所以都高枕无忧了，该干啥还是干啥。后世的人们都为这20年的蹉跎而扼腕叹息，认为是耽误的20年。如果自从鸦片战争之后就奋起直追，恐怕历史就是另外一个样子了。但是，这都是后见之明。当时的鸦片战争还只局限在沿海地方，中国历史上也不是没有打败仗的先例，而且《南京条约》签订后的五口通商，也是局限在沿海，没有对中国内地的政治经济生活造成很大的影响。中国人真正从迷梦中惊醒的是20年之后的第二次鸦片战争。人们认识的深化需要外部的刺激，第二次鸦片战争就是一次强烈的刺激。人们的认识都是建立在现实生活的基础上，第二次鸦片战争的后果就是摆在中国人面前的一个严峻的现实。

正是从这个时候开始，亦即在19世纪60年代以后，开始了轰轰烈烈的洋务运动。有人说，当时的“洋务”构不成一个“运动”。其实不然，洋务运动确实是对中国社会产生了重大影响的

① 蒋廷黻：《中国近代史》，武汉出版社2012年版，第1—3页。

“运动”。因为主张洋务的不仅有上层的中央政府，有地方大员，还有许多知识分子在研究、论证，洋务运动的成果更渗透到社会生活的许多方面。所谓“洋务”，其实质就是学习西方先进的科学技术，大力发展近代机器大工业。这也有一个逐步深入的过程，最开始的办“洋务”，主要是发展现代的军事工业，主要是火器火炮和造船，然后逐步发展到民用工业，包括纺织工业、采矿工业、冶炼工业，再包括修铁路、架电线电报、发展航运等。无论是哪一个行业，都是引进西方的机器生产，引进西方的先进生产技术，甚至包括“制造机器的机器”，即装备制造业。这样，经过几十年的发展，初步建立起中国最早的近代工业体系和基础。顺便提一句的是，西方的工业革命成果是在19世纪下半叶才开始转变为现实的生产力的。这就是说，这一时期中国引进的是世界上最先进的科学技术成果。正是在这一时期，实现了西方向东方的第一次技术转移。过去的历史学家们认为甲午战争意味着洋务运动的失败。这种说法其实是偏颇的。甲午战争的失败固然有多种因素，但是洋务运动对中国社会的改造事实是显而易见的，而且即使是在甲午之后，洋务运动所办的那些“洋务”仍然在继续，并有了更大的发展，一些洋务派思想家和官员进一步主张政治上的改革，为戊戌维新变法提供了有力的支持，甚至参加了维新变法运动。在李鸿章之后，张之洞、袁世凯等人仍然在继续“洋务派”前辈的事业。

洋务运动，以发展大机器工业为主要内容，但是，它所涉及的领域不仅仅局限在经济建设方面。正是在这一时期，西方文化有了更大的传播。江南制造局翻译馆和同文馆等机构，大量地翻译西书，系统地引进西方文化；各种西式学堂陆续创办，开始按照西学的内容培养人才；同时，开始了国家组织的派遣留学生。在这一时

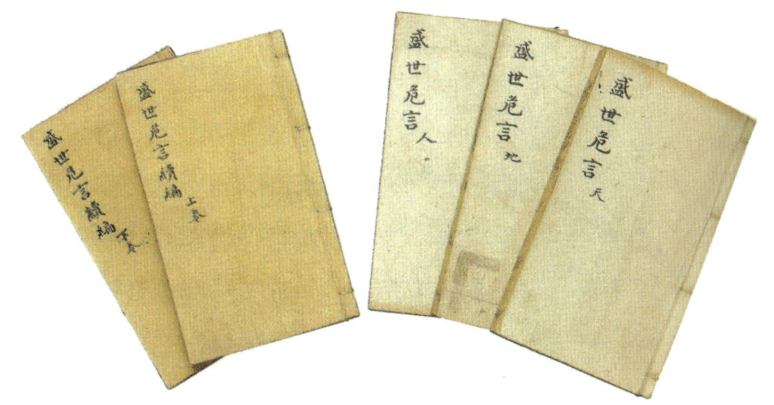

郑观应《盛世危言》封面。

期，也有一些知识分子，如郭嵩焘、郑观应等人，批评洋务运动仅局限在物质文化的层面，认为还应该进一步学习西方的政治制度、思想文化等。他们的意见是正确的。但是，他们和李鸿章不一样。有些问题李鸿章不是没有认识到，而是没有实现的客观和主观条件。甲午战争之后，变革政治体制的要求已经成为普遍的共识。这说明“采西学”已经深入到政治文化的层面。于是有了戊戌变法，再过几年，又有了新政改革。

近代以来，人们对于西学的认识是不断深化的。这包括两个方面的深化，一是对学习西学的必要性的深化，认识到面对西方文化的强大冲击，不学习不行，不学习就会有民族危亡的危险；二是对学习内容的深化，认识到西方文化不仅仅是坚船利炮，不仅仅是大机器生产技术，还包括先进的政治制度、先进的文化和哲学思想。因此我们看到，到了甲午之后，“物竞天择”的进化论成为人们的思想基础。

近代的“师夷长技”“采西学”“向西方寻求真理”，是一个

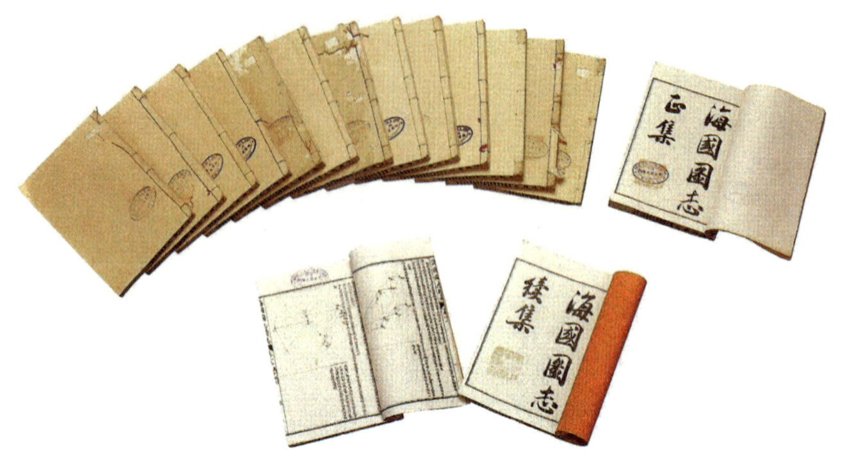

魏源《海国图志》书影。

影响广泛的思想文化运动，是一次巨大的知识启蒙运动和思想解放运动。从林则徐、魏源开始，包括李善兰、徐寿、王韬、郭嵩焘、郑观应、严复、康有为、梁启超等人，还有来自西方的传教士傅兰雅、林乐知、李提摩太等人，我们都可以看做是早期的启蒙思想家。他们在不同的时期，破除对传统文化的迷信，大力提倡和积极引进西方文化，为近代的西学东渐提供了广泛的和扎实的思想基础。所以，这场规模宏大、影响广泛的思想启蒙运动，知识分子的作用是巨大的、重要的。他们起到了先觉者、先驱者的作用。

这些历史的先觉者、先驱者，这些走在时代前列的启蒙思想家，他们的呼吁得到了上层的呼应和支持，使引进西学进入到具体的实践层面。在19世纪60年代开始的洋务运动中，恭亲王奕䜣是中央层面的组织者和支持者。许多历史学家已经指出，奕䜣在20多年中一直处于中央领导层的核心地位，他所领导的总理衙门实际上就是洋务运动的最高指挥机关。即使是作为最高统治者的慈禧太后，也在许多时候是支持采西学、办洋务的。在高度集权的封建专制体制下，如果没有最高统治者的首肯，持续几十年的洋务运动能轰轰烈烈地搞起来，那是不可想象的。在洋务运动第一线的曾国藩、李鸿章以及后期的张之洞、袁世凯等人，也都是手握重权的大臣。因此，对于晚清的引进西方文化，国家的力量发挥了决定性的作用。传教士在中国办报纸杂志，办教会学校和教会医院，都成为传播西学的重要渠道。没有国家的允许也是不可能的。前面提到的江南制造局翻译馆翻译西书，则是以国家力量组织的一种文化事业。实际上，洋务运动中提出的“中学为体，西学为用”的口号，已经成为国家的意识形态，这就把学习引进西方文化合法化、国家化，成为一种按照国家意志来进行的事业。

在既有广泛的思想基础，又有上层的提倡和支持之下，晚清的引进西学就深入到社会文化的各个层面，因而也就产生了不同以往外来文化的强大的影响。尽管后来的一些历史学家对于晚清的历史评价不高，更多地注意晚清政府的腐败、无知和愚昧，但一百多年之后我们再看，那个时期的中西文化交流实际上是相当丰富的，也是很有成效的。而在这之中，国家的意志、国家的力量，起到了决定性的作用。

晚清的中西文化交流、西学东渐，向西方学习，引进西方文化，在一定的意义上来说，是成功的，是有成就的。虽然这些成就还是有限的，取得这些成就也很艰难，并且付出了巨大的代价。但是对于这一时期的中西文化交流的结果，还是应该给予正面的肯定性的评价。看一种文化移植是否成功，主要有两个层面的问题。

第一个是物质文化的层面。西方的大机器生产已经部分地改变了传统的生产方式，近代工业文明的成果已经在中国初步扎下根来，与此同时，大机器生产的物质产品，无论是进口的还是本国生产的，已经进入人们的日常生活。生产方式、生活方式的改变是根本性的改变。接受了这些改变，就意味着在社会基础的层面上接受了西方文明。同时，在这些基础之上，还会有相应的思想观念上的变化。比如使用了电灯，就会改变人们对于白昼和黑夜的观念；电报、电话的使用，火车的使用，就会改变人们的空间和时间的观念；西医的引进不仅是改变了人们的医疗传统，还改变了人们对于自身身体和生命的认识。

第二个是知识的层面。前面说到的那些呼吁积极引进西学的先觉者、先驱者，他们之所以走在时代的前面，是他们具有了比同时代人更多的知识优势。他们大部分具有与西方文明打交道的经历，甚至还有些人亲自到国外看一看不同的世界。但是，只有少数人具有西方文化知识还是远远不够的，还必须把这些知识普及，变成大众的知识。所以，在这一时期，翻译出版了大量西方的书籍，包括自然科学、社会科学、文学艺术等等各个方面的内容。特别是有许多成系统的科学普及读物，为向大众普及西方科学知识发挥了重要作用。许多报纸杂志也把科学普及作为重要内容。更重要的是新式学堂的建立，包括外国传教士创办的教会学校和官办的各类学堂，它们都是按照西方的学科体系安排教育内容，并且使用新式的各类学科的教科书，这就为建立新的知识传输系统奠定了基础，也为中国近代新学科的建立奠定了基础。最突出体现知识系统转变的就是清末的学制改革。根据这个改革方案，从基础教育到高等教育，都是按照西方的新的知识系统进行的，持续上千年的以科举制为中心的传统教育体制被打破了，被废弃了。当一种新的文化知识、科学知识进入教育体系，进入各类各级教科书，这种文化移植就可以说是成功了。

到了晚清最后十年，持续几十年引进西学的影响已经很广泛了，从经济到社会，从生产到生活，从学术到教育，从军事到政治，学科建设、文学艺术，无不渗透着西方文化的影响。过去的学术界对晚清的新政改革评价不高，但正是在那个时候，奠定了中国在20世纪进一步发展的基础。20世纪中国文化的发展变革，都是在那个时候起步的。

我们看到，这个时期的中西文化交流，既有西方人来主动传播他们的文化，更有中国人主动地去学习和吸取西方文化。官员出国考察，派遣留学生，翻译西书，聘请洋员和洋教习，表现出前所未有的、空前高涨的学习热情。去学习，去向我们的敌人学习，去向打败我们的人学习。即使是城下之盟，割地赔款，忍受失败者的屈辱，仍然要挺起腰杆，大大方方地表示要向他们学习先进的东西。这是怎样一种胸怀啊！这种胸怀，正是中华文化海纳百川的博大胸怀的具体表现。中国人有吸收世界上一切优秀文化成果的胸怀，有学习一切先进的东西的能力，也有用这些先进的、优秀的东西丰富和发展自己的能力。在失败面前，在落后面前，中国人仍然保持着对自己文化精神的自信，对自己文化的能力的自信。这也正表现出中国本身所拥有的文化力量和精神力量。

说到底，近代的西学东渐，就是在西方文化大规模传播和冲击下，如何实现两种文化的融合的问题。近代以来的中外文化交流，和以往不同的是，以前的外来文化，都是作为中国本土文化的丰富和补充，成为中华文化系统的一个组成部分。但是，近代以来的西方文化的传入，对中国本土文化造成了巨大的冲击和颠覆性的影响。这样，在吸收外来文化的同时，还要对本土文化进行现代化的改造。

所以，近代以来中西文化的交流，对于中国本土文化来说，也就是一个文化重建的问题。在这个文化重建的过程中，西学和中学、新学和旧学，外来文化和本土文化，都有其地位、有其作用，也就会在这个文化重建的过程中实现高水平的融合。中华文化因此也就获得了世界性的意义，成为一种世界文化。

文化的重建过程是漫长的。我们今天也还在继续着这个过程。

新知识体系与新知识群体的形成

在晚清，存在着两个并存的知识系统。一个是传统的中国文化知识系统，所谓走正途的科举士子，基本上还在这个知识空间中。另一个则是新式的西学的知识系统。以西学为中心、以西方文化为主要来源的新知识系统，是新知识空间的主干。

新知识体系的建构是以文字为主要载体的。晚清出版了相当多的翻译西书，包括后来翻译的日译西学著作。同时，还出版了许多报纸杂志，有西方传教士主办的，也有本国文人主办的。这些西书报刊使西学新知广为传播，成为西学新知的主要传播媒介。早先传教士创办的报刊如《万国公报》等，在传播西学知识方面做了大量工作。1872年4月创办的《申报》，被人们视为了解时事新知的窗口。此后，还出现了更为直观的图画报，如1877年申报馆创办的《瀛寰画报》，1880年美国传教士创办《画图新报》，1884年申报馆创办的《点石斋画报》。这些画报以形象直观的图画来传播新知新事，大大扩大了传播面，使西学新知得到更广泛的传播。

新的知识体系是由新的名词概念来表现的，或者说，晚清大量

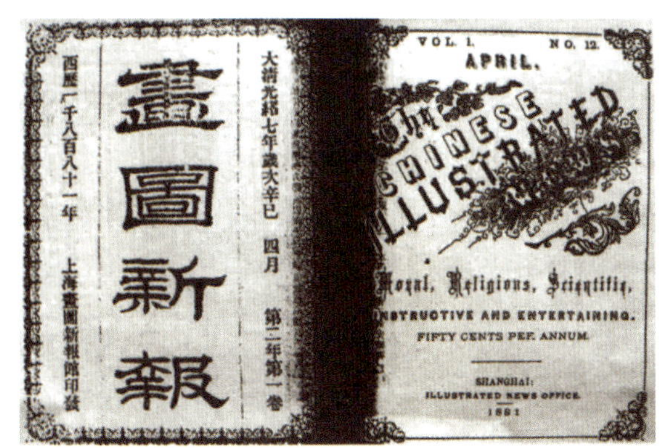
大清光緒七年歲次辛巳 四月 第二年第一卷

畫圖新報

西歷一千八百八十一年 上海畫圖新報館印發

VOL. 1. NO. 12.

APRIL.

THE CHINESE ILLUSTRATED NEWS.

Moral, Religious, Scientific, Instructive and Entertaining.

FIFTY CENTS PER ANNUM.

SHANGHAI: ILLUSTRATED NEWS OFFICE. 1881

《画图新报》。

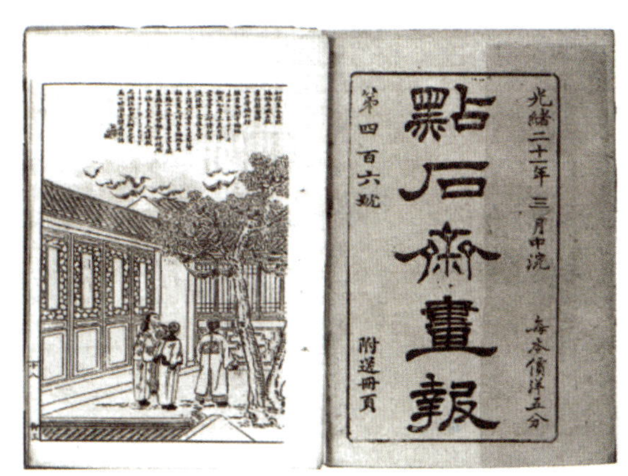
光緒二十一年 三月中浣

點石齋畫報

第四百六號

附送冊頁

每本價洋五分

《点石斋画报》。

涌现的新名词、新概念是新的知识体系的外在形式。晚清时期翻译的西书和各种报纸杂志，创造了大量的新名词、新概念。在清末翻译日译西书的过程中，曾经大量地借用日本人创造的新名词。梁启超流亡日本期间在《清议报》《新民丛报》发表文章就大量采借“日本新名词”。严复在1902年的《主客评议》中说：“夫自由、平等、民主、人权、立宪、革命诸义，为吾国六经历史之不言固也。”这些新名词、新概念大量地融入汉语系统，成为人们了解和掌握西学知识的工具。

大量的新名词、新概念，遍及政治、经济、军事、文化的各个方面，到民国初期，更是基本奠定了现代中国自然科学和社会科学术语体系的基础。通过这些词汇概念，许多中国人不仅了解了现代物质文明成果，了解了相当的现代科学知识，而且认同了民主、自由、民族等现代价值。换言之，通过这些新名词、新概念的创造和传播，中国人已将西方现代文明的成果部分地转化为中华文化的一部分。由于清末民初大量创译的新名词、新概念的出现，中国人已大体获致了直到今天为止的“现代思想平台”，从此以后，就语言层面而言，我们基本上已可以与西方的现代性文明进行直接对话了。①

与新的知识体系形成相适应的，是涌现了新的知识分子群体。所谓新知识分子，指的是“接受了西方资本主义科学文化知识，具有近代政治思想意识的知识分子”②。他们展示了对精神价值的全新追求，从道德关怀、社会关怀、知识关怀与终极关怀，实现了从传统士大夫到现代知识分子的转型：重建价值体系，传承了士大夫的担当精神与传统道德的合理因素，同时倡导自由民主新道统，建构新价值体系；实现社会角色转换，在废除科举被抛离权力秩序后，通过政治参与、社会团体与现代传媒等形式重建社会政治影响力；呼唤建立起分立于道统的学统、分立于治术的学术，致力于建立专业化、科学化、分科化的现代学术体系、现代知识体系；以理性精神区隔宗教狂热，又以终极关怀超越物质主义，在对中学、西学中

① 黄兴涛：《清末民初新名词新概念的“现代性”问题——兼论“思想现代性”与现代“社会”概念的中国认同》，《天津社会科学》2005年第4期。

② 侯宜杰：《二十世纪初中国政治改革风潮》，人民出版社1993年版，第111页。

的宗教文化采取开放立场的基础上重构信仰世界。[①] 这些新式知识分子，既是社会思想启蒙的产物，也是推动思想启蒙进一步发展的主力军。

在洋务运动对外开放的实践中，一些参与洋务运动的封建士大夫通过接触西方资本主义文明，开阔了视野，逐渐对西方近代社会制度及文化的长处有所认识，对中国封建制度的缺陷有所批判，产生了新思想，由封建官员发展为具有早期维新思想的新型知识分子。

另一方面，洋务运动中兴办的新式学堂、向国外派遣留学生，也为洋务运动培养出一批新知识分子。新式学堂所培养出来的，不再是满口诗云子曰，专习八股制艺的儒生，而是通晓外语和各类自然科学知识，并具有专业理论与技能的新式应用型人才。他们已经初具近代化的知识结构，是第一代新知识分子。而留学生在海外亲身感受到资本主义文明，接受欧风美雨的沐浴，其文化知识结构和思想意识结构都发生了巨大的变化，成为我国近代新知识分子重要来源。

另外，在民间还出现了一批以掌握和运用西学新知为特征的新知识群体。这些新型知识人才的生存方式已经不是像传统士人那样读书做官，不是辅君治民、高于庶民的身份，而是在洋行、商号、报馆、印书馆、新学塾等与西人有关的社会新事业中任职，靠西学技能吃饭，他们成了以新文化事业和新知识职业为生的新型知识群体。

新型知识分子主张打破专制社会对学术的禁锢与干预，强调学术与政治的分离，希望形成有利于实现学术独立、学术自由的社会环境，促进形成独立于政界的学界、知识界。受西方学术思潮影响，清末知识分子对学术分科日渐重视，着手建立分科细密的学科

① 俞祖华、赵慧峰：《清末新型知识群体：从传统士大夫到现代知识分子的转型》，《人文杂志》2012年第5期。

体系、知识体系与课程体系。学科分类为现代学术的发展创造了重要条件。

他们具有深刻的使命感和历史责任感，选择不同的方式推动着传统专制社会向现代民主社会的转型，并努力探寻着知识分子在现代条件下干预公共事务、担当公共角色的途径，包括探索在体制外以民间社会、以舆论关切等干预政治参与社会的新形式。新的知识群体转向大众化的公共话语空间，并承担起启发民众、唤醒国民的启蒙精英角色。他们创办报刊，影响舆论，引导社会，批评政府，宣传西方的自由、民主、平等、博爱的思想。他们成为晚清社会变革的重要推动力量。

从西学到新学

对于新来的西学来说，中学、旧学是一个巨大的存在，如何面对这个巨大的存在，是西学东渐过程中很重要的问题。

晚清的思想家们把“中西”的问题转换为“新旧”的问题，把中外文化的冲突转变为本土文化内部的“新旧”的矛盾，并提出了相应的解决办法。这里面包含着将外来文化、外来的知识体系本土化、民族化的努力。

“西学亦即新学，中学亦即旧学”，最早是由西方传教士作出的一种价值判断，当然也是早期中西文化冲突中立足于西学对中国文化的一种审视。

西学是新的，中学是旧的，在西学东渐之初好像这样说没有什么大问题。但是，随着西学的引入和逐步向中学的渗透，传统中学在不断被改造和更新的过程中，自身发生了不同于旧学的质变。源于早期传教士西学即新学的认识，就很难涵盖这一历史性的学术文化的变迁。对此，梁启超认为“洋学”（西学）不能等于新学：其一，教授西学的学堂，如同文馆、广方言馆、水师学堂等，“今数十年未尝有非常之才出乎其间，以效用于天下，所共闻也”。之所以如此，因西学教习不通中学，“其能言中国舆地、史志、教宗、性理者，殆几绝矣”。其二，新学人才应是“通中西古今”者，而绝非仅通西学而已。“自古未有不通他国之学而能通本国之学者，亦未有不通本国之学而能通他国之学者。”尤其对于政学，“必于中国前古之积弊知其所以然，近今之情势知其所终极”，因而，“故非深于中学者，不能治其业”。梁启超认为，中国学术文化的更新不能走单纯崇尚西学的道路。

西学是引动中学趋变的重要动因，但它却不可能替代中学成为近代中国社会文化的主体。作用于近代中国社会历史，并且成为几代中国进步士人追求的新学，不可能是与中学无涉的西学的简单移植，它只能是在传统中学根系上的新生或者是在其主干上的“嫁接”。康有为致力于汇通中西，立足于西学，又超越具体的西学，创建了“不中不西即中即西”的新学体系。所以，所谓新学，是中国本土知识分子以传统文化体系为知识背景，积极学习和引入西学知识，并且对所谓中学、旧学进行改造而创造的中国的新学问、新的知识系统、新的知识空间。

当时人们称之为“新学”的内容大致包括：（1）有关主张学习西方、介绍世界知识、提倡社会文化变革的认识和书籍。（2）专指当时切于社会实用的算学、经济一类的实学。（3）就制度层面而言，新学具体化为新学堂之学。所以，学堂制度的创立，被看做是近代新学的标志性成果。“新学”一词勃起于甲午战争以后，风行于光绪宣统之际，而近代各级各类新式学堂大规模的建立，也正在此时。（4）近代“新学”一词还用以指称不同于传统学术文化的一种向新的趋向。新学流风所及，表现在“新诗界”则是“用新名词，新典故”，史学遂有梁启超之“新史学”，舆地学便有西北地志学，考古学则有金石、甲骨之学。

正是在不断引入西学的过程中，中国近代的新学才在不同于传统旧学的意义上形成与发展起来。然而，新学的形成和发展也是重新认识和改造旧学的历史过程，而不是简单地抛弃旧学；同时，也不是以西学取代中学。在此基础上形成的新学，是中学与西学相互取舍兼容的一种学术文化类型，而绝不是排除中学的西学类型。近代新学是传统中学的转型，是旧学适应新时代的一个学术文化新生物。诚如王国维所言：“国初之学大，乾嘉之学精，道咸以降之学新。”①

历史的视角：新学与旧学

维新变法时期的“新旧”学之争，归根到底是面对西学的冲击，如何保存中国传统学问的问题。提倡新学的人是以中学或旧学接纳西学，用西学改造中学，在此基础上建立新的学问和知识体系，而反对新学的人则主张完整地保留旧学，反对康梁“以六经并入西学”的做法。无论是否提倡新学，都没有人全面否定旧学，并且都在探讨在新的形势下，在西学广泛传播的前提下，如何来保存旧学的问题。

---

① 王先明：《关于近代中国“新学”的民族定位》，《河北学刊》2001年第3期。

随着西学大规模引入，中学面临着巨大冲击，中学之生存成为值得关注的问题。许多学者，包括极力主张新学的学者，也都表达了这样的忧虑，并且为保存旧学做出了很多努力。梁启超多次表达了对旧学消亡之忧虑，在他看来，按照西方教育体制兴办新式学校后，新式学堂采自西方分科式的学科体制，中国固有的经史之学难以在这种体制中获得一席之地，人们必然会趋向西学，研习近代学科体制下的西学各学科门类，而对中国旧学不予重视。

张之洞也意识到这一问题的严重性。他在会同荣庆、张百熙等人制定新学制，仿照西方分科设学原则创建分科大学时，特别注重对中国旧学之强调与保存。在《学务纲要》中，张之洞对大学分科的原则和指导方针作了原则性规定：将经学立于各门学术之首，不仅大学分科中专列经学科研究经学各门，而且各级中小学也要“注重读经”。张之洞认为，小学中学皆有读经讲经之课，高等学堂有讲经之课，大学堂、通儒院则以精深经学列为专科，自然会达到“尊崇圣道”“保存古学”之目的。但实际状况并不乐观。各种书院改为新式学堂后，经史之学在新式学堂中所占之比重毕竟有限。更重要的是，此时“趋新”之风日盛，旧学万难引起读书人之兴趣。

为了保存中国旧学，张之洞等人还力谋设立“存经书院”。光绪三十一年（1905）十月，河南巡抚陈夔龙、学政王垿奏请在省会设立尊经学堂，“以保存国粹为先务”。[①] 翌年正月，湖南巡抚庞鸿书、学政支恒荣会奏，认为“学堂科目赅括中西，其于经学、史学、理学、词章学，皆未暇专精，窃恐将来中学日微，必至各学堂亦鲜教国文专门之教员，而中师渐绝”。请求将省城的成德校士

① 朱有瓛主编：《中国近代学制史料》第2辑下册，华东师范大学出版社1987年版，第527—530页。

馆和达材校士馆、岳麓景贤堂以及衡阳府船山书院分别改为成德、达材、景贤、船山各学堂以“专课经史”，明确提出“拟仿照湖北存古学堂并参酌河南尊经学堂章程”办理。他们主张的存古学堂，重点是研习中国固有之经学、史学、文学等，西学门类如算学、艺学、政学仅仅是“兼通”。

光绪三十三年（1907）五月底，湖广总督张之洞正式进呈《创立存古学堂折》，将经心书院故址改为存古学堂。他主张的存古学堂以研习经学、史学等中国旧学学科为主，同时，存古学堂课程应“略兼科学以开其普通知识，俾不致流为迂拘偏执，为谈新学者所诟病”。

张之洞首倡设立湖北存古学堂后，不少省份闻风而起，更有派专员到湖北考察存古学堂。张之洞主管学部后，各地陆续开办了一些存古学堂。宣统三年（1911）四月，清学部在《奏修订存古学堂章程折》中，对存古学堂立学之目的作了规定：“存古学堂以养成初级师范学堂、中学堂及与此同等学堂之经学、国文、中国历史教员为宗旨，并以预备储升入经科、文科大学之选。”它分设中等科、高等科，其学科分经学、史学、词章三门：“经学门为预备升考经科大学者治之，史学门为预备升考文科大学之中国史学门者治之，词章门为预备升考文科大学之中国文学门者治之。”

存古学堂是在诸多保存国粹办学方案中被清政府确立为“新教育”体系内的主要“存古”形式。从光绪三十年（1904）到清朝覆亡，湖北、安徽、江苏、陕西、广东、四川、甘肃、山东等省皆正式办有存古学堂，京师、江西、浙江、福建、贵州、湖南、江宁、广西、河南、云南、直隶、吉林、黑龙江等地也都有仿办存古学堂的提议或规划。

在清廷采取在新式学堂中规定经史等课程、设置存古学堂之同

时，以章太炎、刘师培、邓实、黄节等为代表的国粹派，提出了“保存国粹”、复兴古学之主张，掀起了影响深远之国粹主义思潮。1905年，邓实、黄节等成立国学保存会，继而创办《国粹学报》。以此为标志，晚清历史上出现了国粹派。国粹派所谓“国学”，是中国学术文化之总称。“国粹”一词引自日本语，国粹派以此泛指国学所含之精华。在章太炎看来，国粹就是中国历史，“这个历史，是就广义说的，其中可以分为三项：一是语言文字，二是典章制度，三是人物事迹”[①]。故保存国粹，就是保存与整理中国传统学术文化。[②]国粹派不同于以往的文化保守派别，他们要对中国文化加以发掘，结合时代特点，重塑近代文化，因此，表述了一种新的文化观。

在晚清许多学者看来，中国传统学术是“一半断烂，一半庞杂”，他们主张用西方近代学科分类体系来分割和重新整理古代学术，即将原来以“六艺”为核心、以“四部”框架之分类体系彻底抛弃，转而按照哲学、历史、文学、政治学、法学、经济学、社会学、数学、自然科学等一系列近代学科分类体系来分割和重新归类之。

西方分科原则及学科体系伴随着废除科举、确定新学制而为晚清学者接受后，因为经学在新学制中无对应之位置，在近代学科体系中亦无对应之学科，故“废经”呼声日渐高涨。经学之存废，成为清末学界争论之重大问题。有人坚决主张废除旧学科，将经学内容归并到近代学科体制中。有人则认为，“六经”不仅是探讨中国史学发展所不可或缺之史料，而且对于研究整个人类文化之演化，

---

①《章太炎政论选集》上册，中华书局1977年版，第276页。

② 郑师渠：《晚清国粹派文化思想研究》，北京师范大学出版社1997年版，第114—120页。

均具有不容忽视的价值。

无论是否赞同废除经科，必须用近代学科体系对经部所含知识体系进行重新界定与整理，是很多新派学者之共识。因此，晚清学者在审视中国旧学时，力争将“四部”分类体系中之知识分类，从形式上改称“学”，以与近代学科相对应。

1907年，国学保存会拟设国粹学堂，并草拟《国粹学堂学科预算表》（课程表）。该学堂章程规定：“略仿各国文科大学及优级师范之例，分科讲授，惟均以国学为主。”学堂课程分经学、文字学、社会学、实业学、博物学、哲学、伦理学、考古学、史学、宗教学、译学等21门学科，各学科又分为若干种课程，如社会学分古代社会状态、中古社会状态、近代社会状态；哲学分古代哲学、佛教哲学、宋明哲学、近儒哲学；史学分年代学、古事年表、历代兴亡史、外患史、政体史、外交史、内乱史、史学研究法等；典制学分历代行政之机关、官制、法制、典礼、兵制、田制、制度杂考等。此21门学科及其所属之具体课程，总数竟达百门之多。这既是国粹派接受西方近代学科体系之明证，也是其以近代学科界定中国旧学之尝试。

不久，出现的“整理国故”运动，进一步推动了中国传统学术的现代转型。正是在对中国传统学术不断的整理和整合过程中，中国传统学术开始转变其固有形态，逐步融入近代西学之新知体系中。

接受西方新知之晚清学者，当其再用新眼光看待中国旧学，自然会产生一些新见解，诚如孙宝瑄所言：“以新眼读旧书，旧书皆新书也；以旧眼读新书，新书亦旧书也。”① 正是在这种“以新眼

① 孙宝瑄：《忘山庐日记》上卷，上海古籍出版社1983年版，第526页。

读旧书”、以新理研旧学而不断产生“新见”过程中，中国旧学发生着微妙之嬗变。

文化保守主义的意义

任何一种文化都有其保守的一面，对外来文化总有某种抗拒性。传统是一种巨大的保守力量。开放性和保守性是一种民族文化内部的两种张力，保守力量在于巩固和维护民族文化的核心价值和民族性，开放力量在于促进民族文化的进步和发展。在历史上，对外文化交流始终在两种力量的制衡中发展。中华传统文化历来有“夷夏之防”的观念，那么，在外来文化大规模引进的情况下，就会对中华传统文化造成一定的冲击，对中华传统文化的优越性造成冲击。特别是近代以来的西方文化的大规模传播，对中华传统文化的冲击和影响是相当大的，对传统文化的核心价值是具有颠覆性的力量的。

保守主义不仅有深厚的文化基础，也有广泛的群众基础。在19世纪，中国的经济主要还是以农业为基础，最广大的民众还是农民或是依附于农民的阶层，城市里的官员、商人、士大夫等都与农村和农民有着千丝万缕的血缘联系。工业文明进来了，就在一定程度上破坏了传统农业社会的自给自足的经济形态，破坏了农业的生产方式。另一方面，西方文化的价值观念、社会伦理、生活方式等都对传统社会文化风俗造成很大冲击。因此，广大的农村社会对外来文化的冲击就形成了巨大的抵制力量。所以，晚清多次出现不同程度的反洋教、反洋人的教案，最后出现了义和团这样大规模的排外浪潮。在许多教案中，都有一些地方的士绅参与或操纵，表现出下层民众的排外思潮与上层精英社会的保守主义的默契与合流。

保守主义是社会进步的阻碍力量。但是，作为文化上的保守主义，还有两个方面的问题需要提出。一方面，保守主义对于激进的引进外来文化的主张，是一种制衡的力量。我们经常引证恩格斯的一个观点，说历史是多种力量合力的结果。多种力量造成了一种相互制衡的关系，使哪一种力量都不会走得太远，都限制在历史实践所能容纳的范围内。如果没有文化保守主义的抵制、抗拒和制衡，那么，引进近代西方文化、大工业文明，就可能更快一些，但也可能走得更远，超出当时社会发展水平所能容纳的程度，因而引起更大的社会和文化的震荡。比如日本在明治维新时期主张全盘西化，但在其后期又出现过儒学振兴运动，主张恢复和保存传统文化，对当时滚滚而来的西化浪潮起到了一定的遏制作用，避免了社会的文化分裂。日本的例子是先全盘西化，然后再校正，中国则是在一开始就有文化保守主义在遏制、在制衡，所以就没有像日本那样走得急、走得远。

另一方面，文化保守主义的本质，是面对强大的外来文化，试图守护、保存本土文化、民族文化，尤其是保存民族传统文化核心价值的努力。他们态度是明朗的、真诚的、坚决的，就是要做传统文化的守护者、卫道士，尽管外来文化的冲击有的时候是强有力的、巨大的。因此，即使到了清末和20世纪前期，西学取代中学，新学取代旧学，已经成为时代潮流，文化保守主义者仍然在做保存传统文化的努力，比如创办存古学堂，比如用西学的方法整理、研究旧学，即所谓“整理国故”“保存国粹”等，都是要延续传统文化的文脉，在西学滚滚的浪潮中赓续传统文化的价值和生命。

从以上两点来说，我们以往对于文化保守主义者的正面意义估计

不足，评价不高。除了他们在历史上所起到的一定的积极作用之外，他们对待文化传统的真诚和态度，就值得我们抱有真诚的敬意。

文化保守主义不仅仅是一种思想，还是一种深厚的文化心理。那个时代的绝大多数知识分子，对于传统文化的敬意和忠诚都是一样的。除了上述文化保守主义者之外，即使是那些主张向西方学习、积极引进西学的启蒙思想家，他们也没有人主张全盘否定传统文化。他们积极引进西学，目的不是要否定传统文化，而是要丰富和发展传统文化，进一步维护传统文化以及其支撑的封建专制制度。比如他们先后主张“西学中源”“中体西用”，除了文化策略上的考虑之外，还表示了他们把中学与西学作为两种并行的文化，把西学的“用”作为中学的补充和丰富，巩固中学的“体”。即使是康有为等更激进的思想家，虽然已经超出了“体”“用”的框架，但在极力鼓吹西学的同时，也努力在传统文化中寻找思想资源。

“中体西用”：折中主义的文化策略

洋务运动的本质即在“洋务”，就是学习西方先进的科学技术，制造先进的机器，发展近代的工业，以达到富国强兵的目的。换句话说，采西学，制洋器，以“洋务”实现“自强”，是当时应对“大变局”，挽救民族危机的主要思路。为了更合理地“采西学”，洋务思想家提出了“中学为体，西学为用”的口号，作为解决引进西学与坚持本土文化矛盾的一个思路。

冯桂芬的《校邠庐抗议》对“中学为体，西学为用”论式的形成起了承先启后的作用。他为论证“采西学”的必要性，以“法后王”为依据，主张借鉴和中国“同时并域”的西方诸国“自治富强”的成功经验，认为如果能够“以中国伦常名教为原本，辅以诸国富强之术”，必将收到“更善之善”的效果。

冯桂芬的“本辅”说是“中体西用”思想的最早表述形式。它在中学和西学兼蓄并容的文化结构中，以突出中学的主导地位为条件，确认西学的辅助作用之价值。后来，洋务思想家们提出“中体西用”，在这一理论中，他们把中学和西学的关系称为“体”与“用”的关系，或称为“道”与“器”的关系，“本”与“末”的关系，“主”与“辅”的关系，进而肯定两者的相对价值，即中学具有精神价值，西学具有物质价值；更进而肯定两者的功用，即中学用来“治心身”，西学用来“应世事”。在这里，中学和西学的地位虽略有高低之分，如强调中学是“本”“体”，而西学只是“末”“用”，但同时这两者又被强调是相补相救，不可偏废的。从理论上看，他们以这种思维模式将西学内容合法化，将指向现代的世俗价值目标引进传统框架内，肯定西学所指向的世俗价值，肯定其具有传统伦理价值所不能替代的实际功用。这就等于承认中学还有所不足，还有待于西学补充，西学确有超越中学的地方，从而动摇了“礼义至上”的传统伦理价值观的绝对、唯一的权威地位。

洋务派为强调西学之可用和当用而标榜的“中体西用”论，随着他们对于西学知识的加深，逐渐有所发展。当他们明白了西方富强是由于实行“重商富民”政策，并建立了相应的法度时，他们心目中的“中体西用”论式中的“西用”，无疑已迥然不同于当年所说的洋器洋技之长。他们要学习的内容，已经不再拘守于“不师其法，惟仿其器”的狭小范围。

他们表现出对中华传统文化的强烈的责任感，薛福成指出：“中国之病，固在不能更新，尤在不能守旧。”他告诫国人：“宜

考旧，勿厌旧；宜知新，勿骛新。”张之洞告诫国人了解西学应在通晓中学的前提下进行，他希望中国实现“朝运汽机，夕驰铁路”的局面，更希望中国人能继续保持“其心圣人之心，行圣人之行”。体用派通过“中体西用”理论首次提出了中西两种文化如何结合的大原则，提出了一种与社会转型相适应的文化模式，认为引进外来文化要加以选择，要以我为主。

“中体西用”这个口号在中国文化界有着强烈的影响，甚至可以认为是晚清的官方意识形态。对于晚清的文化发展来说，这是一个相当大的进步。随着洋务运动的发展，“中体西用”文化观论式的内容也发生了变化，总的趋势是中学的内涵越来越小，西学的范围日益扩大，层次日益深入。在当时寻求中国富强之路的探索中，发挥了重要的作用。

到1898年，张之洞发表《劝学篇》，将“中学为体，西学为用”的思想加以理论概括和系统阐发。张之洞将“中学为体，西学为用”转换为“旧学为本，新学为用”，将“中西”问题转换为“新旧”问题，这不仅是他个人认识的深化，而且是整个社会对中西文化认识的提升。

《劝学篇》一方面批评顽固派的“守旧”“不知通”，另一方面批评维新派的“菲薄名教”“不知本”。他企图在顽固派和维新派的主张之间寻找第三条路——“旧学为本，新学为用，不使偏废”。这便是洋务派文化思想的集中概括。

《劝学篇》共24篇，4万余字，“内篇务本，以正人心；外篇务通，以开风气”。所谓“本”，指的是有关世道人心的纲常名教，不能动摇；所谓“通”，指的是工商学校报馆诸事，可以变通举办。全书贯穿“中体西用”精神，主张在维护君主专制制度的前提下接受西方资本主义列强的技艺，并以这种新技艺“补”专制旧制之“阙”，“起”清廷统治之“疾”。张之洞倡导的“新旧兼学”中的新学亦包括西政，这比早期“中体西用”论者的西学等于西艺的观点进了一步，扩及“学校、地理、度支、赋税、武备、律例、劝工、通商”诸项。张之洞的公式是：“中学为内学，西学为外学；中学治身心，西学应世事。”

《劝学篇》对文化的不同层面持不同态度，引申出“变”与“不变”的二重观点。张之洞说：“夫不可变者，伦纪也，非法制也；圣道也，非器械也；心术也，非工艺也。”这就是说，器可变而道不可变。为证明“器”的可变性，张之洞旁征博引经典，如《周易》的“穷则变”“变通尽利”“变通趋时”“损益之道”；《尚书》的“器非求旧，惟新”；《礼经》的“五帝不沿乐，三五不袭礼，礼时为大”；《论语》的“温故知新”；等等。为论证“道”的不可变性，张之洞则征引《礼记·大传》的“亲亲也，尊尊也，长长也，男女有别。此其不可得与民变革者也”。他进而发挥道：“五伦之道，百行之原，相传数千年更无异义。”

张之洞的“变易”与“不易”的二重思想，虽然与诸经都有关系，而其主要渊源则在《周易》关于“变易”与“不易”的二重学说。张氏力图变更陈法，改弦更张，在技艺层面，甚至部分地在制度层面采用西法；然而，作为宗法—专制政体和纲常名教的卫道者，他又竭力维系旧的政治—伦理系统。

中西文化观的交锋与论战

20世纪的第一个十年，清王朝在文化变革和社会改革方面做了很大的努力，但是历史并没有给它进一步的机会。不久它就灭亡了。之后兴起的新文化运动以现代文明为取向，代表了中国社会思潮的主流。这种思路和方式的核心意义是要通过主动吸收外来文化，顺应和接受现代化变迁的历史趋势，重建中华文明的精神和结构，实现民族文化的振兴。这比晚清的“中体西用”的思路则上了一个层次，进入到一个新的阶段。

但是，这种回应的方式并不是顺利地被社会认同，它受到了“文化本位主义”或“文化保守主义”的抵抗。这种文化保守主义和历史上曾经出现过的顽固的守旧派不一样。20世纪的“文化本位主义”或“文化保守主义”并不是要恢复传统社会的经济政治秩序，也不是完全反对现代化变迁，而是主张重建主体性的民族文化传统，以中华文化的观念框架同化、吸收某些外来文化的东西。他们以认同、回归民族文化传统为特点，认为经济政治层面的现代化固然带来文化习俗、观念的现代化，但这种变化并不一定是全盘的，并不必然蕴含文化价值层面上的全面反传统。他们所主张的，实际上是要通过恢复传统文化的积极性因素和主体性功能，使其适应现代化的趋势，以重建和振兴民族文化。

中国的文化保守主义者的共同特点是：他们能以比较开放的心智面对西学，但反对全盘西化，主张在学习和吸收外来文化的过程中必须坚持本民族文化的主体性。中国的文化保守主义的出现更与当时中国社会文化环境有密切关系。戊戌变法失败特别是义和团运动以后，章太炎认识到不推翻清廷统治，“欲士之爱国，民之敌忾，不可得也，浸微浸削，亦终为欧、美之奴隶而已矣”。故其“提倡国粹”，意在“用国粹激动种姓，增进爱国的热肠”。民国初年，梁漱溟目睹时艰，悲悯地发出“吾曹不出如苍生何”的呐喊。他更有感于“今日的中国，西学有人提倡，佛学有人提倡，只有谈到孔子羞涩不能出口。……孔子之真若非我出头，可有那个出头？”遂以复兴孔学为己任，号召国人走孔家路，寻孔颜乐处，重开宋明儒讲学之风，并坚信世界最近的未来必是中国文化的复兴。由此可见，梁氏在西化之风昌盛之时，高扬儒学之旗，讲学著书，奔走呼号，目的并非仅仅是复活古老文明，而是要以儒学精神昭苏国人的人生态度，开辟出现实的人生之路，进而求得中国社会和中国文化的新生。他曾指出，唯有复兴中国文化，才能昭苏中国人的人生态度，才能把生机剥尽、死气沉沉的中国人复活过来，从里面发出动作，才是真动。中国不复活则已，中国而复活，只能于此得之，这是唯一的路。

在20世纪前期，在面对西方文化大规模传播的情况下，在主张全面引进西方文化、中华传统文化受到强大冲击的情况下，文化保守主义思潮也一再地表现出来。新文化运动的兴起对传统文化造成了巨大的冲击。而与此同时，从此，文化保守主义思潮也十分活跃。《东方杂志》主编杜亚泉及其后继者钱智修，《欧游心影录》作者梁启超，《东西文化及其哲学》作者梁漱溟，《甲寅杂志》主编主撰章士钊，以及科学与人生观论战中的玄学派主将张君劢等，都是这一时期文化保守主义的代表人物。他们反对新文化运动激进的向西方学习的主张，而大力提倡东方文化，因此有时人们又把他们统称为“东方文化派”。除“东方文化派”外，以东南大学教授吴宓、梅光迪代表的“学衡派”也是这一时期文化保守主义的重要组成部分。

20世纪30年代，岭南大学教授陈序经出版了《中国文化的出路》一书，对“全盘西化论”作了系统论证。至此，“全盘西化”不仅作为一个口号，而且作为一种文化主张而引起注意。针对陈序经的观点，有十位教授联名发表《中国本位的文化建设宣言》，从而形成一场影响广泛的大论战。他们不赞成复古派的主张，认为古代的中国已成历史，不能重演，也不需要重演；他们也不赞成盲目模仿外国，认为无论是完全模仿英、美，还是完全模仿意、德，其主张都是轻视了中国空间时间的特殊性。他们认为，“此时此地的需要”，才是“中国本位的基础”。

《中国本位的文化建设宣言》发表以后，一方面，许多报刊发表社评、文章，大力推崇、宣扬其提出的观点和主张，另一方面，《中国本位的文化建设宣言》也受到西化派的尖锐批评。本位文化的论战所涉及的不只是文化问题，而是由此引出中国的出路即社会发展道路的问题。所谓本位文化建设，从中西文化冲突的角度来看，是本位文化受到外来文化严重冲击而引起的“重整反应”。在这次讨论中，对如何认识西方文化的问题，持分析态度的意见显然占上风，不论对资本主义文化或社会主义文化，都提倡进行客观的科学研究。就是大力支持西化论的人也客观地分析了西方生活方式之缺陷，指出西方文化也有历史的惰性。在讨论中，不论是主张西化论者还是主张中国本位论者，都逐步产生一种新认识，即用“现代化”这个新概念来取代“西化”或“中国化”等概念。“现代化可以包括西化，西化却不能包括现代化”。中国现代化的努力方向：第一，发展自然科学，这是现代化的根本基础。第二，促进工业发展，一个国家若无现代工业，平时无法生活，战时无法进攻。

第三，提倡各种现代学术，没有现代学术也不能成为一个现代化国家。第四，思想方面的科学化，以使我们的思想、态度和做事的方法都现代化、效率化、合理化。

20世纪30年代的文化争论是20世纪20年代文化争论的继续和扩大。从“东方化”引出“中国本位”观点，从“西化”引出“现代化”的观点，表明中国思想界对中国发展道路的思想认识在逐步深化中。

20世纪30年代的一个重要文化现象是“新儒学”思潮的出现。“新儒学”以倡导儒家学说的现代复兴，承续儒家文化精神为根本宗旨。这个宗旨是直接针对“五四”时代激烈反传统主义的回应。在那种急风暴雨般的反传统思潮过后，新儒家们提出了“返本开新”、重建“文化本位”的主张，以重整回应现代化变迁的思路。

新儒家们力图以儒学论现代化，这种思路的展开，源于这样一个基本的信念，即坚信中华文化有活的生命，坚信中华文化有一个绵延不绝的统续。他们认为，中华文化是中国人的客观精神生命之表现。所以，“返本”，就是要畅通民族文化生命的本源，以民族文化的自觉，由文化生命的畅通，来蓬勃民族生命的生机。他们主张对传统文化进行创造性的转化，以适合现代生活的要求，但这种创造性的转化并不是传统的割裂，而是传统的承续，是中国文化生命的发扬光大。所以，他们始终坚持中华文化“本位”观，现代化是中国文化的现代化，而不是要用西方文化来替代中国文化。他们站在中华传统文化的立场上，以中华传统文化的价值尺度来认识、评判、选择西方文化，是以“中”论“西”。在他们看来，当代西方文化的精彩优越之处，就在于科学技术与民主政体。

不仅如此，在新儒家们看来，儒家思想不仅具有开出现代化的功能，而且还有避免与消解西方现代化带来的现代矛盾与伦理问题的功能。杜维明认为，中国现实生活中出现的某些流弊，究其文化原因，就在于未能很好地保留和弘扬传统文化，特别是儒家的政治理想和人生理想。因此，复兴儒学是补救时弊的良药。对于西方社会也是如此。为了克服西方社会现代化过程中出现的种种矛盾、冲突和危机，西方人应该向东方人学习，从儒家文化吸取有益的启示。

中华文明的转型、再造与复兴

在20世纪中国的历史上，发生了一系列影响深远的重大事件。特别是在这个世纪前20年中的几件大事，具有尤为重要的历史转折意义。

1905年废除了延续上千年的科举制度，从根本上动摇了封建政治制度的动力基础和代谢机制。同时也改变了与科举制密切联系的传统教育体制，以传播西学为主要内容的新式学堂取而代之，从而改变了文化传承的知识体系。

1911年的辛亥革命，推翻了统治中国260多年的清王朝，结束了两千多年的封建专制制度。

1919年的五四新文化运动，则把对传统社会的否定从政治制度的层面引申到文化心理、思想观念的层面，强烈地冲击了以孔子儒学为代表的传统文化思想体系。

所以，19世纪向20世纪的转折，也就是中国从传统社会向现代社会的历史性转折。这场社会大变动极大地改变了中国人的生活背景、生活舞台、生活世界，相应地，也极大地改变了中国人的生活观念、生活内容、生活方式。20世纪给中国人的生命活动以新的文化意义，同时也在极大程度上对中国人的心理品质和民族性格进行了再塑造。

20世纪中国的文明变迁是总体性的。在这个变迁的过程中，不是个别新文化因素的出现或旧文化因素的丧失，不是对原有体系框架的改造、调整或充实，也不是原有文化精神的继续和发展，而是一种结构性的变化。这种文明变迁，是整个社会文明形态诸层面和文化整体设计的更新和转变，是文化模式的演进与转型。正是经过了这种文化冲突和震荡，实现了新的文化融合和整合，实现了中华文明从传统向现代的结构性转变，形成了现代中华文明的新格局。

1949年中华人民共和国成立以后，特别是1978年中共十一届三中全会实行改革开放政策以后，中国的现代化建设取得了重大成就。古老的中国焕发了青春，以崭新的面貌和风采出现在世界舞台上。20世纪彻底改变了中国社会的面貌，对中国人进行了巨大的再塑造，使中国人走出传统社会的中世纪，走进世界性的现代化潮流。现代化成为20世纪中国的主题，20世纪中国社会文明的一切变化、动荡、冲突，都可以在现代化这个主题下获得解释和意义。在一百多年的现代化变迁中，中国人的精神经历了一个由被动转向主动的过程。几代人为寻找中国的现代化道路，进行了极为艰难的探索，经历了许多不可避免的和可以避免的挫折和失误，终于达到了今天这样的发展程度，达到了今天这样的对现代化精神蕴涵的理解程度。

文化在本质上是与社会历史联系的，社会历史的发展必然引起文化的改变。但是这种发展，即使是像从传统社会向现代性社会这样的在根本性质上的改变，也不应该被理解为历史的中断，而是在原来基础上的社会进步，因此具有一定的连续性和继承性。中华文明在几千年的历史发展中，积淀在深层心理结构中的文化精神和民族性格，也存在一些永续性的因素。这些永续性的因素，这些历史文化遗产的继承，使中国人无论是在什么时候，在什么地方，都保持着特殊的民族性格和风格。我们对中国现代文明的探讨，必须与中华文明的历史联系起来，从对中华文化史的各个方面的正确认识，从历史事实和发展过程中，从中华文明历史演变的轨迹中寻找中国现代文明的特征。

在几千年文明发展中孕育的中华优秀传统文化，积淀着中华民族最深层的精神追求，是内蕴深厚、历久弥新的精神财富，为中华民族生生不息、发展壮大提供了丰厚滋养，成为我们今天推进现代化建设的强大精神力量。经历了现代化的改造与重建，中华文明完成了历史性的蜕变和更新，成为一个用崭新的现代文化装备的、具有现代价值观念和文化精神的现代民族文明。而在中国现代文明更新改造的过程中，我们重建着我们的文化精神，重构着我们的意义体系，重塑着我们的民族心魂，从而，创造着现代中国人的生机勃勃的、丰富多彩的文化世界。

与此同时，经过历史性嬗变的中华文明获得新生和复兴，向世界重现风采和魅力。在现代世界的文化交流中，具有悠久历史传统的中华文明，正以全面开放的姿态，为人类文明作出新的更大的贡献。

主要参考文献

吕思勉：《中国史》，中国华侨出版社2010年版。

钱穆：《国史大纲》2册，商务印书馆1994年版。

白寿彝总主编：《中国通史》22卷，上海人民出版社1995年版。

范文澜：《中国通史简编》（修订本）第1编，人民出版社1964年版。

范文澜：《中国通史简编》（修订本）第2编，人民出版社1964年版。

范文澜：《中国通史简编》（修订本）第3编，人民出版社1965年版。

翦伯赞：《中国史论集》（合编本），中华书局2008年版。

雷海宗：《国史纲要》（增订本），武汉出版社2012年版。

夏曾佑：《中国古代史》，中华书局2015年版。

张荫麟：《中国史纲》，中华书局2014年版。

李定一：《中华史纲》，中国长安出版社2012年版。

傅乐成：《中国通史》2册，中信出版社2014年版。

樊树志：《国史纲要》（第2版），复旦大学出版社2000年版。

樊树志：《国史十六讲》，中华书局2006年版。

［加］卜正民主编，李文锋等译：《哈佛中国史》6卷，中信出版社

2016年版。

［日］内藤湖南著，夏应元等译：《中国史通论·典藏版》，九州出版社2018年版。

钱穆：《中国文化史导论》，商务印书馆1994年版。

吴小如主编：《中国文化史纲要》，北京大学出版社2001年版。

陈登元：《中国文化史》2册，商务印书馆2014年版。

吕思勉：《中国文化史》，新世界出版社2008年版。

刘惠荪：《中国文化史稿》，文化艺术出版社1990年版。

柳诒徵：《中国文化史》2卷，东方出版中心1988年版。

郑师渠总主编：《中国文化通史》10卷，北京师范大学出版社2017年版。

龚书铎总主编：《中国文化发展史》8卷，山东教育出版社2013年版。

陈高华、徐吉军主编：《中国风俗通史》12卷，上海文艺出版社2001年版。

张立文主编：《中国学术通史》6卷，人民出版社2004年版。

侯家驹：《中国经济史》2卷，新星出版社2010年版。

钱穆：《国学概论》，商务印书馆1997年版。

冯友兰：《中国哲学简史》，生活·读书·新知三联书店2009年版。

范凤书：《中国私家藏书史》，大象出版社2001年版。

郑振铎：《插图本中国文学史》2卷，上海人民出版社2005年版。

［美］钱存训，郑如斯编订：《中国纸和印刷文化史》，广西师范大学出版社2004年版。

孙昌武：《中国佛教文化史》5卷，中华书局2010年版。

方豪：《中西交通史》2卷，上海人民出版社2008年版。

许倬云：《许倬云说历史：中西文明的对照》，浙江人民出版社2013年版。

许倬云：《中国文化与世界文化》，广西师范大学出版社2006年版。
［英］艾兹赫德著，姜智芹译：《世界历史中的中国》，上海人民出版社2009年版。
［英］韦尔斯著，吴文藻译：《世界史纲——生物和人类的简明史》，人民出版社1982年版。
［美］威廉·麦克尼尔著，孙岳等译：《西方的兴起——人类共同体史》，中信出版社2015年版。
［美］杰里·本特利、赫伯特·齐格勒著，魏凤莲等译：《新全球史》上卷，北京大学出版社2007年版。
［美］菲利普·李·拉尔夫著，赵丰等译：《世界文明史》（第8版），商务印书馆1998年版。
［美］费正清、赖肖尔、克雷格著，黎鸣等译：《东亚文明：传统与变革》，天津人民出版社1992年版。
［加］布鲁斯·G.崔格尔著，徐坚译：《理解早期文明：比较研究》，北京大学出版社2014年版。
岑家梧：《中国原始社会史稿》，民族出版社1984年版。
李济：《中国文明的开始》，江苏教育出版社2005年版。
夏鼐：《考古学论文集》，河北教育出版社2002年版。
方汉文：《比较文明史——新石器时代至公元5世纪》，东方出版中心2009年版。
徐苹芳等：《中国文明的形成》，新世界出版社2004年版。
苏秉琦：《中国文明起源新探》，辽宁人民出版社2009年版。
苏秉琦主编：《中国远古时代》，上海人民出版社2010年版。
白寿彝：《远古时代》，中国友谊出版公司2010年版。
阎文儒：《中国考古学史》，广西师范大学出版社2004年版。

张光直：《考古学论文选集》，台北联经出版公司1995年版。
刘莉、陈星灿：《中国考古学——旧石器时代晚期到早期青铜时代》，生活·读书·新知三联书店2017年版。
游修龄主编：《中国农业通史》原始社会卷，中国农业出版社2008年版。
袁珂：《中国神话传说》（简明版），北京联合出版公司2015年版。
徐旭生：《中国古史的传说时代》，广西师范大学出版社2003年版。
陈建宪：《神祇与英雄——中国古代神话的母题》，生活·读书·新知三联书店1994年版。
陶阳、钟秀：《中国创世神话》，上海人民出版社1989年版。
许进雄：《中国古代社会——文字与人类学的透视》，中国人民大学出版社2008年版。
朱狄：《原始文化研究——对审美发生问题的思考》，生活·读书·新知三联书店1988年版。
邵学海：《先秦艺术史》，山东画报出版社2010年版。
张光直：《商代文明》，北京工艺美术出版社1999年版。
许倬云：《西周史》（增订本），生活·读书·新知三联书店1994年版。
李峰：《西周的政体——中国早期的官僚制度和国家》，生活·读书·新知三联书店2010年版。
顾德融、朱顺龙：《春秋史》，上海人民出版社2003年版。
杨宽：《战国史》，上海人民出版社2003年版。
吕文郁：《春秋战国文化史》，东方出版中心2007年版。
冯天瑜：《中华元典精神》，上海人民出版社1994年版。
林剑鸣：《秦汉史》，上海人民出版社2003年版。
熊铁基：《秦汉文化史》，东方出版中心2007年版。

白寿彝：《中古时代·秦汉时期》，中国友谊出版公司2010年版。
汤用彤：《汉魏两晋南北朝佛教史》，昆仑出版社2006年版。
汤用彤：《隋唐佛教史稿》，中华书局1982年版。
吕澂：《中国佛学源流略讲》，中华书局1979年版。
［荷兰］许理和著，李四龙等译：《佛教征服中国——佛教在中国中古早期的传播与适应》，江苏人民出版社2003年版。
方立天：《中国佛教与传统文化》，上海人民出版1988年版。
任继愈主编：《中国佛教史》3卷，中国社会科学出版社1985年版。
梁启超：《佛学研究十八篇》，群言出版社2013年版。
葛兆光：《7世纪前中国的知识、思想与信仰世界》中国思想史第1卷，复旦大学出版社1998年版。
岑仲勉：《隋唐史》，中华书局1982年版。
徐连达：《唐朝文化史》，复旦大学出版社2003年版。
韩国盘：《隋唐五代史纲》，人民出版社1979年版。
罗香林：《唐代文化史研究》，上海书店1992年版。
孙昌武：《隋唐五代文化史》，东方出版中心2007年版。
［英］崔瑞德编，中国社会科学院历史研究所，西方汉学研究课题组译：《剑桥中国隋唐史 589—906年》，中国社会科学出版社1990年版。
向达：《唐代长安与西域文明》，河北教育出版社2001年版。
杨渭生等：《两宋文化史》，浙江大学出版社2008年版。
叶坦、蒋松岩：《宋辽夏金元文化史》，东方出版中心2007年版。
周宝珠、陈振主编：《简明宋史》，人民出版社1985年版。
冯继钦、孟古托力、黄凤岐：《契丹文化史》，黑龙江人民出版社1994年版。

［美］杰克·威泽弗德著，温海清，姚建根译：《成吉思汗与今日世界之形成》，重庆出版社2009年版。

［法］雷纳·格鲁塞著，龚钺译：《蒙古帝国史》，商务印书馆1989年版。

［法］勒内·格鲁塞著，蓝琪译：《草原帝国》，商务印书馆1998年版。

黄明鉴：《元朝史话》，北京出版社1985年版。

汤纲、南炳文：《明史》，上海人民出版社1985年版。

［美］牟复礼、［英］崔瑞德编，张书生等译：《剑桥中国明代史》2卷，中国社会科学出版社2006年版。

樊树志：《晚明大变局》，中华书局2015年版。

萧一山：《清代通史》，中华书局1986年版。

［美］费正清、刘广京编，中国社会科学院历史研究编译室译：《剑桥中国晚清史》2卷，中国社会科学出版社1985年版。

南炳文等：《清代文化——传统的总结和中西大交流的发展》，天津古籍出版社1991年版。

史仲文、胡晓林主编：《中国全史》第17卷《中国清代经济史》，人民出版社1994年版。

《学习时报》编辑部：《落日的辉煌——17、18世纪全球变局中的“康乾盛世”》，中共中央党校出版社2001年版。

蒋廷黻：《中国近代史》，武汉出版社2012年版。

郭廷以：《近代中国史纲》，上海人民出版社2009年版。

［美］徐中约：《中国近代史：1600—2000，中国的奋斗》（第6版），世界图书出版公司北京公司2008年版。

范文澜：《中国近代史》上册，人民出版社1955年版。

夏东元：《洋务运动史》，华东师范大学出版社2010年版。

侯宜杰：《二十世纪初中国政治改革风潮》，人民出版社1993年版。

丁伟志、陈崧：《中体西用之间》，中国社会科学出版社1995年版。

后　记

本书讨论的核心问题是，中华文明为什么能够在经历了数千年的风霜雪雨冲击下，仍如大江大河，绵延不绝，生生不息。这一方面体现了中华文明强大的生命力，另一方面，中华文明也有其内在的逻辑，有其文明发展的客观法则。本书就是通过对历史经验的回顾，通过对中华文明产生、嬗变和发展过程的认识，来探讨中华文明的生命力量，探讨深藏于文明本身的内在逻辑和客观法则。

文明是有生命的。中华文明的旺盛的生命力，不仅仅表现在典章制度、文化典籍等精神层面，更深入到全民族的日常生活中，体现在民族文化的生活经验和生存智慧之中。我们的生活世界，仍然在很大程度上享受着千百年来发展起来的优秀的文化成果，还处处体现着中华文明的符号、元素。甚至可以说，我们的生活世界仍然是中华传统文化的世界。只不过，与古代相比，更现代了、更精致了、更开放了。所以，我们就是中华传统文化的生命力所在。

另一方面，正如马克思所说，人类社会的发展，也是一个自然的历史的过程。人类文明的创造和发展，是人的自由自觉的活动，是世世代代人的智慧的结晶、精神的光芒。一旦进入了历史，就有其客观的活动轨迹，有其自身发展的法则和逻辑。所以，对于中华文明发展历史的认识，对于它的本质属性和文化品格的认识，就不仅仅是历史文化现象的描述，而是要深入到它的内部，深入到它的历史法则和逻辑的层面。

本书力图在这方面做一些尝试性讨论。我们从中华文明的文化基因入手，也就是探讨中华文明产生的客观条件及其对其以后发展路径的影响，同时讨论了中华文明的制度性基础、民族文化精神的塑造、文化传承的制度性安排，以及面对异质文化冲击的反应和自我更新的能力。通过这些问题的讨论，以深化对中华文明及其品质的认识。这也是对我们自己，对中华民族文化性格和文化精神的认识。

这是一个很宏大的问题。对于本书作者来说，从事这一个课题的研究和写作，也是一个对中华文明的学习和深入理解的过程。在这个过程中，面对着悠久的历史，面对着博大精深的文明，面对着前辈先贤，除了许多理性的、知识性的获得之外，还有许多感悟，许多认识。更重要的是，正如钱穆所说的那样，在研读中华文明史的过程中，心中始终充满着温情和敬意。这是对民族文化精神的深切的归属感，是对博大精深的文明力量的深切的敬意。